JESUS
O DIVINO MESTRE

A SAGA DOS CAPELINOS

Jesus
O DIVINO MESTRE

OS ANOS DE PREGAÇÃO E MARTÍRIO

Albert Paul Dahoui

© 1997 by Albert Paul Dahoui

INSTITUTO LACHÂTRE
CAIXA POSTAL 164 – CEP. 12914-970
TEL./FAX (11) 4063-5354
PÁGINA NA INTERNET: WWW.LACHATRE.COM.BR
e-mail: contato@lachatre.org.br

PRODUÇÃO GRÁFICA DA CAPA
ANDREI POLESSI

REVISÃO
CRISTINA DA COSTA PEREIRA
KÁTIA LEIROZ

7ª edição
YANGRAF GRÁFICA E EDITORA LTDA.
SÃO PAULO, SP

A reprodução desta obra, por qualquer meio,
somente será permitida com a autorização por escrito da Editora.
(Lei no 9.610 de 19.02.1998)

Impresso no Brasil
Presita en Brazilo

CIP-Brasil. Catalogação na fonte

D129q   Dahoui, Albert Paul, 1947-2009.
     Jesus, o divino mestre: os anos de pregação e martirio / Albert Paul
Dahoui – 7ª ed. – Bragança Paulista, SP : Heresis, 2015.
     v. 7   (A saga dos capelinos, 6)
     328 p.

     1.Capela (estrela). 2.Capela (estrela) – evasão de. 3.Ahtilantê (planeta) –
civilizações de. 4.Oriente Médio – civilizações antigas. 5.Literatura esotéri-
ca-romance épico. 6.Romance bíblico. 7.Jesus Cristo, c.6a - C-33.
I.Título. II.Série: A Saga dos Capelinos.

CDD   133.9   CDU 133,7
232   232

PRÓLOGO

CAPELA – 3.700 A.C.

A estrela de Capela fica distante quarenta e dois anos-luz da Terra, na constelação do Cocheiro, também chamada de Cabra. Essa bela e gigantesca estrela faz parte da Via Láctea, galáxia que nos abriga. A distância colossal entre Capela e o Sol é apenas um pequeno salto nas dimensões grandiosas do universo. Nossa galáxia faz parte de um grupo local de pouco mais de vinte aglomerados fantásticos de cem a duzentos bilhões de estrelas, entre as quais o Sol é apenas um pequeno ponto luminoso do céu. Capela é uma bela estrela. Cerca de quatorze vezes maior do que o Sol, tem uma emanação de calor levemente inferior à de nosso astro-rei. É, em verdade, componente de um sistema estelar binário: composto por duas estrelas que gravitam uma em torno da outra, em volta das quais, num verdadeiro balé estelar, há um cortejo constituído por inúmeros planetas, luas, cometas e asteróides.

Há cerca de 3.700 a.C., num dos planetas que gravitam em torno da estrela dupla Capela, existia uma humanidade muito parecida com a terrestre, à qual pertencemos atualmente, apresentando notável padrão de evolução tecnológica. Naquela época, Ahtilantê, nome

6 | A Saga dos Capelinos

desse planeta, o quinto a partir de Capela, estava numa posição social e econômica global muito parecida com a da Terra do século XX d.C. A humanidade que lá existia apresentava graus de evolução espiritual extremamente heterogêneos, similares aos terrestres do final do século XX, com pessoas desejando o aperfeiçoamento do orbe enquanto outras apenas anelavam seu próprio bem-estar.

Os governadores espirituais do planeta, espíritos que tinham alcançado um grau extraordinário de evolução, constataram que Ahtilantê teria que passar por um extenso expurgo espiritual. Deveriam ser retiradas do planeta, espiritualmente, as almas que não tivessem alcançado um determinado grau de evolução. Elas seriam levadas para outro orbe, deslocando-se pelo mundo astral, onde continuariam sua evolução espiritual, por meio do processo natural dos renascimentos. No decorrer desse longo processo, que iria durar cerca de oitenta e quatro anos, seriam dadas oportunidades de evolução aos espíritos, tanto aos que já estavam jungidos à carne, como aos que estavam no astral – dimensão espiritual mais próxima da material – pelas magníficas ocasiões do renascimento. Aqueles que demonstrassem endurecimento em suas atitudes negativas perante a humanidade ahtilante seriam retirados, gradativamente, à medida que fossem falecendo fisicamente, para um outro planeta que lhes seria mais propício, possibilitando que continuassem sua evolução num plano mais adequado aos seus pendores ainda primitivos e egoísticos.

Portanto, a última existência em Ahtilantê era vital, pois demonstraria, pelas atitudes e pelos pendores do espírito, se ele havia logrado alcançar um padrão vibratório satisfatório dos requisitos de permanência num mundo mais evoluído, estando pronto para novos voos, ou se teria que passar pela dura provação de um recomeço em planeta ainda atrasado.

Os governadores espirituais do planeta escolheram para coordenar esse vasto processo um espírito do astral superior chamado Varuna Mandrekhan, que formou uma equipe atuante em muitos setores para apoiá-lo em suas atividades. Um planejamento detalhado foi encetado de tal forma que pudesse abranger de maneira correta todos os aspectos envolvidos nesse grave cometimento. Diversas visitas ao planeta que abrigaria parte da humanidade de Ahtilantê foram feitas e, em conjunto com os administradores espirituais desse mundo, o expurgo foi adequadamente preparado.

Ahtilantê era um planeta com mais de seis bilhões de habitantes e, além dos que estavam ali renascidos, existiam mais alguns bilhões de almas em estado de erraticidade. O grande expurgo abrangeria todos, tanto os renascidos como os que se demoravam no astral inferior, especialmente os mergulhados nas mais densas trevas. Faziam também parte dos passíveis de degredo os espíritos profundamente desajustados, além dos assassinos enlouquecidos, dos suicidas, dos corruptos, dos depravados e de uma corja imensa de elementos perniciosos.

Varuna, espírito nobilíssimo, que fora político e banqueiro em sua última existência carnal, destacou-se por méritos próprios em todas as suas atividades profissionais e pessoais, tendo sido correto, justo e íntegro. Adquirira tamanho peso moral na vida política do planeta, que era respeitado por todos, inclusive por seus inimigos políticos e adversários em geral. Esse belo ser, forjado no cadinho das experiências da vida, foi brutalmente assassinado por ordem de um déspota que se apossara do Império Hurukyan, um dos maiores daquele mundo.

Ahtilantê era um planeta muito maior do que a Terra e apresentava algumas características bem diferentes das do nosso lar atual. Sua gravidade era bem menor e sua humanidade não era mamífera, mas oriunda dos grandes répteis, que predominaram na pré-história ahtilante. A atmosfera de Ahtilantê era bem mais dulcificante do que a agreste e cambiante atmosfera terrestre. Tratava-se de um verdadeiro paraíso, um jardim planetário, amparado por avançada tecnologia.

As grandes distâncias eram percorridas por vimanas, aparelhos similares aos nossos aviões. Os meios de telecomunicação, avançadíssimos, permitiam contatos tridimensionais em videofo-

8 | A Saga dos Capelinos

nes com quase todos os quadrantes do planeta. Já existiam, também, outras invenções fantásticas, especialmente na área da medicina. Os ahtilantes estavam bastante adiantados no que dizia respeito a viagens espaciais, pelo que já tinham colonizado suas duas luas. Porém, essas viagens ainda estavam na alvorada dos grandes deslocamentos pelo espaço sideral relativamente aos que outras civilizações mais adiantadas, como as de Karion, já eram capazes de realizar. Karion era um planeta do outro lado da Via Láctea, de onde viria, por mando de ascendência espiritual, uma leva de grandes obreiros que muito ajudariam Varuna em sua árdua missão.

Em termos de evolução espiritual, todavia, os ahtilantes deixavam muito a desejar. Apresentavam as deficiências comuns às da humanidade de categoria média, nas quais se enquadram os seres humanos que superaram as fases preliminares da jornada evolutiva, sem terem alcançado, não obstante, as luzes da fraternidade plena.

Havia basicamente quatro raças em Ahtilantê: os azuis, os verdes, os púrpuras e os cinzas. Os azuis e verdes eram profundamente racistas, não tolerando miscigenação entre eles, acreditando que os cinzas eram de origem inferior, podendo ser utilizados da forma como desejassem. Naquela época, a escravidão já não existia, mas uma forma hedionda de servilismo econômico persistia entre as nações. Por mais que os profetas ahtilantes tivessem enaltecido a origem única de todos os espíritos no seio do Senhor, nosso Pai Amantíssimo, os ahtilantes ainda continuavam a acreditar que a cor da pele, a posição social e o nome ilustre de uma família eram corolários inseparáveis para a superioridade de alguém.

Varuna fora o responsável direto pela criação da Confederação Norte-Ocidental, que veio a gerar novas formas de relacionamento entre os países-membros e as demais nações daquele globo. A cultura longamente enraizada, originária dos condalinos, raça espiritual que serviu de base para o progresso de Ahtilantê, tinha influência decisiva sobre todos. Na promoção dos valores morais e das condições espirituais de seus habitantes, os governadores espirituais aproveitaram todas as ondas de choque: as física, como as suscitadas pelas guerras, revoluções e massacres; as culturais, como as proporcionadas por peças teatrais, cinema e literatura; e as de natureza telúrica, como as geradas por terremotos, inundações e outras catástrofes, de forma que pudessem levar os ahtilantes a modificarem sua forma de agir, pensar e ser. Aqueles cujo próprio martírio e testemunho do sofrimento alheio não se renderam ao imperativo de profunda modificação interior foram deportados para um distante planeta azul, o qual os administradores espirituais daquele jardim, ainda selvático, chamavam de Terra.

Esse processo, que envolveu quase quarenta milhões de espíritos, trazidos como degredados para a Terra por volta de 3.700 a.C., foi coordenado por Varuna Mandrekhan e sua equipe multissetorial. Os principais elementos de seu grupo foram Uriel, uma médica especializada em psiquiatria, a segunda em comando nesse cometimento; Gerbrandom, uma alma pura, que atingira a maioridade espiritual em outro planeta e fora ajudar o degredo em Ahtilantê; e Vartraghan, chefe dos guardiões astrais que, em grande número, ajudararam Varuna a deportar os degredados. Além desses personagens, participaram do processo Radzyel, Sandalphon, Sraosa e sua mulher Mkara – espíritos que muito ajudariam os degredados – e a belíssima figura de Lachmey, espírito do mundo mental de Karion, que, mais tarde, rebatizada como Phannuil, seria o espírito feminino mais importante para a evolução da Terra e que coordenaria vastas falanges de obreiros, em permanente labuta para a consecução dos desígnios dos administradores espirituais.

Os capelinos foram trazidos em levas que variavam de vinte mil a pouco mais de duzentas mil almas. Sob a direção segura e amorosa dos administradores espirituais, vinham em grandes transportadores astrais, que venciam facilmente as grandes distâncias siderais e que eram comandados por espíritos especializados em sua condução.

A Terra, naquele tempo, era ocupada por uma plêiade de espíritos primitivos, os quais serão sempre denominados terrestres nestes escritos, para diferenciá-los dos capelinos que vieram degredados para cá, a fim de evoluir e fazer com que outros evoluíssem. Uma

10 | A Saga dos Capelinos

das funções dos capelinos, aqui na Terra, era a de serem aceleradores evolutivos, especialmente no terreno social e técnico. Embora fossem a escória de Ahtilantê, eram mais adiantados do que os terrestres relativamente a níveis de inteligência, aptidão social e, naturalmente, sagacidade. Os terrestres, ainda muito embrutecidos, ingênuos e apegados a rituais tradicionais, pouco ou nada criavam de novo. Cada geração se apegava ao que a anterior a ensinara, atitude muito similar à em que vemos demorarem-se os nossos silvícolas, que estagiam comodamente no mesmo modo de vida há milhares de anos.

Havia entre os exilados um grupo de espíritos que, em Ahtilantê, eram intitulados de alambaques, ou seja, dragões. Esses espíritos, muitos deles brilhantes e de sagaz inteligência, eram vítimas de sua própria atitude negativa perante a existência, preferindo serem críticos a atores da vida. Muitos deles se julgavam injustiçados quando em vida e, por causa disso, aferravam-se em atitudes demoníacas perante os maiores. Esses alambaques tinham desenvolvido uma sociedade de desregramentos e abusos, sendo utilizados pela justiça divina como elementos conscientizadores dos seres que cometiam atos de caliginosa vilania.

Essa súcia era, todavia, filha do Altíssimo e, ainda que passível de deportação, deveria ser a artífice do exílio. Como dominava vastas legiões de espíritos embrutecidos na prática do mal, era mais fácil comandá-la do que os guardiões do astral inferior, que não existiam em número suficiente para uma expedição expiatória dessa envergadura. Por causa disso, Varuna e seu guardião-mor Vartraghan foram até as mais densas trevas, numa viagem inesquecível, para convidar os poderosos alambaques a se unirem a eles e ajudarem as forças da evolução e da luz a triunfarem sobre eventuais espíritos recalcitrantes.

Varuna, com sua atitude de desprendimento, de amor ao próximo e de integridade e justiça, foi acolhido, após algum tempo, pela maioria dos alambaques, como o grande mago, o Mykael, nome que passaria a adotar como forma de demonstrar a renovação que ele mesmo se impôs ao vir para a Terra. A grande missão de Mykael era não apenas de trazer as quase quarenta milhões de almas capelinas para o exílio mas também, principal e fundamentalmente, levá-las de volta ao caminho do Senhor, totalmente redimidas.

Na grande renovação que Varuna e Lachmey promoveram, muitos foram os que trocaram de nome para se esquecerem de Ahtilantê e se concentrarem em sua incumbência no novo mundo, a Terra. Varuna tornou-se Mykael, o arcanjo dominador dos dragões. Lachmey passou a se chamar Phannuil, a face de Deus, e Gerbrandom, Raphael. Vartraghan, também conhecido entre os seus guardiões como Indra, tornou-se Kabryel, o arcanjo. Vayu, seu lugar-tenente, adotou o nome de Samael e foi, muitas vezes, confundido com o mítico Lúcifer, o portador do archote, o carregador da luz.

O início da grande operação de redenção na Terra foi na Suméria, quando Nimrud, espírito capelino renascido, conseguiu, entre atos terríveis e maldades tétricas, implantar a primeira civilização em Uruck. Os alambaques, entretanto, que tinham a missão não só de trazer os degredados como também de guiá-los, estavam excessivamente soltos, o que fez com que Mykael ordenasse a alteração dos padrões de comportamento dos dragões para torná-los guias de lobos – chefes de matilhas – e também para modificarem seu íntimo e se tornarem cordeiros de Deus.

Em razão da existência do fértil vale criado pelo transbordamento de dois rios irmãos, o Tigre e o Eufrates, e de enormes facilidades para desenvolver uma sociedade em que a agricultura fosse a pedra angular, ficou estabelecido, no grande planejamento, que a Suméria seria o primeiro lugar de assentamento desses espíritos. Outros locais foram incluídos também no programa de transferência dos capelinos, para que a sua vinda atingisse várias regiões do globo, tais como a Europa, influenciada, inicialmente, pelos celtas, e a Índia, que abrigou esses seres no vale do Hindu. Posteriormente, seria a vez dos outros povos indo-europeus e, no Extremo Oriente, a da Tailândia e da China.

Uma das regiões que se tornaria de suma importância para o desenvolvimento da cultura, tecnologia e civilização mundiais se-

12 | A Saga dos Capelinos

ria a compreendida pelo Egito, outro local que fora escolhido para a imersão na matéria dos espíritos capelinos. Naquelas longínquas plagas, essas almas conturbadas estabeleceriam uma civilização monumental, de proporções absolutamente grandiosas.

Por volta de 3.600 a.C., os espíritos superiores determinaram que os alambaques levassem para aquelas plagas, com o intuito de desenvolver o Kemet, vários grupos de sumérios. Alguns desses grupos foram dizimados pelo caminho e outros foram desviados, pelo que acabaram se estabelecendo em outros lugares. No entanto, três deles chegaram ao vale do Iterou e fundaram uma civilização gradativamente, sem violência ou conquistas sangrentas. Um dos grupos se localizou em Ahmar, perto de onde está a cidade que se conhece hoje pelo nome de Cairo. Os outros dois se instalaram no sul e fundaram Nubt, conhecida hoje como Naqada.

Durante um largo período de tempo, conhecido como a Era dos Deuses, os capelinos implementaram alterações estruturais, tecnológicas e sobretudo culturais que, fundindo-se com os milenares e primitivos costumes hamitas, vieram a constituir a famosa civilização egípcia. O grupo de Ahmar fundou as cidades de Perouadjet, também conhecida como Buto, e Zau, conhecida como Saís. Enquanto isto, no sul, os dois grupos fundidos de sumérios fundaram a cidade de Ouaset, também conhecida pelo nome grego de Tebas.

Muitos dos capelinos degredados ficaram famosos por seus atos, que se tornaram lendas dessa época. Dois deles foram Aha Harakty, mais conhecido como Rá ou Ré, e seu pai, Ptah, que se notabilizou por suas obras de contenção e desvio do rio Nilo. Além deles, os integrantes de um enorme grupo de capelinos degredados tornaram-se conhecidos como deuses da antiguidade, entre eles Amon, o lugar-tenente de Rá. No entanto, ninguém se tornou mais conhecido e amado pelo povo do Kemet do que Osíris.

Ele foi rei do Kemet e, durante sua profícua administração, o povo pobre e abandonado, que constituía a classe dos felás, teve a oportunidade de possuir um pedaço de terra para cultivar, além de receber subsídios, ensinamentos e investimentos, na primeira grande reforma agrária do mundo. Era um capelino que viera em missão sacrificial junto a Ísis, sua eleita do coração e futura esposa e rainha. O amor desses dois seres seria conhecido no mundo inteiro como a lenda de Osíris e Ísis. Infelizmente, essa bela história de amor terminou tragicamente, pela vilania de seu meio-irmão, Seth, o terrível, que, na tentativa de assassinar Osíris, levou-o à tetraplegia, após desfechar-lhe um golpe na nuca. Seth, sob a influência de um alambaque chamado Garusthê-Etak, e seu braço-direito, Aker, conturbaram o reinado com uma guerra civil sangrenta, que terminou por dividir o Kemet em três reinos: dois no delta, chamados de Baixo Egito, com capitais em Perouadjet e Djedu, e um no Alto Egito, com capital em Teni.

Os administradores espirituais determinaram que o Kemet seria coordenado por Kabryel e que os alambaques teriam papel preponderante no desenvolvimento daquela civilização. Assim, com muitas lutas, marchas e contramarchas, a cultura foi implantada no Kemet. Muitos capelinos renasceriam ali e se tornariam deuses, como Rá, Ptah, Sakhmet, Tefnu e Osíris, este último o mais doce dos seres daquela conturbada Era dos Deuses. Após terríveis momentos de guerra fratricida, o Kemet foi desmembrado, pelo que passou a se chamar As Duas Terras.

Seria preciso que aparecessem heróis truculentos como Zékhen, o Rei Escorpião, e Nârmer, seu filho e sucessor, para que se unificasse novamente aquilo que Tajupartak, ex-alambaque, na existência de Aha, unira. Aventuras repletas de guerras, combates, traições e ardis, finalmente, levaram à união do Kemet – o Egito –, transformando-o numa grande nação de monumentos tão portentosos que nem o tempo foi capaz de apagar.

Os espíritos superiores tinham, entretanto, outros planos para implementar a civilização na Terra, e isso se daria por meio de grandes migrações.

Mesmo depois de dois mil anos do degredo dos capelinos no planeta Terra, a civilização ainda estava estagnada. A civilização havia dado um salto inicial, mas, após certo tempo, tornara-se

14 | A Saga dos Capelinos

novamente imobilista. Os administradores espirituais iniciaram, então, uma série de movimentos migratórios na Terra com o intuito de mesclar povos, raças e, sobretudo, culturas e tecnologias. Assim, iniciou-se, por volta de 1.800 a.C., um enorme movimento migratório em todo o planeta, o qual alcançou todos os rincões deste globo, inclusive a própria América, ainda não descoberta pelos europeus, mas já habitada pelos povos de origem mongol, entre os quais os espíritos superiores ajudaram a erguer grandes civilizações, usando os alambaques capelinos. Foram eles que construíram as pirâmides do novo continente.

Na Eurásia, os povos foram movimentados pelos préstimos de espíritos renascidos com grandes missões, como Rhama, na Índia, e vários outros – que, aliás, a história esqueceu de registrar –, além de guias espirituais que inspiravam os povos a seguirem por certos caminhos. Para acelerar a migração, vários povos foram submetidos a alguns fenômenos de ordem natural, como secas, terremotos e inundações, que os obrigavam a se deslocar.

Washogan fora um guardião especializado nas hostes de Vayu e, sob a influência de Orofiel, braço-direito de Mitraton, recebeu a incumbência de guiar uma pequena e esfacelada tribo do vale do Kuban, no Cáucaso, até Haran, no norte da Mesopotâmia. Assim o fez e se tornou conhecido entre os hurritas, os descendentes de Hurri, como Yahveh – Eu sou –, deus da guerra, da vingança, das emboscadas e dos trovões. Com o decorrer dos tempos, Washogan renasceu e tornou-se Kalantara, uma sacerdotisa de Shiva, exatamente no interregno em que Rhama invadia a decaída região do rio Indo, na qual antes florescera a civilização sindhi, de Harapa e Mohenjo-Daro. Alguns séculos depois, tornar-se-ia um guerreiro e político hitita, de nome Pusarma, e morreria de forma violenta e prematura.

Enquanto isso, os espíritos superiores, monitorando a evolução terrestre, depararam em Avram um fanático e empedernido seguidor do deus Yahveh. Usando o nome do deus hurrita, os espíritos superiores o transformaram numa divindade única e superior aos demais deuses da região. Sob a coordenação de Orofiel e com a utilização de vasto grupo de espíritos comandados diretamente por Sansavi, foram incutindo na mente das almas a ideia de um Deus único.

Avram, depois chamado de Avraham, deu origem a uma grande quantidade de filhos, que se espalharam pela região de Canaã e localidades vizinhas. Itzhak, seu filho, deu origem a gêmeos, Esaú e Yacob; este último teve doze filhos que, junto com os hicsos, foram para o Kemet – Egito. Yacob mudou seu nome para Israel – aquele que luta com Deus –, e um dos seus filhos, Yozheph, notabilizou-se como Tsafenat-Paneac, tendo sido tati – primeiro-ministro – do faraó hicso Khian, e ajudou a debelar uma terrível seca que assolou a região.

A tribo de Israel, entretanto, cometeu um grave crime ao matar os indefesos habitantes de Siquém e, com isto, perdeu o apoio direto de Sansavi, que recebeu ordens de Orofiel de abandoná-la ao seu próprio destino. Passaria a ser acompanhada de guias-mentores normais, e não mais de um grupo tão especializado como aquele que fora comandado por Sansavi. Tendo ido para o Kemet, os descendentes de Israel formaram uma grande tribo, cujos integrantes ficaram conhecidos na história como hebreus.

Os administradores terrestres voltaram a movimentar as forças espirituais e, assim, Ahmose, neto do faraó Ramsés II, tornou-se Moschê, o grande libertador do povo hebreu, conduzindo-o para o deserto do Sinai. Naquelas longínquas plagas, moldou, como num cadinho ardente, um novo povo. Esse vasto processo foi coordenado por Orofiel, o belo arcanjo de Mitraton, que assumiu a operação astral desse êxodo. Após a morte de Moschê, seu sucessor, Yoshea ben Nun, mais conhecido entre nós como Josué, deu continuidade ao processo de conquista de Canaã, para o que foram necessários muitos anos de guerras e cruentas dominações, a fim de que seu povo prevalecesse naquele pedaço de terra.

Seiscentos anos haviam passado desde então e era chegado o tempo de novas e grandes mudanças, e os espíritos novamente se reuniram para determinarem mais algumas ações em prol da humanidade.

Um pouco antes do renascimento do divino mensageiro, a Mesoamérica e outros lugares ainda primitivos começaram a receber gran-

16 | A SAGA DOS CAPELINOS

des quantidades de espíritos capelinos e terrestres ainda endurecidos na senda da perversão e do ódio. Eles renasceriam em situação terrível e iniciaram uma civilização que, apesar de construir grandes pirâmides e cidades monumentais, seria cruel: dezenas de pessoas seriam mortas em rituais sangrentos em louvor a estranhos e perturbadores deuses.

Os espíritos superiores estavam fazendo um expurgo parcial, especialmente na região oriental. Os elementos mais perigosos e ainda atrasados eram enviados para estes locais para sofrerem um processo mais violento de remissão. Os povos mais belicosos, como os assírios, estavam sendo expurgados para a Mesoamérica, muitos dos quais renasceram na Judeia, obtendo, com isto, uma oportunidade única de aprimoramento. Muitos saberiam aproveitar os ensinamentos do doce mensageiro, mas outros teriam que aprender os caminhos do bem com sofrimentos terríveis em distantes plagas, o que viria a acentuar ainda mais os traumas do exílio primordial, quando foram degredados de Ahtilantê.

Os espíritos superiores planejaram a vinda de um excelso mensageiro, que nasceu em Beit Lechem, filho de Yozheph ben Matan e Míriam bat Yoachim. No momento do parto, o casal foi surpreendido com o nascimento de gêmeos idênticos, que foram chamados de Yeshua e Yehudá.

A família foi perseguida por Herodes o grande, rei da Judeia, e teve que se esconder em Alexandria. Naquele lugar, eles participaram ativamente da comunidade dos terapeutas. Esse grupo de judeus alexandrinos era muito similar aos essênios, com ensinamentos e rituais muito parecidos. No entanto, eles haviam sido influenciados pelos neopitagóricos e acreditavam na reencarnação como um processo de aprimoramento e transformação da potência em ato. Esta doutrina não postulava que os espíritos pudessem renascer entre animais e vegetais, como pregava a doutrina da metempsicose cultuada pelos gregos e indianos. Tinha como pedra angular a tese de que o espírito sempre progride, mesmo quando comete os piores desatinos, pois todo mal é transformado em bem num processo multissecular de aprendizado. Tal doutrina era restrita aos iniciados do último grau, pois pela sua complexidade afastava os menos aptos, assim como a plebe ignorante. Era, pois, uma doutrina esotérica de elevado teor, da qual tanto Yeshua como Yehudá tomaram conhecimento.

Yeshua e Yehudá estudaram história, geografia, economia, filosofia, em classes organizadas, e aprenderam aramaico, copta, hebraico antigo e grego. Yeshua foi guindado a classes mais avançadas devido a sua precocidade, mas Yehudá não ficava atrás, mesmo sendo ofuscado pelo brilhantismo de seu gêmeo. O relacionamento entre os irmãos era o melhor possível e, com o decorrer dos anos, podia-se notar uma extraordinária simbiose psíquica entre os dois.

Yehudá também era extraordinariamente dotado, mas não aparecia tanto quanto Yeshua. Ele também aprendeu com os terapeutas a ler e a escrever, além de rudimentos da matemática, da astrologia, da economia, da geografia e da filosofia. Comparado com as demais pessoas de sua época, era muito avançado, mas sempre ficou à sombra da luminescência de Yeshua. Ele sempre preferiu os bastidores à luz da ribalta. Seria de grande importância para a difusão posterior da doutrina do irmão.

Com treze anos, a família retornou do Egito, mas o perigo das perseguições continuava e eles enviaram Yeshua de volta à Alexandria para continuar seus estudos com os terapeutas e Yehudá foi enviado para Caná, para a casa de Cleophas, tendo participado ativamente da administração do negócio do tio. Enquanto isto, a família se escondia em Nazareth, na Galileia.

Yeshua ficou em Alexandria até completar vinte e três anos de idade, quando voltou para casa em Nazareth. No entanto, sua presença foi ressentida por seus irmãos que o viam como um estrangeiro. Deste modo, sob o patrocínio paterno, Yeshua afastou-se novamente, indo morar com Yozheph de Arimateia, seu tio por afinidade.

Ele foi levado até a Parthia, antiga Pérsia, onde reencontrou Balthazar e Melchior, dois dos três magos que o haviam ajudado a ir para Alexandria quando da perseguição de Herodes. Lá, Yeshua curou o rei Spalirizes, ganhando fama, o que possibilitou seu ingresso na Torre do Silêncio, em Pasargadae, onde Melchior era o sumo sacerdote. Durante alguns anos, ele viajou pela Parthia, onde promoveu curas e ganhou o cognome de Issa, como era conhecido, um grande mito.

Com o patrocínio de Melchior, foi enviado até Takshasila, onde reencontrou o terceiro mago que o visitara quando ainda infante, chamado de Vindapharna, mais tarde conhecido como Gaspar. Com o monge indiano Udayana, ficou em Takshasila por alguns meses até que viajou para Pataliputra, na região de Maghada, na Índia.

Naquela esplendorosa cidade, ele conheceu o budismo e o jainismo, além de fixar os conhecimentos védicos que aprendera em Takshasila, assim como também conhecera, em Pasargadae, na Parthia, os ensinamentos de Zarathustra, o profeta persa de Ahura Mazda – o Sábio Senhor. Naquela localidade, ele fez muitas curas e tornou o nome Issa célebre, mas acabou partindo devido a perseguições religiosas.

Retornando a Nazareth, descobriu que seu pai morrera e que Yochanan, seu primo, era considerado o novo Messias de Israel. Ficou pouco tempo em casa e partiu para as margens do Jordão, unindo-se ao grupo do famoso batista.

Tornou-se discípulo de Yochanan, tendo feito grandes curas e reunido um grupo de parentes que via nele um homem de estofo, superior ao próprio batista. Viajou pelo interior, batizando como fazia seu primo e, com isto, granjeou inimigos entre os discípulos do profeta do Jordão.

Foi batizado por Yochanan, a seu pedido. No momento do batizado, ambos tiveram uma revelação surpreendente, a de que Yeshua era o esperado Messias. Após o batizado, retirou-se do grupo, retornou a Nazareth, sempre acompanhado de seu gêmeo Yehudá, apelidado de Tauma, e, após uma longa semana de meditação, planejou sua missão em detalhes. Decidiu partir para Cafarnaum para iniciar o seu apostolado.

CAPÍTULO 1

Era o fim da primavera do ano 27 d.C. Yeshua e Tauma partiram juntos de Nazareth em direção a Cafarnaum, quando o sol não havia nascido, para cobrir os trinta e quatro quilômetros em único dia de marcha forçada. Yeshua pediu a Tauma que fosse até Enon, no acampamento de Yochanan, e convidasse Yacob e Tadde, filhos de Cleophas, a se encontrarem com ele em Cafarnaum. Tauma, um homem prático, havia conversado com a mãe, antes da partida e, com ela, conseguiu uma razoável quantia de dinheiro para que não dependessem apenas da boa vontade de parentes. Enquanto isto, Yeshua seguiu direto para aquela cidade, a fim de preparar lugar adequado para eles. Tauma deixou a companhia de Yeshua após duas horas de andanças e desviou-se para o leste em direção a Enon. Yeshua prosseguiu seu caminho em marcha rápida, chegando ao anoitecer, indo à procura imediata de Shymon.

Informaram-lhe que devia estar chegando da pesca. Era possível encontrá-lo perto do embarcadouro e lhe mostraram o caminho. Yeshua viu o homenzarrão e seu irmão acabando de chegar, arrastando o bote para a terra firme. A pesca parecia ter sido fraca pela expressão desanimada de Shymon. Yeshua se aproximou e os cumprimentou. André foi o primeiro a reconhecê-lo na penumbra de início da noite.

– Que prazer em revê-lo, rabi! Shalom Aleichem.

Shymon olhou por cima do ombro. Reconheceu Yeshua. Largando tudo, cobriu a pequena distância que os separava e o abraçou com lágrimas nos olhos. Ele estava tão emocionado, que quase não podia falar; apenas balbuciava, repetindo a palavra Yeshua várias vezes. Nunca Yeshua vira nada parecido. O homem estava tomado de tão viva emoção, que chegava a tremer.

Yeshua, com um enorme sorriso estampado no rosto, respondeu ao cumprimento, deu-lhe um vigoroso amplexo e beijou-lhe as faces.

– Aleichem shalom.

Shymon, mais calmo e senhor de si, perguntou a Yeshua:

– Rabi, você chegou agora? Veio de onde? Deve estar cansado. Deixe-me levá-lo para minha casa.

Yeshua continuou sorrindo e colocou a mão no ombro do primo por afinidade, tentando acalmá-lo. Ele falava sem parar e não lhe dava tempo de responder suas perguntas feitas em catadupas. André estava radiante com a visita do mestre e tentou acalmar o irmão.

– Devagar, Shymon. Você não está deixando o mestre falar.

Shymon, dando-se conta de que realmente estava assoberbando Yeshua com palavras, bateu de leve na testa e disse:

– Como sou estúpido! Falo sem parar como uma lavadeira. Mas, mestre, o senhor deve estar cansado. Vou levá-lo até minha casa.

– Ótimo, com a condição de você me dispensar deste formalismo. Chamem-me de Yeshua.

– Certo, mestre, eu o chamarei de Yeshua.

Shymon era um homem turrão e Yeshua gostava de seu jeito rude, cordial e sincero. O barco não estava totalmente atracado e, juntos, puxaram a embarcação para terra firme, tiraram os poucos peixes numa sacola. Yeshua observou os demais barcos chegando e viu que os pescadores entregavam a pesca do dia para um homem de feições patibulares que os aguardava impassível.

Após o término da tarefa de puxar o barco, André andou junto com eles até chegarem à casa de Shymon, enquanto ele prosseguiu para sua própria casa que ficava próxima. No caminho, André e

Shymon ouviram Yeshua falar rapidamente de sua viagem entre Nazareth e Cafarnaum, e das belezas da paisagem. Yeshua aproveitou para comentar que achara Cafarnaum um local agradável e de rara beleza por estar às margens do mar da Galileia.

A residência de Shymon era bastante espaçosa e ele apresentou a Yeshua quatro filhos e uma mulher ainda na flor da idade, a qual o recebeu com extrema cordialidade. Ela era uma mulher de feições tranquilas, que comandava sua casa com dignidade; tinha duas empregadas que a secundavam em tudo. Shymon tinha pouco menos de trinta anos, e sua mulher equiparava-se com ele em idade.

A mulher, Dvorá, comandou gentilmente que uma das empregadas providenciasse água para Yeshua tomar banho. Ele o fez, trocou de roupa e preparou-se para o jantar. O repasto não foi de todo frugal, pois Shymon não era um homem pobre. Dvorá demonstrou grande alegria na presença de Yeshua, sobre quem ouvira o marido falar maravilhas.

Yeshua serviu-se de pouco, mas Dvorá insistiu e acabou lhe servindo uma porção maior, pois sabia como era cansativa a viagem pelas colinas galileias. No final do jantar, rodeado dos belos infantes de Shymon, Yeshua foi questionado amavelmente pelo dono da casa.

— Yeshua, permita-me perguntar: em que eu posso ajudá-lo?

— Resolvi visitá-los, assim como meus primos, filhos de Zebedeu, pois desejo começar um trabalho, que reputo importante. Tauma e meus outros primos estão a caminho daqui e deverão chegar em breve.

— Ah! Que excelente notícia!

— Sim. Mas não podemos ficar todos em sua casa. Seria abusar de sua gentileza e da de sua esposa Dvorá.

Shymon atalhou com gentileza:

— Não é incômodo algum.

— Claro que sei que você ficará feliz com nossa estada, mas não podemos morar na sua casa. Temos que ter um local só nosso.

Shymon meneou a cabeça em assentimento e, roçando levemente a mão na barba, arrematou:

22 | A Saga dos Capelinos

– Tio Zebedeu é proprietário de várias casas na cidade. Ele deve ter alguma coisa para vocês.

– Seria interessante falarmos com ele. Aliás, ele está em meus planos, assim como o rabi da cidade, que desejo visitar.

– Eu o levarei até eles. – Fazendo uma pequena pausa, Shymon perguntou a Yeshua:

– Quais são os seus planos?

Yeshua sorriu-lhe de volta e respondeu, um tanto enigmático:

– Deixe os demais chegarem; teremos uma reunião, na qual explicarei tudo o que tenho em mente.

Shymon ficou curioso, mas não quis insistir. Por dentro o homenzarrão fervilhava de curiosidade e de impaciência. Dvorá havia mandado preparar uma cama para Yeshua, que se recolheu cedo. Ele estava cansado da viagem de marcha forçada e rápida pelas colinas da Galileia. Dormiu feito uma pedra assim que deitou.

Yeshua acordou antes de o sol nascer, fez suas abluções em completo silêncio e saiu para ver a alvorada. Fez sua oração olhando o sol a despontar atrás das colinas e sentiu a presença de Shymon, que calado o observava a certa distância. Quando terminou, o primo por afinidade o cumprimentou, e foram tomar uma gostosa e quente papa de cevada feita por uma das empregadas de Dvorá.

Aproveitando o desjejum, Yeshua quis saber como funcionava a pesca na região.

Shymon não se fez de rogado e contou-lhe com riqueza de detalhes que a maioria dos pescadores arrendava um barco do senhor da região e pagava um valor fixo pela embarcação; que fazia todos os consertos para manter o barco em funcionamento; comprava as redes, consertava-a, quando preciso; e, finalmente, dividia a pesca com o dono do barco. Isso significava que os pescadores ficavam com menos da metade. O dono ficava com o valor fixo e mais a metade do que fora pescado. Podiam comer o que havia sobrado ou vender o produto do trabalho. Neste caso, eles tinham que vender para o dono do barco que pagava metade do preço costumeiramente conseguido nos grandes centros. Não sobrava muito para viverem decentemente.

Yeshua confrangeu-se com aquela situação servil. O homenzarrão, no entanto, foi claro em dizer que Zebedeu era dono da maioria dos barcos, junto com o pai de Shymon, e eles tinham, por sua vez, seis barcos. Para complementar sua própria renda, eles tinham um barco que não pertencia a ninguém, sendo de inteira propriedade dele e do irmão André.

Yeshua, sentado em tosco tamborete, colocou a mão na barba, coçando-a lentamente, enquanto pensava. Shymon, vendo o mestre acabrunhado, ou aparentando estar, disse-lhe:

– É um costume muito antigo; quando a pesca é boa, todos vivem bem.

Yeshua concordou e registrou tudo em sua poderosa mente.

Shymon abriu mão de pescar naquele dia e foi procurar Zebedeu. Normalmente, o chefe da cidade, espécie de chefe do conselho, não ficava em Cafarnaum, preferindo atender aos romanos e galileus ricos em seu grande bazar em Cesareia. Por sorte, ele estava na cidade e recebeu Yeshua com especial deferência, até porque estava grato por ter curado seu filho da sua tenebrosa possessão. Sua tia por parte de mãe, Salomé, que não o via desde que fora a Enon com seus dois filhos, ficou encantada em receber seu belo sobrinho, de modos tão gentis e fidalgos, esmerando-se em preparar um repasto digno de um rei.

Durante a manhã, Shymon e André o levaram para conhecer vários ilustres personagens da cidade, entre os quais Jairo, o rabi local. Entre Yeshua e Jairo houve uma imediata simpatia mútua. Jairo, que sabia que ele havia curado Yacob, o endemonhiado de Cafarnaum, o recebeu com alegria. Ele era um homem de trinta e cinco anos, tendo feito seu aprendizado com denodo e esforço em Cafarnaum. Sabia, contudo, que seu conhecimento era limitado. Pelo que escutara falar de Yeshua, estava convencido de que estava tratando com um homem sábio e de poderes taumatúrgicos de grande envergadura, e fez questão de convidá-lo a proferir um sermão no shabat na pequena sinagoga da cidade. Yeshua aquiesceu com alegria.

Na hora do almoço, que transcorreu a contento, Zebedeu colocou uma de suas acomodações à disposição do sobrinho e dos demais que estavam para chegar. Apenas informou que precisariam fazer uma boa limpeza e alguns consertos. O local havia servido de estábulo e depósito de materiais e necessitava de reparos. Yeshua achou o local adequado e, depois de visitá-lo, viu que Zebedeu havia descrito o local em termos piores do que realmente era, pois, afora a sujeira, o alpendre era bem espaçoso, o que iria permitir que todos pudessem se acomodar de maneira confortável.

Dois dias depois, Tauma apareceu com Yacob e Tadde, filhos de Cleophas. Após um rápido período de descanso, todos, inclusive Yeshua, atacaram a casa que Zebedeu tinha fornecido. Fizeram uma limpeza em regra, dividiram-na para oferecer certas facilidades, repararam o telhado que aparentava estar velho, com goteiras e lugares enfraquecidos pelo tempo. Depois de três dias de labuta, o grupo tinha uma residência e, mais do que isso, um local de reunião agradável e aconchegante.

Assim que conseguiram se estabelecer no alpendre transformado em casa, Yeshua convidou Zebedeu, Shymon e André para um agradável repasto em sua nova residência. Marcaram para o shabat, após a reunião da sinagoga, à noite. Yeshua pretendia, além de oferecer um jantar aos amigos, expor seu plano. Um verdadeiro líder deve ser transparente aos seus comandados, pois só assim ele consegue mobilizar todos para um objetivo comum. Para tanto, Yeshua tinha a intenção de revelar, com riqueza de detalhes, o que desejava fazer e obter a aquiescência tácita dos seus amigos. Este consentimento se torna importante para mobilizar um grupo para a consecução de objetivos bem definidos e impede que os esforços sejam diluídos em ações infrutíferas.

No shabat todos os homens iam à sinagoga. Naquele dia, Zebedeu compareceu, ficando em posição de destaque. Yacob estivera febril durante a noite; teve pesadelos e calafrios e balbuciou durante o sono. Ele estava ao lado do pai e do irmão, na primeira fila, enquanto o rabino local lia trechos da Torah e fazia sua interpretação correta, mas sem a chama da inspiração. Jairo convidou Yeshua a subir no púlpito e ler um trecho da Lei.

Yeshua adiantou-se, abriu um dos vários rolos que ali estavam e deparou-se, quase por acaso, com um belo trecho que falava do reconhecimento de um Deus compassivo. Leu com voz segura, alta e grave, após ter coberto a cabeça com o tallith – véu. Suas palavras melodiosas e graves ecoaram até o fundo da sala, onde estavam as mulheres e as crianças.

> *Eu vos louvarei de todo o coração, Senhor,*
> *Porque ouvistes as minhas palavras.*
> *Na presença dos anjos eu vos cantarei.*
> *Ante vosso santo Templo prostrar-me-ei,*
> *E louvarei o vosso nome, pela vossa bondade e fidelidade.*
> *Porque acima de todas as coisas,*
> *Exaltastes o vosso nome e a vossa promessa,*
> *Quando vos invoquei, vós me respondestes;*
> *Fizestes crescer a força de minha alma.*
> *Hão de vos louvar, Senhor, todos os reis da terra,*
> *Ao ouvirem as palavras de vossa boca.*
> *E celebrarão os desígnios do Senhor:*
> *Verdadeiramente, grande é a glória do Senhor.*
> *Sim, excelso é o Senhor, mas olha os pequeninos,*
> *Enquanto que seu olhar perscruta os soberbos.*
> *Em meio à adversidade, vós me conservais a vida,*
> *Estendeis a mão contra a cólera de meus inimigos,*
> *Salva-me a vossa mão.*
> *O Senhor completará o que em meu auxílio começou.*
> *Senhor, eterna é a vossa bondade:*
> *Não abandoneis a obra de vossas mãos.*

Yeshua, verdadeiramente tomado pela emoção de falar de um Deus compassivo e cheio de excelsas bondades, principiou por exaltar a figura de um Deus pai, um ser que não abandona Sua criatura. Acreditar num Deus distante, vingativo e discricionário era uma concepção tipicamente capelina de quem tinha sofrido

26 | A Saga dos Capelinos

com o exílio, crendo-se abandonado. Yeshua falava de um Deus de bondade quando os presentes só haviam ouvido falar de uma divindade zangada, capaz de vinganças sangrentas, de mortes aos milhares e de discriminação com aqueles que Ele não amava.

As pessoas não conheciam as Escrituras na sua totalidade, preferindo as passagens que exaltavam o povo escolhido, por natureza, as mais sangrentas, aquelas em que Deus aparecia como Yahveh, um vitorioso Senhor dos Exércitos. Para aqueles homens simples e iletrados, Deus não era o pai de amor e bondade, mas um ser vingativo e discricionário. A audiência ficou silente ouvindo a rápida pregação de Yeshua, que não quis cansar os ouvintes com um longo discurso, quando subitamente, sem aviso prévio, foram interrompidos por gritos estentóricos, vociferações descabidas para aquele lugar de prece e recolhimento.

Yacob ben Zebedeu havia sido tomado por um espírito dementado que também escutava as palavras de Yeshua. Tratava-se de um dos muitos espíritos que viviam na esfera dos renascidos na carne, numa espécie de extensão existencial inoportuna e indevida. Ao invés de sofrearem seus instintos ainda bestializados, preferiam respirar a atmosfera dos espíritos em fase carnal, participando de seus ágapes e de sua vida íntima, ao mesmo tempo em que sofriam por não poderem fazer e sentir o que os jungidos à carne faziam e sentiam.

A possessão foi violenta e rápida. Assim que sentiu que dominava a mente de Yacob, a fera espiritual vociferou contra Yeshua.

– O que você quer, seu maldito? Deseja enganar todos os presentes com suas histórias de um Deus de bondade e amor? Balelas! Veja a miséria em volta, as doenças, as crianças que morrem sem sequer viver. Olhe bem e me diga se isso é obra de um Deus de bondade!

Yeshua sabia que não devia discutir com um espírito daquele jaez. Ficariam trocando palavras e não chegariam à conclusão alguma. Yeshua ampliou sua visão e viu que o obsessor era um espírito vulgar, não oferecendo maior periculosidade aos presentes nem a Yacob, o qual ainda dominava. Naquele instante, viu quando dois guardiões astrais se aproximaram do infeliz.

Yeshua levantou a destra e com uma ordem dada num tom de voz alto, mas calmo, disse:

– Silêncio! Deixe este rapaz e não o importune mais. Retire-se deste ambiente de preces e meditação.

Obedecendo a dois imperativos – os guardiões e a poderosa vontade de Yeshua –, o infeliz sacudiu grandemente o seu aparelho de comunicação – Yacob – e largou-o no chão, após dar alguns gritos e grunhir animalescamente.

As pessoas que estavam no local ficaram estupefatas com tudo aquilo. Zebedeu, que sentia enorme vergonha pelos atos aparentemente tresloucados do filho, sentiu um alívio indescritível quando o espírito, obedecendo a Yeshua, abandonou o corpo do seu filho.

O restante do serviço, que terminou logo depois, foi tumultuado pelo vozerio dos presentes. Quem era aquele homem que comandava os demônios? Expulsava-os com qual autoridade? O mais importante da alocução de Yeshua – a bondade de Deus – ficou esquecido. O futuro se encarregaria de lembrar o endemoninhado de Cafarnaum, mas nunca as palavras candentes de Yeshua, louvando a bondade divina.

Na saída da sinagoga, Zebedeu abordou o doce mestre, perguntando-lhe o que acontecera com seu filho. Yeshua explicou-lhe com todo o cuidado para fazê-lo entender o processo de que Yacob fora acometido.

– Yacob é um instrumento de poderosa comunicação com o mundo espiritual. Ele capta as mensagens que os espíritos desejam transmitir, por sua mente, e transmite-a com a maior nitidez possível. Ele é um profeta e precisa apenas aprender a dominar essa técnica para se tornar um dos grandes de nossa terra.

– Eu não desejo vê-lo profeta, rav Yeshua.

– Sim, eu entendo sua preocupação. No entanto, essa é a vontade de Deus. Ele tem duas opções. Dominar esse dom de profetizar ou, temo dizer isso, se não desenvolver esta qualidade, ficará sempre à mercê dos maus espíritos que o levarão, inevitavelmente, a mais sórdida loucura.

28 | A SAGA DOS CAPELINOS

Zebedeu coçou a barba, demonstrando extrema preocupação. Acreditava em Yeshua; vira seu filho completamente louco por dois anos.

– Farei qualquer coisa para que isso não aconteça. Você conhece essas técnicas. Pagarei qualquer coisa para mantê-lo íntegro.

Yeshua reconhecia o demônio da ambição que se infiltrava nas palavras candentes de um pai angustiado. Deste modo, respondeu-lhe:

– Ensinarei as técnicas que conheço ao jovem Yacob e exigirei como pagamento a amizade de sua família. Nada menos e nada mais. Nenhum lepto – centavo – deverá ser pago por essa atividade.

O que Yeshua não disse a Zebedeu é que seu filho Yacob havia sido uma famosa bruxa da antiguidade, tendo feito sortilégios os mais variados e malefícios escabrosos à troca de dinheiro, utilizando espíritos pouco evoluídos e os tenebrosos alambaques. Yacob havia conspurcado seus centros mentais de atração espiritual, usando-os para seu próprio proveito, e, agora, pagava caro pela sua imprevidência. Fora colocado no caminho de Yeshua para ser curado e tornar-se um dos seus melhores profetas e discípulos. Tudo levava a uma bela conjuminância.

Após a reunião na sinagoga, de noite, eles se reuniram para comer e conversar. Zebedeu havia fornecido um carneiro, que fora devidamente sacrificado, e o próprio Yeshua, que era exímio cozinheiro, preparou-o com esmero, utilizando-se de ervas aromáticas para dar gosto à carne. Shymon levou vinho e Dvorá emprestou uma de suas ajudantes para cooperar em tudo que fosse necessário para o bom andamento da festividade.

Os convivas chegaram pontualmente, e Yeshua fez questão de recebê-los com carinho. Deu um lugar de destaque ao tio Zebedeu, assim como a seu outro tio por afinidade, o irmão de Zebedeu chamado Oseias, pai de Shymon e André. O jantar foi servido junto com outros acepipes para contentamento dos convidados. No final da refeição, Yeshua iniciou sua alocução.

– Durante muitos anos, eu estive fora de nossa amada terra e vivi em muitos lugares estranhos e diferentes. No meu coração, entretanto, meu povo e minha terra nunca se apartaram de mim por um instante sequer. Vejo as pessoas da minha terra com imenso carinho e meu coração se confrange por elas. Nem tanto porque nossa amada pátria Israel está dominada pelos romanos, pois os vejo apenas como um fato transitório. Seu domínio durará o tempo que Deus determinar; no momento certo, eles, como todos os demais conquistadores, verão a inutilidade de dominarem os povos pela força e voltarão para suas casas.

A plateia, composta de Zebedeu, Oseias, Shymon, André, Tauma, Yacob e Tadde, ambos filhos de Cleophas, Yochanan e Yacob, filhos de Zebedeu, escutava atentamente. Yacob estava completamente refeito do mal que o acometera na sinagoga. Feito este intróito, Yeshua foi ao cerne do problema.

– O que me aflige é a situação de pobreza e miséria em que está nosso povo. A miséria não é só uma condição social, mas também se reflete em sua mentalidade. As pessoas estão tão absortas no dia a dia, que são incapazes de ver que a solução de seus problemas reside nelas mesmas, não só de forma individual, mas também coletivamente.

Yeshua havia feito uma pequena pausa, como a demonstrar que iria entrar em outro assunto, mas dentro da mesma linha de raciocínio.

– Eu acredito que Deus tem um plano maravilhoso para a Terra. Este não é um lugar onde o bem e o mal lutarão para sempre para conquistarem a alma dos homens. Este é um momento de transição, de grandes mudanças, que nós podemos empreender. Eu acredito que Deus deseja que nós implantemos o Seu reino aqui na Terra. Para tal, o reino de Deus deve estar no coração dos homens, mas também nas relações entre as pessoas e nas condições de trabalho. Sem uma relação correta entre os homens, sempre existirá o poder do mais forte sobre o mais fraco, ou seja, um sistema injusto que premia apenas aquele que muito tem e penaliza os que nada possuem.

Zebedeu olhou para seu irmão Oseias como a perguntar que palavras eram aquelas. Afinal das contas, eles eram os líderes da comunidade e, de certa forma, se viam como o mais forte a dominar o mais fraco. Yeshua prosseguiu sua alocução e, mesmo que

30 | A Saga dos Capelinos

houvesse notado os olhares entre os dois homens, não se incomodou, pois sabia para onde se destinava.

– Muitos homens sábios acham que para remediar a situação de pobreza é necessário acabar com a riqueza. Mas, em verdade, eu lhes digo que isto só iria trazer mais miséria. A riqueza, honestamente adquirida, pelo contrário, é uma dádiva de Deus. Mas, como todas as coisas ao Pai pertencem e a Ele retornarão no devido tempo, é preciso que se faça com que esta dádiva seja mais bem aproveitada. Vou lhes contar uma história para mostrar como um senhor de extensas posses pode agir e se tornar ainda mais rico.

Os presentes se ajeitaram melhor, pois não havia nada que atraía mais os homens de então do que uma boa parábola.

– Um homem rico, dono de grandes extensões de terra, foi fazer uma viagem. Chamou três servos e deu-lhes, a cada um, respectivamente, cinco, dois e um talento - 36 quilos de ouro. Quando voltou de viagem, chamou-os para prestarem conta. O que havia recebido cinco talentos, reportou-lhe que usara aquele dinheiro em vários negócios e o multiplicara, dando-lhe conta de vinte talentos. O senhor se regozijou com aquele servo e deu-lhe parte da riqueza que houvera aferido. Chamou o segundo, que também havia feito negócios, mas que não conseguira tão bons resultados; mesmo assim, devolveu-lhe os dois talentos acrescidos de mais dois. O senhor se regozijou e o parabenizou, dando-lhe uma porção menor do lucro. O último, com medo de que os ladrões o roubassem, escondeu o dinheiro debaixo da terra e apenas devolveu-lhe o que houvera recebido. O senhor se enfureceu e o mandou embora da propriedade, dizendo-lhe: "Com teu medo e imprevidência, nada fizeste para me enriquecer. Devias ao menos ter levado o dinheiro ao banco, onde poderias ter usufruído de juros. Sabes que colho onde não plantei, pois sou arrendatário de terras, assim como recolho onde não espalhei, pois sou investidor, e tu não seguiste meu exemplo. Teu medo e tua incompetência foram tua perdição. Pois é chegado o tempo em que àquele que muito tem mais lhe será acrescido e daquele que pouco tem mais lhe será retirado". Mandou dar os dois talentos para aquele que obtivera mais resultado. O servo imprestável foi jogado para fora das propriedades do senhor.

Yeshua explicou sua parábola:

— Esta história tem dois enfoques. Um pelo lado material. Se recebemos de Deus o dinheiro, devemos fazê-lo ser motivo de alegria para todos, fazendo com ele muitos negócios, pois só assim todos terão oportunidades de enriquecer. Os que guardam o dinheiro e só vivem com medo de perdê-lo hão de perder a si próprios. O segundo enfoque se refere aos talentos naturais que Deus nos deu. Se um homem sabe cantar que cante, se sabe comandar que comande, se sabe plantar que plante. Se ele não usar seus talentos com medo de gastá-los, ou de que isto irá ser uma excessiva responsabilidade, vai perder o dom por falta de uso.

Oseias, pai de Shymon, que tudo escutava, perguntou-lhe, com modos polidos e fina educação dos quais era portador:

— Mestre Yeshua, se mal pergunte, aonde quer chegar? Em que consiste sua doutrina? E o que nós podemos fazer para nos tornarmos úteis?

— Bem perguntado, tio Oseias. Serei claro. Observem que o dono das propriedades ficou mais rico porque deu aos servos dinheiro para que eles fizessem com ele mais negócios e pudessem prosperar também. O mesmo acontece com aqueles que usarem seus recursos para, ao dividi-los, multiplicá-los. O reino de Deus não pode ser oferecido aos pobres apenas como mais uma promissão. Eles já estão repletos de profecias e promessas. É preciso demonstrar que é possível melhorar a vida deles.

Antes que os demais perguntassem como, ele mesmo fez esta pergunta a eles:

— Digam-me como podemos melhorar a vida deles?

Os homens menearam a cabeça de um lado para o outro como a se perguntarem como aquilo seria possível, mas ninguém respondeu. Yeshua aproveitou e prosseguiu:

— Se alterarmos as relações de trabalho entre os que possuem o dinheiro e os que são desprovidos, demonstrando com exemplos que isto é possível, e não apenas com promessas ou sonhos, estaremos no caminho para implantar o reino de Deus na Terra.

Ainda assim a doutrina de Yeshua era por demais hermética. A atenção dos demais começava a se dispersar, pois cada um pensava de que forma isto poderia acontecer. Assim, Yeshua tornou-se mais aberto e contou seu plano.

– Eu vi, certa feita, um tipo de pesca pelo qual se conseguia resultados bem mais interessantes do que eu pude observar aqui. Se implantarmos tal forma de pesca aqui e mudarmos a forma de relação entre os donos do dinheiro e os trabalhadores, eles notarão que o reino de Deus não é uma quimera. Será algo real e palpável.

Zebedeu não pôde conter uma exclamação, típica de quem está aferrado às tradições e aos costumes:

– Mas, Yeshua, nós pescamos assim há centenas de anos! Não vejo razão para modificarmos o que já funciona.

– O espírito que descansa morre. O Pai nos deu a inteligência para ser usada, aperfeiçoando cada vez mais o que temos. Costumes e tradições foram feitos para serem respeitados como ponto de partida, mas devem ser também quebrados como avanço. Se nós podemos obter mais com menos esforço, por que devemos cansar nosso corpo em vão? Acredite quando lhe digo que se pode pescar mais do dobro do que você pesca hoje com os mesmos homens. Com isto, você também irá dobrar a sua fortuna.

Yeshua havia feito sua alocução sem empáfia, sem nenhuma pose histriônica, apenas com um magnético sorriso nos lábios, com doçura em sua voz, mas sem gaguejar, ou qualquer sintoma que demonstrasse que não sabia o que estava falando. Zebedeu, no entanto, ficou mais interessado com o fato de que poderia dobrar sua renda sem grandes investimentos.

– E como você pretende fazer isto?

Yeshua parecia já ter tudo resolvido, pois, sem pestanejar, falou:

– Para tal, precisaríamos desenvolver um barco maior e uma rede mais resistente e treinar os pescadores a fim de pescarem de forma diferente. Com sua aquiescência, farei tal embarcação. Eu e meus irmãos e primos trabalharemos a madeira. Além disso, encontrarei na cidade alguém que saiba fazer uma rede de acordo com minhas instruções, assim como velas de que irei precisar para o barco. Terei tudo pronto em algumas semanas e faremos uma experiência. Se for bem sucedida, ensinarei a técnica a todos e teremos um aumento extraordinário no pescado.

– Caso contrário?

– Você não tem nada a perder, meu tio, pois não iremos gastar nenhum lepto – centavo – de seu dinheiro.

– Ótimo! De qualquer forma, você terá despesas, pois a madeira deverá ser adquirida, as velas confeccionadas, assim como outros artefatos. Se houver necessidade de dinheiro, não tenha pejo em falar comigo, pois estou disposto a gastar um pouco para ver se suas ideias realmente funcionam.

Zebedeu jamais faria tal oferta se o seu querido primogênito Yacob não houvesse sido curado pelo mestre. A cura lhe havia franqueado um espírito mais aberto e generoso, mesmo que Zebedeu não fosse um senhor feudal rigoroso. Pelo contrário, ele via em seus pescadores uma forma de sociedade, que só não era melhor porque os resultados eram parcos.

– Acho a sua oferta mais do que generosa. Entretanto, desejo que acertemos uma forma de contrato desde o início. Caso a nova forma de pescar traga resultados reais, quero introduzi-la em larga escala em Cafarnaum. Para tanto, o senhor deverá acertar uma nova modalidade de arrendamento de seus barcos, assim como permitir o ingresso de novas formas de comercialização do pescado e de novos integrantes.

Zebedeu quis saber como seria e Yeshua passou a próxima meia hora explicando tudo em detalhes. A princípio, Zebedeu estranhou, mas Yeshua foi rebatendo todos os seus pontos de dúvidas e, no final, o lorde local estava convencido de que, mesmo que abrisse mão de certas regalias, se acontecesse tudo o que Yeshua previa, ele iria ficar ainda mais rico.

Yeshua, no outro dia, começou o seu trabalho de construir um bote de pesca maior. Lembrava-se de como os pescadores de Puri,

34 | A Saga dos Capelinos

no Golfo de Bengali, na Índia, haviam feito embarcações maiores e explicou para Tauma o que ele queria. Em muito ajudaria a simbiose entre Yeshua e seu gêmeo Yehudá, que cada dia mais se aguçava. Na medida em que Yeshua falava o que queria, Tauma captava mais do que simples palavras, mas principalmente imagens e conceitos, facilitando de sobejo o entendimento.

No outro dia, Yeshua foi apresentado a Elisha, um dos melhores carpinteiros da cidade, que trabalharia em conjunto com Tauma. Yeshua explicou o que desejava dele. Elisha, no início, mostrou-se reticente, mas, sobrepujado pelo encantador sorriso de Yeshua, conhecido agora como o homem que viera de Nazareth, acabou concordando com suas ideias. Afinal das contas, o máximo que iria acontecer é que ele trabalharia por um soldo menor, mas com vários ajudantes gratuitos a lhe emprestarem sua força de trabalho.

Mais tarde, Yeshua se reuniu com o fabricante de redes locais e explicou-lhe do que ele precisava. Além de ser uma rede de tamanho levemente maior, o dobro da que os pescadores da região usavam, ela também deveria ser mais resistente e ter uma malha mais estreita, exigindo, portanto, mais força para ser operada.

Enquanto Tauma chefiava a construção da embarcação, Yeshua havia conseguido alguém para preparar as velas, pois elas eram maiores e mais pesadas do que as que eram usadas. Todos trabalhavam, até mesmo Yeshua, pois ele e mais alguns poucos ajudantes foram cortar as principais árvores da redondeza para construir a embarcação.

Após duas semanas de intenso trabalho, o barco ficou pronto, com suas velas brancas altaneiras e uma rede imensa que poucos conseguiam carregar sozinhos. O barco foi lançado à água, para ser testado. Navegou sem problema algum; mesmo sendo maior e mais pesado do que os demais, singrava bem mais rápido do que as embarcações tradicionais.

O primeiro dia de experiência com a pesca foi um fiasco, pois os pescadores embolaram a rede e quase a rasgaram. Não pegaram nada. Shymon e seus amigos ficaram fortemente desconfiados de que Yeshua podia entender muito de carpintaria e de curas, mas nada de pescaria, chegando a ser bisonho. Yeshua não arrefeceu seu ânimo; sabia que toda novidade exigia adestramento.

No segundo dia, quando os homens voltaram dizendo que não conseguiram nada, ele mesmo entrou no barco e ordenou para irem até o meio do mar. Shymon, disse-lhe:

– Mestre Yeshua, não insista. Os peixes nos evitam. A noite está para cair. Deixemos para amanhã.

– O amanhã é incerto. O hoje é tudo que temos. Iremos agora.

A verdadeira autoridade nasce da confiança do subordinado no comandante. Shymon sabia que Yeshua tinha razão. O que Shymon tinha era medo do fracasso.

Yeshua subiu a bordo, mandou soltar as amarras, afastou-se das margens e dirigiu-se ao meio do mar. Naquele momento, ele começou a ensinar aos homens como deveriam jogar a rede. Ela devia ser desdobrada cuidadosamente enquanto o barco fazia uma longa volta sobre um ponto imaginário. Ele mandou jogar a rede gradativamente a boreste – lado direito – e a embarcação continuou singrando, enquanto desenrolavam a rede. Quando a operação terminou, os quatro homens olharam ansiosamente para Yeshua, que lhes disse:

– Está na hora de justificar a fama que este mar tem de ser piscoso. Comecem a puxar a rede.

Aos poucos, Yeshua e os homens começaram a recolher a rede e o peso foi se tornando insuportável. Yeshua que já havia visto tais resultados antes, ao largo de Puri, na Baía de Bengali, deu ordens para que se dirigissem para a praia e, ao chegarem lá, todos começaram a ajudar. Mais de três mil peixes foram pescados naquele instante, dando mais de duzentos talentos de peso. Uma enormidade! O povo exultou.

Zebedeu soube dos resultados e quis vistoriar tudo com intenso cuidado. Yeshua mostrou-lhe os detalhes da embarcação, das redes, das velas e da forma como se dava a pesca de arrastão. Respondeu as perguntas com correção, e Zebedeu, um homem de visão para a época, concluiu:

36 | A Saga dos Capelinos

– Estou maravilhado! Conforme nosso acordo inicial, financiarei mais dez embarcações, venderei o barco pelo preço que me custar, acrescido de juros normais e comprarei a carga toda pelo preço justo. Só peço uma única coisa: lealdade. Não vendam a ninguém sem antes oferecerem a mim.

Os meses que se passaram foram muito atribulados. As matas vizinhas não ofereciam a melhor madeira, e grande parte do novo carregamento teve que ser levado das montanhas da vizinha Fenícia. Elisha e Tauma não davam conta de tantas encomendas. Tauma, cada vez mais, construía barcos mais perfeitos, dando a um e a outro toques pessoais que os embelezavam.

Os dois filhos de Zebedeu trabalhavam assiduamente, colocando o melhor do seu vigor físico no corte e transporte das árvores. Os demais continuavam sua faina diária, sem maiores interrupções. Zebedeu não poupava despesas, exigindo sempre a melhor madeira, a rede mais bem feita e as velas mais robustas. Era, no entanto, um administrador cuidadoso, não gastando dinheiro à toa, sempre verificando se havia desvios indesejados.

Além dos recursos de Zebedeu, Yeshua havia incutido na mente das pessoas de Cafarnaum a necessidade de trabalharem em grupo, em regime de mutirão, e que todos deviam colaborar com os recursos de que dispusessem para a consecução do projeto. Como haviam visto os resultados, não tiveram medo de se lançar na empreitada. Yeshua, no início, fez as vezes de tesoureiro, mas, no futuro, outra pessoa tomaria seu lugar.

O regime de mutirão fazia com que tudo pertencesse a todos, num sistema muito parecido com o dos essênios de Engadi e dos terapeutas de Alexandria. Era uma forma primitiva de se ter tudo em comum, um socialismo utópico, mas que dava bons resultados para sociedades pequenas e primitivas. Yeshua acreditava que a união dos recursos de produção poderia gerar um salto econômico que possibilitaria à comunidade sair de sua estagnação e inferioridade. Ao adquirirem certa riqueza, com maiores recursos, tais saltos poderiam continuar a existir por meio de avanços tecnológicos, melhor administração dos recursos, educação específica para operar novas técnicas e vontade de progredir materialmente, mas sempre com vistas a um aprimoramento pessoal. Estava convencido de que o aprimoramento pessoal devia andar *pari passu* com o desenvolvimento social.

Yeshua, desde o início de sua instalação em Cafarnaum, era assediado por pessoas do local que desejavam curas para seus males. Sua fama o precedera graças ao proselitismo de Shymon e também à cura de Yacob que ele efetivara na sinagoga.

As caravanas que passavam por perto e que se abasteciam de peixes defumados escutavam falar de Yeshua e levavam as notícias para outros lugares. Pessoas que tinham parentes em cidades vizinhas também faziam a mesma publicidade, enaltecendo as qualidades do taumaturgo de Cafarnaum. Nos shabats, a cidade começou a ser invadida por pessoas sequiosas de serem curadas pelo Nazareno.

No início, iam em pequenos grupos, o que possibilitava que Yeshua as atendesse sem embargo. Na terceira semana, o número subiu para quase duas centenas de pessoas. A maioria era acompanhante dos inválidos e adoentados. Yeshua passou a dedicar o final da tarde às atividades curadoras, pois naquele período do dia a canícula era por demais intensa para o duro trabalho físico.

Yeshua tinha uma vasta experiência em taumaturgia. Sabia que devia delegar ao máximo as diversas atividades, sem o que seria atropelado pela turba descontrolada. Assim, ele organizou com Shymon uma seleção prévia dos vários tipos de doenças. Com seu poder e a ajuda de espíritos especializados, escolheu oito pessoas para imporem as mãos, coordenadas por Tauma, que já havia demonstrado uma força taumatúrgica impressionante.

Eles eram também coadjuvados pela sogra de Shymon, de quarenta e cinco anos, chamada Batsheva, que tinha poder curador excelente. Só era superada pelo próprio mestre e Tauma. Yeshua reuniu Tauma e Batsheva com mais seis pessoas e criou um grupo curador para os casos de doenças normais. Yeshua gostava de trabalhar com mulheres, cujo poder curador era superior ao dos homens. Elas eram mais maternais e se emocionavam com maior facilidade, liberando, por isso, mais energia curadora – fluidos vitais de alta vibração. A emoção era um fator importante na cura.

Certa feita, após uma sessão de cura, a sogra de Shymon, Batsheva, caiu de cama. Ela estava com uma terrível dor de cabeça, febre alta e sentia-se enjoada como se estivesse grávida. Shymon chamou o mestre para curá-la. Assim que Yeshua entrou no quarto da senhora, viu-a rodeada de uma gosma negra, distribuída na cabeça, no estômago e na região torácica. Não se tratava de um espírito, e sim de uma carga energética que ela havia atraído para si, como se fosse um ímã. Esta carga de baixa vibração a estava deixando doente, refletindo nela as mesmas características do doente que ela havia tratado.

Yeshua deu-lhe uma série de passes longitudinais com as duas mãos abertas, espalmadas, enquanto orava para se concentrar. De suas mãos saíram chispas de luz que dissolveram a gosma negra. Em poucos minutos, Batsheva levantou-se completamente refeita de sua febre e do mal-estar geral que houvera sentido.

Durante as cerimonias públicas, Shymon ficava coordenando as pessoas, distribuindo-as aos diversos grupos de assistência estabelecidos. Os casos de possuídos, loucos e dementes eram tratados por Yacob que, como se fosse um ímã, atraía os obsessores que se grudavam em seu corpo e, depois, com a força de seu pensamento, agora mais disciplinado, os expulsava. Yacob era ajudado por Yochanan ben Zebedeu que, com algumas poucas aulas do mestre Yeshua, demonstrou ser um vidente de escol.

O grupo de Yacob contava com ajuda de André, que também tinha qualidades parecidas com as do filho mais velho de Zebedeu, só que ele não chegava a ficar sob a influência mental do espírito. Com isso, ele podia falar com o obsessor, não permitindo que Yacob destrambelhasse e viesse a se machucar, como era comum, no passado.

Havia um grupo que trabalhava diretamente sob a influência de Yeshua, impondo as mãos, constituído de duas mulheres, filhas de Elisha, o carpinteiro. Essas mulheres, desde jovens, pubescentes, emitiam grandes quantidades de fluido vital, que, sob a orientação de espíritos especializados, eram capazes de fornecer importante material para curas ditas milagrosas. Esse grupo trabalhava no interior da casa de Elisha, que as acompanhava no trabalho, sendo excelente operador, emanando doces vibrações. Lá, o próprio Yeshua operava, levando lenitivo aos casos mais agudos.

Essa operação curativa levou algumas semanas para ser montada e foi nascendo das observações que Yeshua fazia das pessoas de Cafarnaum. Yeshua usava sua vidência para determinar quem podia ajudar e de que forma, além das orientações que os espíritos lhe davam, o que determinava o tipo de assistência que cada um podia dar. Shymon, um líder nato, foi oferecendo os préstimos de um ou outro que ele conhecia e, com isso, ajudou o mestre Nazareno a montar mais rapidamente sua equipe. No entanto, o que parecia ser produto do acaso era realmente a conjugação de diversos esforços feitos no mundo espiritual pelos operadores ligados ao caso. O que parecia ser fruto de coincidências era o trabalho de centenas de espíritos, os mais dignos operadores médicos e enfermeiros espirituais, que escolhiam seus melhores colaboradores entre as pessoas de Cafarnaum, assim como também os mais proficientes guardiões astrais para garantir a segurança, reunindo, desta forma, um plantel de elevada estirpe.

O público, no entanto, desejava ser curado por Yeshua e não por outro qualquer. Para atendê-lo, seria necessário que o mestre se desdobrasse em inúmeros, o que seria impossível. Para não frustrar quem vinha de tão longe, o mestre fazia uma preleção e, junto com seus diversos grupos de atendentes, fazia uma imposição de mãos. Muitas pessoas já tocadas pela graça da fé sentiam-se melhores, e outras, predispostas à cura. Muitos dos loucos tinham acessos naquele momento, exigindo firme atividade dos ajudantes de Yeshua.

Yeshua aproveitou uma certa calmaria para conversar com seu grupo. Essa reunião se deu no final de uma tarde, quando os pescadores haviam voltado, e Yeshua, Tauma e seus primos estavam descansando depois de um dia de trabalho e curas.

O primeiro a puxar o assunto que os roía de curiosidade foi Shymon.

40 | A SAGA DOS CAPELINOS

– Yeshua, eu me lembro, quando estávamos com Yochanan, de que ele o chamou de Messias. O que você nos diz disto? Você é o Messias?

Todos se voltaram para Yeshua.

– Eu pensei muito sobre este assunto e posso lhes dizer o que concluí. O que é o Messias? Um guerreiro que irá libertar Israel pela violência? Então, não sou o Messias. Será um enviado do Pai que irá instituir o reino de Deus na Terra, retirando a ietser ha-rá – tendência para o mal – do coração dos homens? Sim; então, eu sou este homem.

Houve um murmúrio entre os homens. Então, ele confirmava que era o Messias. Shymon, sempre muito prático e objetivo, perguntou-lhe:

– Mas, mestre, como você irá fazer isto? Como fazer com que os homens só tenham o ietser tov – a tendência para o bem? Não será necessária a formação de um exército? Não será importante que você se torne rei de Israel? Afinal das contas, todos nós sabemos que você é o legítimo sucessor do trono, pois é descendente do rei David.

Shymon tinha a tendência de fazer várias perguntas ao mesmo tempo, avassalando o interlocutor. Yeshua, no entanto, as respondeu em sua própria sequência.

– Estou formando um exército. Vocês são os meus comandantes, assim como terei outros que virão no tempo oportuno. Pode-se combater o mal com o mal, mas isto não irá modificá-lo. O que queremos é a mudança da mentalidade do homem. Se ele acreditar que é também um deus, que tem todos os atributos divinos, que é capaz de todas as superações e que deve dirigir sua mente e seu coração para o bem, então, retirará o ietser ha-rá, substituindo-o pelo ietser tov. Se o homem acreditar num Deus de bondade, que só deseja a oportunidade de servir aos homens, e não de ser servido, então, ele O imitará.

Yochanan, irmão de Yacob, também externou suas dúvidas.

– Não entendo esta afirmação. Você nos diz que Deus deseja nos servir, mas fomos ensinados que temos que servir a Deus. O que significa isto? Será que Deus, em Sua magnificência, está à minha disposição?

– Isto é uma grande verdade. Deus está a nosso inteiro dispor. O Pai é amor incondicional e tudo que você pedir Ele lhe dará. Quem é o pai que o filho, com fome, pedindo pão, lhe dará pedras? Saiba que, para todo aquele que bate à porta, ela lhe será aberta. Peça e será atendido.

Novamente Shymon voltou a argui-lo:

– Yeshua, isto tudo me é estranho. Então, se eu pedir a Deus que mate meu vizinho, Ele me atenderá? Se eu pedir para ser um homem rico e poderoso, Ele me enviará fortuna e poder? Se eu pedir para ter a vida eterna, Ele me fará imortal?

Yeshua sorriu do jeito fervoroso e quase veemente com que Shymon se manifestava.

– Deus o atenderá em tudo o que pedir, mas também cobrará a responsabilidade de sua solicitação. Se seu vizinho o incomoda, Deus não o fulminará, pois seu vizinho é também Seu filho e, portanto, seu irmão. Se você não ama seu vizinho, você não é digno de ser servido por Deus, pois o Pai só serve aqueles que já têm o amor no coração. Deus, no entanto, já lhe deu tudo que você possa vir a pedir. Se você deseja ser rico, você tem os meios dentro de si para se tornar rico. Se você deseja a vida eterna, saiba que você é eterno, mesmo que o seu corpo, um dia, tenha que morrer.

– Continuo sem entender.

– É simples. Deus é onisciente e onipotente. Ele não precisa atender aos desejos individuais de cada um de nós, pessoalmente. Para tal, Ele nós deu todos os meios de vencermos na vida. Ele nos deu todas as coisas; sabendo usá-las, não teremos necessidade de mais nada. Para tal, Ele desenvolveu leis sábias, que tudo providencia para nós. De resto cabe a nós fazermos bom uso destas leis. Quando as usamos com sapiência, somos beneficiados e nos tornamos o que queremos ser, até mesmo o mais poderoso dos homens, o mais terrível dos seres, ou o mais santificado. Quando não sabemos usar estas leis, somos levados

42 | A SAGA DOS CAPELINOS

ao sabor dos acontecimentos, tornando-nos pequenas crianças que serão guiadas na procela.

Yeshua havia falado da providência divina, assim como dos poderes interiores do homem. Quem soubesse fazer bom uso de sua inteligência, de seus sentimentos, purificando-os com força de vontade, encontraria tudo de que precisaria para viver com conforto, em paz e com saúde. Mas os homens que o rodeavam não entendiam este conceito e voltaram a lhe perguntar quase ao mesmo tempo:

– Se você é o Messias, e creio que o seja, por que você não expulsa o mal do mundo, transformando-o num lugar de paz?

– Por que você não toma o trono, usando as forças celestiais, e expulsa os romanos e a família de Herodes?

– Por que você não se alia aos zelotes e montamos um exército de guerreiros e derrotamos os romanos?

Yeshua ia responder, quando Tauma, levantando a voz, colocou um pouco de ordem na reunião.

– Calma, meus irmãos. Creio que vocês não escutaram meu irmão falar. Ele é o Messias esperado, mas não é o guerreiro das lendas, com as mãos cobertas de sangue dos seus inimigos. Ele é um Messias de amor e paz. Deixem-no falar.

Yeshua aproveitou a calma que se fez com as palavras candentes de Tauma e respondeu:

– A culpa é minha, pois não fui claro. Meu plano é o seguinte...

Durante quinze minutos, os homens o escutaram, sem nada falar. Ele explicou detalhadamente o que pretendia e de que forma iria atingir seus objetivos. Ao se tornar claro e objetivo, Yeshua os comprometeu com sua missão. Já não era o objetivo de Yeshua, mas o de cada um deles. Quem não quisesse poderia se retirar, mas eles não o fizeram. No final da clara exposição, Yeshua fez uma série de perguntas a cada um deles, pedindo opinião e esclarecendo dúvidas.

Ao pedir suas opiniões e sugestões, Yeshua os fazia participar. Já não era o plano de Yeshua, mas o objetivo do grupo. Ele sabia que, quando se deseja fazer algo, é preciso se cercar de pessoas, formar um grupo, motivá-lo, e, para tal, é preciso que cada um saiba os objetivos globais, o que se espera dele e quais são as recompensas que cada um terá. Não precisa ser necessariamente uma recompensa material, mesmo que esta possa ser de relevante importância. Pode ser uma compensação íntima, algo que irá trazer prazer, reconhecimento, alegria.

Os homens se assustaram com o plano de Yeshua e até mesmo Tauma lhe perguntou:

— Se viermos a falhar, o que poderá acontecer?

Yeshua foi taxativo.

— A vitória deve estar na nossa mente, mas não podemos ser irresponsáveis a ponto de não sermos precavidos. Se falharmos, a morte será nossa paga. Portanto, devemos ser prudentes como as serpentes e mansos como os cordeiros. Temos que trabalhar silenciosamente, sem que ninguém saiba dos nossos objetivos, até que chegue o momento certo. Não há necessidade de anunciar que sou o Messias nem nossos objetivos. Devemos apenas falar do reino de Deus. Mesmo assim, se viermos a falhar, teremos obtido tanto sucesso, teremos feito tantas mudanças, que terá valido a pena.

Yacob perguntou-lhe:

— Tudo o que estamos nos propondo a fazer é de grande perigo. Estaremos vivendo entre lobos e teremos que nos comportar como ovelhas. Estou certo de que tudo vale a pena, mas não haveria outra forma, sem corrermos tanto risco?

Yeshua respondeu-lhe com segurança:

— Tudo na vida é repleto de perigos. O lavrador, ao preparar a terra para o plantio, não sabe o que irá colher. Se ele começar a imaginar que podem acontecer terremotos, chuvas torrenciais, gelo impiedoso, que podem surgir pássaros esfomeados e pragas de gafanhotos, não irá sequer começar a arar a terra. Quando chegar a época da colheita, morrerá de fome. No entanto, ao fazer o trabalho dele, por piores que as condições possam ser, ele terá arado a terra, semeado as melhores sementes, e estará preparado para uma colheita farta que lhe dará uma mesa abundante. Nós somos este semeador. Iremos preparar a terra para plantarmos o reino de Deus. Se as condições nos forem adversas, pelo mesmo teremos arado o coração dos homens, retirando as pedras e as ervas daninhas, semeado novas ideias que hão de brotar em alguns campos, e, se a mesa do nosso banquete não for totalmente abundante, será pelo menos cheia de satisfação pelo dever bem cumprido. O resto cabe a Deus determinar e a nós, obedecer a seus desígnios.

Era tarde e os homens se retiraram. Naquela noite, muitos levaram algumas horas para dormir, pensando nas palavras de Yeshua. Havia um grande perigo em seu plano, mas havia também uma excitação que os havia possuído e que jamais iria deixá-los. Agora que faziam parte do exército do Messias, eles se sentiam glorificados. Tinham a sensação de que jamais iriam voltar às suas vidas anteriores. Haviam se tornado guerreiros do Mashiah.

CAPÍTULO 2

Desde o início, Yeshua discursava sobre o reino de Deus. Ele sempre contava uma história – parábola –, pois ajudava a fixar na mente dos ouvintes a sua mensagem. Além de ser uma forma bastante usual de ensinamento no Oriente, a parábola tinha a propriedade dupla de fixar a atenção e de cristalizar na memória o que se queria falar.

A maioria dos seus ouvintes era composta de homens simples dos campos e Yeshua se utilizava de histórias que eles pudessem entender. Por isso, suas parábolas eram campestres e ele as repetia mudando um detalhe ou outro, mas sempre tinham a ver com a chegada do reino de Deus.

Quase sempre no final da tarde, após as preces pelo término de mais um dia de trabalho, quando havia uma certa tranquilidade, Tauma procurava Yeshua e lhe perguntava o significado de determinada parábola, ou de certa frase. Yeshua explicava e Tauma ficava satisfeito, pois, na maioria das vezes, havia interpretado corretamente as palavras do irmão. Yeshua, intrigado, questionou a razão de ele estar carregando tantos rolos de papel. Tauma não se fez de rogado e explicou que achava as alocuções do irmão tão interessantes, que anotava as principais frases e parábolas que escutava durante o dia. Yeshua indagou se aquilo era uma espécie de diário e Tauma disse que não. Era apenas uma coletânea de frases, de parábolas, assim como de algum fato de maior relevância, como, por exemplo, a discussão que ele tivera com alguns doutos que haviam aparecido certa feita, interrogando-o sobre sua nova doutrina.

O que havia de certa forma deixado os doutos intrigados era o fato de que, na imensa maioria das vezes, Yeshua, após a cura, perdoava os pecados do doente, mandando-o embora com a exortação de não mais pecar. Eles murmuravam entre si e Yeshua, intuitivo e clarividente, aproximou-se do pequeno grupo de judeus mais esclarecidos que cochichavam entre si e perguntou:

– O que os incomoda, meus irmãos?

Um deles, mais jovem e afoito, respondeu-lhe:

– O fato de você perdoar os pecados dos homens. Não entendemos de onde vem sua autoridade para perdoar, pois somente Deus perdoa.

– A minha autoridade para perdoar vem da mesma procedência das minhas curas. Somente Deus cura e somente Deus perdoa os pecados.

O jovem escriba ficou indignado e lhe disse sem pestanejar:

– Isto que você fala é uma blasfêmia.

Yeshua com voz firme e olhar já mais severo, olhou-o nos olhos, deixando-o perturbado, e lhe respondeu:

– Não há blasfêmia em usar o nome de Deus para as boas causas. Aqui só trazemos lenitivo àqueles em que Deus vê merecimento para se curar. Para aqueles que ainda têm o coração duro, que não demonstraram arrependimento pelos seus atos, que ainda são prisioneiros do pecado, nos quais Deus não vê méritos, não há cura. Se Deus permite que eu possa trazer lenitivo aos desvalidos, Ele também permite que eu, por Sua imensa graça, perdoe os pecados, pois, na realidade, Ele o faz por meu intermédio.

Os demais homens que formavam o grupo de escribas ficaram ainda mais indignados e começaram a falar ao mesmo tempo. Eles perguntavam de onde vinha esta determinação divina de curar e perdoar. De onde Yeshua tirara aquela ideia ridícula e blasfema de que era um mensageiro divino. Yeshua teve que aumentar o tom de sua voz para lhes responder, e o fez com energia, sem, contudo, se exaltar ou perder a compostura.

– Em verdade, em verdade, eu lhes digo que todo homem que encher seu coração de amor pelo próximo receberá este dom de Deus, pois Ele é o amor puro. Todo aquele que se inunda com este amor, com esta luz de bondade receberá o rûah elahin qaddîsîn – o espírito do santo Deus –, tornando-se ungido por estes laços de amor, bondade e comiseração. Nesta hora, quando curo, perdoo e incentivo os homens à procura da perfeição e do amor fraterno, eu me torno uno com Deus. O Pai e eu somos um só, unidos pelo amor aos infelizes, aos desvalidos da Terra e a todos os seres criados pela imensa bondade de Deus.

Mudando de tom, tornando-se mais suave, Yeshua arrematou sua alocução:

– Usemos de honestidade em nossos corações. Quando digo que eu os perdoo, na realidade, eu os incito a se perdoarem e a mudarem de atitude perante a vida. No fundo, tanto faz dizer: "Eu o perdoo, vá e não peque mais"; ou falar: "Levanta e anda". O importante é que estes desvalidos passem a se amar, pois a doença nasce do desamor e da desarmonia em que se encontram. Vocês que são escribas, conhecedores da Lei, sabem que mais importante do que a rigorosa obediência à Lei é tê-la incrustada no coração, pois a Lei sem sentimento são palavras como folhas secas que o vento leva, enquanto que o espírito da Lei vivifica a alma, trazendo paz e esperança ao mundo.

O magnetismo de Yeshua em suas palavras inflamadas havia trazido um mutismo acachapante entre os escribas. Yeshua virou-se e deixou-os com suas inquietações. Os mais velhos entenderam suas palavras, pois elas já haviam sido ditas em várias passagens das sagradas Escrituras, mas os mais jovens ficaram ainda mais indignados, crendo que Yeshua se havia revelado como sendo un-

48 | A Saga dos Capelinos

gido do Senhor, unido a Deus como Seu filho unigênito. Ah, as palavras, quando terão um só significado e um único entendimento?!

Os meses correram céleres. Os barcos novos estavam em plena atividade. As pescarias eram de estarrecer; os arrastões traziam toneladas de peixes, que eram cortados, tinham suas entranhas retiradas e as carnes defumadas e eram enviados para Séforis, Cesareia e, agora, também para Ierushalaim, um novo mercado, inacessível antes devido a pouca quantidade de pescado. O dinheiro começou a fluir para Cafarnaum não só por causa da pesca, como também porque a cidade ficava lotada de pessoas que para lá iam para serem curadas por Yeshua. Elas enchiam as estalagens, obrigando muitos habitantes de Cafarnaum a cozinharem petiscos, mormente peixes, que eram vendidos para a população flutuante dos fins de semana.

Agora que tinha um exemplo em mãos – o progresso –, Yeshua continuou a falar que o reino de Deus estava próximo.

– Observem, meus amados irmãos, como foi notável a transformação que ocorreu entre vocês. Todos se dedicaram, juntos e congregados, para o atingimento de um objetivo. Todos trabalharam na construção de barcos, velas, redes e também no corte e preparo do pescado. Para tanto, aliaram-se numa única comunidade, não mais fazendo distinções entre vocês de quem era rico ou pobre, de quem era certo ou errado, de quem vocês julgavam ser puros ou impuros. Todos se deram as mãos e obtiveram sucesso. Este é o reino de Deus, pois ele se manifestou primeiramente dentro de vocês na procura de melhoras pessoais, no aprimoramento de suas virtudes e no apagar de seus pecados. Durante este tempo, vocês não falaram mal um do outro, nem tiveram tempo de ser molestados pelos demônios da inveja, da cobiça, dos vícios e da concupiscência. Pois é chegado o tempo em que o reino de Deus e toda a sua santidade manifestar-se-ão cada vez mais dentro de vocês, com resultados em toda a comunidade e no próprio país.

As pessoas ficaram meditando sobre aquelas palavras, pois, realmente, o duro trabalho de construir barcos, de pescar de forma diferente, com redes maiores e arrastões mais pujantes, assim como a construção de novas casas, alpendres, silos e depósitos não haviam dado tempo a ninguém de pensar em outra coisa a não ser a realização de seus sonhos. Uma mudança de mentalidade havia surgido de forma gradual e automática, baseada no fato de que todos tinham Yeshua como um homem possuído pelo mais alto grau de santidade.

– Este é o reino de Deus que está para chegar. Ele há de se alastrar por todas as terras judaicas, pois um novo tempo é chegado. Os tempos antigos serão superados por um estado de coisas mais justo, em que todos terão oportunidades de progredir, de se tornar mais amorosos e fraternos. O reino de Deus está cada dia mais próximo.

Com seis meses, a fama de Yeshua e daquilo que havia feito em Cafarnaum, seja pescando, seja curando, atingiu a maioria dos vilarejos da região, inclusive Cesareia e Ierushalaim, além das regiões da Fenícia, Idumeia, Judeia, Pereia, Traconítide e Samária. Pessoas de todos os lugares o procuravam. Por isso, Yeshua expandiu seus grupos de cura para que ficassem os mais independentes possíveis.

Outros fatos estavam acontecendo para beneficiá-lo: chegavam também pessoas do grupo de Yochanan o batista, que já haviam trabalhado com ele no rio Jordão. Alguns dos curados ficavam em Cafarnaum, pois muitos eram profetas e curadores. Yeshua transformava loucos desvairados em pessoas de inigualável poder, já que o contato com os obsessores os havia feito desenvolver um poder de comunicação com os espíritos que muitos desconheciam ser possível. Suas doenças de origem mental eram curadas por meio do trabalho, da dedicação aos demais e de uma nova motivação na vida: ajudar o próximo.

Nem tudo corria bem; existiam os descontentes, os invejosos e os que se achavam preteridos. Muitos acreditavam que bastava querer para serem admitidos no serviço, mas Yeshua recusava, polidamente, alguns; muitos desses aceitavam funções subalternas com prazer, mas outros se corroíam de inveja e despeito, passando a odiar o Nazareno. Era uma minoria; mesmo assim, perigosa.

Havia, também, uma pequena cisão no grupo de discípulos. Eles se dividiam entre Shymon e Tauma. O chamado grupo de Cafarnaum

50 | A Saga dos Capelinos

era liderado por Shymon, que mantinha as pessoas de Cafarnaum sob uma rigorosa dominação, impedindo-as de terem acesso ao mestre, a não ser por meio deles, sob o pretexto de não cansar e aborrecer o taumaturgo. Até mesmo as crianças pequenas eram impedidas de falarem com o amoroso mestre sob a mesma escusa. Já o grupo de Nazareth, liderado por Tauma, era muito mais gentil, franqueando o acesso a Yeshua a quem desejasse falar com ele. No início, os dois grupos tiveram alguns desentendimentos, obrigando Yeshua a ser severo com todos, demonstrando que ele estava ali para ajudar quem o procurasse.

Yeshua já estava há mais de seis meses em Cafarnaum, sentindo que a cidade estava começando a se desenvolver de forma acelerada. Por outro lado, ele estabeleceu uma época em que a pesca não deveria ser feita, já que o arrastão era muito predatório. Os peixes precisavam ser respeitados durante o período de reprodução, sem o que, em breve, não haveria mais os gigantescos cardumes que tanto progresso haviam levado a Cafarnaum.

Numa das tardes em que a pescaria estava suspensa por dois meses, para dar tempo de os peixes desovarem e gerarem novos cardumes, Yeshua saiu de Cafarnaum e dirigiu-se para um dos morros mais elevados da localidade. Precisava ficar só e tranquilo para refletir sobre uma infausta notícia que recebera e o havia deixado desconcertado.

O sol estava começando a se pôr quando Yeshua alcançou o topo do morro e pôde apreciar a bela vista dos vales, do mar da Galileia e da distante Cafarnaum. A quietude do local acalmou-o, já que havia estado muito agitado naqueles últimos dias, tendo se esgotado fisicamente. Numa das curas, a de um rapazinho epiléptico, despendeu tanta carga de energia e vontade, que acabou por sofrer uma persistente taquicardia, seguida de uma sangria nasal abundante. Teve que descansar por quase duas horas para voltar ao normal.

Afora a notícia que recebera, deixando-o aborrecido, ele estava radiante de felicidade, pois conseguira modificar as relações sociais e econômicas em Cafarnaum, trazendo abundância e prosperidade para todos. Não havia mais o velho sistema pelo qual para um enriquecer era preciso empobrecer os demais. Zebedeu, um dos responsáveis pelo sucesso, havia se tornado o maior arauto do sistema, colocando a par os demais nobres da região.

Um dos nobres vizinhos, amigo de Zebedeu, solicitou a visita de Yeshua para saber o que era preciso fazer para transformar seus empreendimentos num sucesso. Estava marcado que ele iria a Caná nas próximas semanas. As curas eram um grande sucesso, e suas palavras falando de um Deus de amor e justiça começavam a ser entendidas pelos mais simples. Muitos já repetiam que os tempos futuros de abundância ilimitada estavam chegando, graças ao santo profeta Yeshua.

Yeshua viu o sol se pôr quando ouviu uma conhecida voz atrás dele.

– Ah, aí está o mestre!

Era Shymon. Estava com André, Yacob, Yochanan e Tauma. O grupo o cumprimentou com alegria. Shymon ficou preocupado com ele quando viu que o mestre se afastara com o olhar transtornado. Shymon nunca havia visto aquele homem plácido e alegre com tamanha expressão de tristeza nas faces. Ficou apreensivo e reuniu os demais para irem até onde estava o mestre.

O que tirou Yeshua da aldeia para pensar foi a notícia de que Yochanan o batista havia sido preso e estava na fortaleza de Maqueronte. Deveria ser julgado por sedição e, provavelmente, morto. Yeshua ficou desnorteado com aquela noticia infausta. Durante o caminho pensou se não era seu dever ficar com ele durante aqueles momentos aziagos. Ele mesmo se respondeu lembrando a si próprio de que prevenira o primo à exaustão de não se opor ao poder de Roma. Imaginava que seria morto na cruz, uma morte horripilante, que devia ser evitada. Mas como? Haveria alguma forma de impedir tal fato? O mensageiro da infortunada notificação lhe dissera que ele estava sendo mantido prisioneiro na fortaleza de Herodes, que era inexpugnável.

– Posso lhe perguntar o que foi que o tirou do sério e lhe deu tamanho ar de preocupação? – Shymon procurava sondar-lhe o espírito; estava realmente preocupado com Yeshua.

52 | A Saga dos Capelinos

– Claro, meu caro Shymon. Soube por fonte segura que meu primo Yochanan o batista foi preso e será julgado por crime de insurreição contra os romanos.

Um raio caindo num dia claro não teria o mesmo efeito do que aquela notícia sobre todos do grupo. Aquilo foi um choque terrível; todos amavam o batista pelo que ele representava. Ele era a altivez de Israel perante seus inimigos. Ele era o orgulho nacional. E agora estava derrotado, com possibilidade de morte infamante. Uma derrota insuperável, quase insuportável.

– Que faremos, mestre, que faremos?

Shymon estava desesperado com a notícia. Yeshua olhou para o horizonte, calmamente, e disse:

– Continuaremos a nossa vida com determinação. Dentro de duas semanas, iremos a Caná, pois fomos convidados para o casamento de nossa prima, filha de Cleophas, nosso tio. Além disto, Fineias, que também é amigo de Zebedeu, deseja aproveitar a nossa visita para inteirar-se dos nossos métodos em Cafarnaum. Iremos àquela cidade e faremos tudo o que fizemos aqui.

– Mas como, mestre? Eles lá são plantadores e pastores. Não são pescadores. Como ensinaremos homens a plantar e pastorear, se só conhecemos o ofício de pescar?

A pergunta foi formulada por André, um devoto seguidor de Yeshua, mas que tinha suas dúvidas, nem tanto quanto ao mestre, mas quanto aos demais homens.

– Ensinaremos os princípios da providencia divina, do amor de Deus pelas suas criaturas e de que a única forma de combater o mal é com a solidariedade, o trabalho conjunto e o amor às coisas da natureza e ao próximo. Falaremos do reino de Deus e de como ele está próximo de se realizar, bastando para tal que os homens o aceitem em seus corações e mudem seu comportamento.

André fez cara de muxoxo, como quem não acreditava que iria dar resultado. Shymon, pelo contrário, um espírito arrebatado, falou alto, quase aos berros:

JESUS, O DIVINO MESTRE | 53

– Claro que conseguiremos! Não há nada que não possamos fazer. Basta dedicarmo-nos com fé ao trabalho, e Deus há de nos guiar.

Yeshua, acostumado com o descrédito dos homens, a falta de fé, a ausência de determinação, ficou agradavelmente surpreso com a firmeza de Shymon. Os demais ficaram contagiados com ele e até André, meio vacilante, acabou achando que tudo daria certo.

Yochanan, com o passar dos dias, foi avassalado por dúvidas. Aquele taumaturgo era realmente o esperado Messias? Não seria apenas mais um homem santo a se pronunciar numa terra rica em profetas? Sua mente gerava essas questões, pois o conceito de que o Messias esperado seria um poderoso guerreiro lhe trazia sérias dúvidas, já que Yeshua não apresentava essa característica. Com o coração opresso e a mente requeimada, ele continuou sua jornada, batizando e pregando que o Messias estava entre eles e que em breve se pronunciaria.

Enquanto Yeshua foi para Cafarnaum, e de lá chegavam inquietante notícias, Yochanan foi aumentando ainda mais suas dúvidas. Yacob e Tadde, seus primos por afinidade, haviam partido com Tauma, que apareceu e os levou embora. Outros de seus discípulos iam até a cidade onde estava Yeshua e de lá não retornavam. Mesmo assim, seu grupo ainda era expressivo. Ele havia pedido que dois de seus amigos fossem até Cafarnaum e trouxessem mensagem de Yeshua. Eles reportaram que o taumaturgo havia estabelecido centros de cura, que recebiam centenas de pessoas, onde expulsavam demônios e faziam aleijados andarem e cegos verem. Nada além daquilo. Onde estavam os exércitos do Messias? Onde estavam as armas, os aparatos bélicos, os treinamentos e as manobras militares? Como Yeshua iria vencer as legiões do mal?

As forças das trevas estavam se movimentando sem que nenhum dos dois homens soubesse. Almadon, chefe da guarda de Herodes Antipas, vinha mantendo um espião junto ao grupo de Yochanan o batista, praticamente desde o início. Este espião infiltrado como discípulo do batista reportava com perfeita constância os principais fatos. Não pôde deixar de notar a figura de Yeshua e mandou seu relatório falando de mais um profeta que trabalhava com Yochanan. Quando Yeshua deixou o grupo e foi para Cafarnaum, Almadon enviou como simples olheiro mais um dos seus esbirros, que apareceu como peregrino, levando uma tia doente. Ficou em Cafarnaum mais de uma semana e depois contou tudo o que vira. Não havia perigo em Yeshua; era apenas um homem com poderes extraordinários, que falava de um reino de Deus que devia vir algum dia. Almadon inquietou-se com o advento do reino de Deus. O que era exatamente aquilo?

Herodes Antipas, já devidamente estimulado por Pilatos, havia chamado Almadon e lhe dera como missão prender, sem alarde, o batista e enviá-lo para Maqueronte, uma fortaleza situada na Pereia. Almadon preparou sua missão com requinte. Sabedor de que, em certo período do ano, que correspondia à colheita, os peregrinos rareavam, e o batista ficava praticamente só com seus poucos discípulos, preparou uma operação rápida a ser desfechada para logo depois do almoço.

Sua turma de sessenta homens chegou por caminhos diferentes, com roupas civis, escondendo as espadas por baixo das pesadas vestimentas dos homens do deserto, e se infiltrou no acampamento. Deviam ter cerca de vinte e cinco pessoas, entre elas várias mulheres que cozinhavam, lavavam e eram esposas de alguns dos discípulos de Yochanan. Almadon fez questão de atender pessoalmente às solicitações de Herodes Antipas, que não iria tolerar insucessos.

Ele deu ordem para detectarem o batista e, quando estava absolutamente certo de que era o próprio, tendo ele mesmo falado com Yochanan, deu-lhe ordem de prisão. Os demais esbirros atacaram os discípulos remanescentes e mataram ou feriram mais de vinte, aprisionando alguns homens e mulheres. Poucos conseguiram fugir da sanha assassina, enquanto Yochanan era fortemente amarrado e levado às pressas para Maqueronte, que distava a bons dois dias de marcha.

Yochanan foi levado dentro de uma carroça. Não lhe deram de comer durante o dia e, de noite, deram-lhe uma magra ração no jantar e um pouco de água. Até Maqueronte, suas mãos e pés esti-

JESUS, O DIVINO MESTRE | 55

veram fortemente manietados, gerando dores crescentes; após ser liberado, um dos seus pés ficou com tamanho edema que andar passou a ser um tormentoso sacrifício. Mas Yochanan não tinha muito para onde andar, pois fora aprisionado numa cela imunda, onde mal conseguia ficar em pé. Era obrigado a dormir no chão frio e numa escuridão assustadora, já que a prisão era infestada por ratos, piolhos e outros insetos. Várias vezes acordava com ratos a passear sobre seu corpo e a mordê-lo. Seu tormento de três meses começava.

Yeshua foi até Caná com seus seis amigos e soube que Míriam, sua mãe, e mais suas irmãs e dois irmãos também compareceriam ao casamento. O nubente era filho do nobre local com a filha mais nova de Cleophas, seu tio. Seria uma festividade extraordinária que contaria com mais de dois mil convivas. Seriam mortos mais de trinta ovelhas, uma dúzia de cabritos, três grandes bois, além de inúmeras aves. Deviam ser servidos mais de dois mil litros de vinho de boa cepa, o suficiente para qualquer festim de elite.

Yeshua encontrou-se, dois dias antes da festa, com Zebedeu, que o levou para conversar com Fineias de Caná, o chefe local, que desejava saber o que deveria fazer para obter melhores resultados de seus vinhedos e olivais. Conversaram longamente e Fineias não ficou convencido. Ele acreditava em seu amigo Zebedeu, mas achava que o sistema de dividir as terras, arrendá-las para grupos de camponeses e fazer com que cada um deles se especializasse não traria os melhores resultados. Por sua vez, ele temia ser roubado. Não acreditava na força de trabalho sem um forte controle e muito menos num sistema de parceria. O que Yeshua lhe havia proposto era um sistema muito próximo do que seria futuramente o kibutz. Yeshua perguntou-lhe se estava satisfeito com o sistema atual, no qual ele era o mestre e o contramestre e, mesmo assim, sua produção era baixa.

— Claro que não. Gostaria que houvesse outra forma, mas creio que os operários são lerdos, quiçá ladrões.

— Qual é a saída?

— Não há. Deveria existir, mas há séculos que trabalhamos assim e os resultados são pífios. Creio que não há nenhuma saída.

56 | A SAGA DOS CAPELINOS

– Deus sempre oferece saídas. Ele fecha uma porta, abrindo sempre mais duas. Pense na minha proposta. Se eles trabalharem para si, os resultados não serão para um distante senhor, e sim para suas famílias. Você também sairá ganhando mais, já que venderão o produto para você, além de ganhar no arrendamento da terra.

Fineias encerrou a conversa com um "vou pensar". Yeshua não se espantou. Já esperava por essa reação. Isso seria o natural. O caso contrário – o que aconteceu com Zebedeu – era inatural. Só havia acontecido porque ele se sentia grato a Yeshua por ter tratado seu filho, livrando-o da loucura ignominiosa.

Yeshua encontrou sua mãe acompanhada de suas duas irmãs, e mais Yacob, Shymon e Yozheph, seus irmãos. A mãe o recebeu com um carinho que ele não esperava. As irmãs foram amorosas e cordiais. Yacob derreteu-se em gentilezas com o irmão – estava com remorso por ter sido rude com o primogênito. Shymon foi cortês, mas já Yozheph não escondeu seu descontentamento, quase não o cumprimentando. Sentia-se desconfortável perante o irmão de quem, em cuja ausência, tantas vezes, falara mal. Yeshua o cumprimentou sem reservas e fez de conta que aquele trejeito com a boca, que sequer proferiu o shalom aleichem, e aquele abraço dado a distância foram um cumprimento completo do irmão.

Sua mãe o puxou para o lado e ficaram mais de três horas colocando as novidades em dia. A mãe se queixou dos filhos, especialmente de Yacob, que era por demais avaro, quase não colocando comida na mesa, sempre com medo de que poderia faltar dinheiro para o dia seguinte. Queixou-se de Yozheph, dizendo que trabalhava pouco, falava mal de todos e queixava-se de tudo. Yeshua olhou-a com carinho e disse-lhe:

– Foi bom você ter falado nisso, mãe. Eu queria convidá-la para morar comigo há muito tempo. Sempre pensei que você não aceitaria; no entanto, em face de suas atuais dificuldades, creio poder lhe oferecer uma vida melhor. Além disto, Tauma está vivendo comigo e temos necessidade de uma mão feminina para transformar nossa casa num lar.

Não há nada que uma verdadeira mãe mais deseje do que se sentir útil e querida pelos seus filhos. O convite era irrecusável. Claro que ela aceitou incontinenti.

Yeshua, no entanto, fez-lhe um pequeno alerta.

– Só há um pequeno senão.

Míriam ficou preocupada, para logo depois Yeshua acalmá-la.

– Não é nada demais, só que estamos viajando muito. Teremos que ir para muitos lugares e até mesmo Ierushalaim está nos meus planos.

Míriam respondeu-lhe de imediato, sem pestanejar:

– Ótimo, sempre gostei de viajar. Finalmente, voltarei a rever minha amada cidade.

Yeshua riu e abraçou a mãe. Naquele momento, mãe e filho se reconciliaram de todas as rusgas do passado. Tornaram-se os mais inseparáveis dos amigos.

A festa já durava quase dois dias e a quantidade de comida e bebida consumida estava acima de qualquer expectativa. No meio do segundo dia, a bebida começou a rarear e Fineias comentou a situação com a esposa, que confidenciou com sua amiga Míriam. Ela, com seu espírito de mãe judia preocupada, falou com Yeshua.

– Fineias está muito preocupado. Os convidados ainda estão chegando e o vinho praticamente acabou.

– Quanto ele comprou?

Míriam disse que ele comprara para mais de dois mil litros, além de cerveja e sucos de uvas. Yeshua raciocinou rapidamente. A maioria dos homens bebia vinho. Não viu muitos casos de embriaguez declarada e, como não deviam ter mais do que seiscentos homens, era óbvio que devia ainda ter muito vinho. Yeshua não era um especialista em vinho, mas, como bebia moderadamente, conhecia o gosto. Seu paladar aguçado reconheceu que, até aquele instante, havia sido servido um vinho de qualidade pobre. Imaginou que Fineias havia deixado o melhor para o final. Estranhou, pois o costume era o contrário: dar o bom vinho no início quando as pessoas ainda estavam sóbrias. Os vinhos de última qualidade eram servidos aos bêbedos. Era óbvio que estava havendo desvio.

Míriam insistiu.

– Você deveria fazer algo.

– Mas, mãe, esta casa não é minha. Sou apenas um convidado.

– Conheço sua expressão quando você está pensando algo. Tenho certeza de que você já descobriu o que houve.

– Ora, qualquer um descobriria que está havendo desvio de bebidas. Não será a primeira vez nem a última.

– Yeshua, faça este favor para sua mãe.

A mãe sabia ser dengosa quando lhe era necessário. Yeshua pensou que estaria se metendo em assunto alheio e nas imediatas consequências de seu ato. Comentou o fato com a mãe que logo apresentou uma solução: falaria com a esposa de Fineias.

Alguns minutos depois, Míriam, junto com a dona da casa, levava seu filho até o mordomo e disse-lhe:

– Por ordem de Fineias, Yeshua de Nazareth providenciará o vinho que está faltando.

O chefe dos serventes olhou-o com desconfiança, porém aceitou as ordens dadas. As duas mulheres afastaram-se. Yeshua colocou a mão no ombro do chefe dos serventes e disse-lhe:

– Na adega, atrás das caixas, bem escondidos, estão seis odres cheios do melhor vinho. Peço-lhe a fineza de levá-lo e servi-lo aos donos da casa e seus convivas.

O homem deu dois passos para trás, olhando espantado para Yeshua.

"Como é possível que ele saiba desse fato?" – pensou o homem.

Ele pretendia auferir ótimo lucro com a venda daquele vinho de primeira, mas, agora, aquele estranho havia descoberto, num átimo, o esconderijo de seu tesouro. Que bruxaria ele havia feito? Yeshua olhou-o fixamente, sem sorrir, com rosto sério e expressão dura, e disse-lhe:

– Não há bruxaria. Você mesmo me revelou o esconderijo do vinho.

Yeshua tinha profunda intuição - era quase telepatia -, podendo quase ouvir o que o homem pensava. Assim que ele chegou, o ladrão, preocupado, revelou, mentalmente, o esconderijo do vinho. Aquela revelação entrou na mente de Yeshua como se fosse uma imagem.

O homem sentiu medo fora do normal. Estava perante um bruxo de grande poder. O chefe dos serventes não se achava um ladrão, apenas vislumbrara uma oportunidade de enriquecer. Deste modo, ao ser desmascarado por Yeshua, não reagiu como um ladrão sem vergonha, que negaria o crime até no inferno, mas como um pecador colhido em plena infração. Arriou-se com o rosto entre as mãos, soluçando como uma criança. Yeshua levantou-o pelo ombro, rapidamente, dizendo-lhe:

— Recomponha-se, homem. Se alguém o vir, você estará perdido.

Havia uma réstia de esperança para o chefe dos serventes, enquanto Yeshua lhe dizia:

— Desça já ao porão. Retire os odres que você escondeu e sirva a bebida.

— Como justificarei que a bebida subitamente apareceu?

— Se perguntarem, você deve falar a verdade. Ou pelo menos parte dela. Diga que havia reservado o melhor vinho para o fim, quando a maioria dos convivas estaria presente.

O homem obedeceu, relutantemente. Alguns momentos depois, o vinho voltou a fluir novamente na festa. Poucos se deram conta do fato, exceto a embevecida mãe e Yochanan ben Zebedeu, que contaria este evento como mais um dos milagres do Messias.

No final da festa, o grupo, agora reforçado de Míriam, dirigiu-se para Cafarnaum.

No dia seguinte, após a chegada a Cafarnaum, um homem pediu para falar com Yeshua. Chamava-se Levi ben Alfeu. Era o chefe dos cobradores de impostos da região. O homem estava em grave crise de consciência, apresentando ar doentio e expressão estonteada. Yeshua, vendo seu estado, pediu que Tauma saísse de forma a atender melhor ao homem.

Levi tinha trinta e dois anos, praticamente a idade de Yeshua. Era filho de Alfeu, irmão mais novo de Zebedeu. Ele havia desobedecido às ordens paternas e tornou-se cobrador de impostos, um publicano.

Com isto, passou a ser figura odiada em Cafarnaum. Não tinha amigos e mesmo seus primos, Shymon, André, Yacob e Yochanan, não falavam com ele. Mas ele se considerava um homem justo, pois cobrava os impostos de acordo com a lei. Não abusava de seu poder e acreditava que estava fazendo o bem, pois era com o dinheiro arrecadado com os impostos que se construíam estradas, viadutos e aquedutos. Quanto mais era rejeitado pelos seus, mais se tornava odiento. Tinha medo de que aquele ódio o levasse a se tornar mau, usando indevidamente seu poder e, com isto, perder sua alma, pois era um homem temente a Deus. Ultimamente, havia se tornado rude e ganancioso, exigindo além da cota que a lei romana determinava. Cada vez que fazia aquilo, sentia-se vingado por ter sido repudiado, mas, ao mesmo tempo, sentia-se mal consigo mesmo. Estava se tornando um crápula e queria mudar de atitude, mas não sabia como. O que fazer?

Yeshua escutou sua história e sua angústia. Ele observou como Levi se achava imundo, crápula, traidor de seu povo. Queria mudar, mas não sabia como. Era um homem rico e amava sua riqueza, não querendo se desfazer dela, já que tinha medo da pobreza. Queria expulsar esse ódio do coração que lhe fazia mal e voltar a ser querido entre os seus.

O simples fato de ter falado aquilo tudo, durante quase uma hora, sem ser interrompido por Yeshua, o havia aliviado. Durante a narrativa, chorou, lamentou-se e, quando começou a perder o controle de si próprio, Yeshua o acalmou com gestos paternais. Ao se recompor, o mestre o incentivou a continuar. Um dos pontos altos da personalidade magnética de Yeshua era que ele realmente se preocupava com as pessoas. Ele as amava de verdade e externava isso em seus menores gestos, no seu sorriso encantador e na sua expressão de real preocupação com o próximo. Enquanto o homem falava, colocava-se no lugar dele e procurava entendê-lo, ver as razões mais profundas e como ele devia estar se sentindo. Ele exercitava a empatia em grau máximo.

Finalmente, Yeshua, ao vê-lo mais calmo e senhor de si, falou com extrema doçura, como se se dirigisse ao mais caro dos seus irmãos:

— A mudança interna deve começar como se fosse uma revolução. É preciso lutar contra suas tendências negativas. Para tal, é preciso vigiar a si próprio, pressentindo quando o vício, o ódio, a desordem começam. Neste instante, é preciso mobilizar fortemente todas as suas forças contra o aspecto negro de nossa personalidade. O melhor caminho é a oração. Ore para Deus, mas, principalmente, para você mesmo, para que as suas forças internas positivas se sobressaiam. Vigiar e orar, eis o caminho.

Levi o escutava como se estivesse bebendo toda a sabedoria do mundo dos lábios daquele homem santo. Yeshua prosseguiu, dando outro tom à conversa.

— Em segundo lugar, é preciso alterar a sua forma de viver. Ao invés de fazer as cobranças que a lei romana lhe impõe com rudeza e ganância, seja justo, cobrando o correto. Demostre mais compaixão e discernimento em cada caso.

— Mas todos dizem que os impostos não são corretos. Qual é a sua opinião?

— Os impostos são a forma pela qual o homem cede parte dos seus haveres para receber em troca coisas que sozinho não poderia fazer. Os romanos patrulham as estradas que eles mesmos construíram, melhorando em muito nosso deslocamento. Construíram reservatórios de água, fontes e aquedutos, levando o precioso líquido até os lugares mais longínquos. Tudo isso são feitos que demandam despesas, exigindo, portanto, o recolhimento de impostos. Deste modo, o imposto é legítimo.

— Mas muitos dizem que o imposto é mal utilizado, tornando-se fonte de corrupção. Deste modo, preconizam a extinção dos tributos.

Yeshua meneou a cabeça, sorrindo levemente, e retrucou:

— A faca serve para ferir, mas nem por isso há pessoas que pensam em exterminar este valioso instrumento. A ferramenta não é a culpada, e sim o autor. O imposto é útil e necessário, mas o administrador deve ser correto, assim como deve ser o funcionário que o recolhe.

62 | A Saga dos Capelinos

– Então, minha profissão não é ilegal?

– Ilegais são os atos de extorsão, a crueldade e a falta de amor para com o próximo. Qualquer trabalho feito sem amor está fora da lei.

– Mas o que farei?

– Siga-me. Temos necessidade de pessoas para ajudar a curar os doentes, pensar os feridos, cuidar dos inválidos e acarinhar as crianças.

– Mas, rav Yeshua, como um miserável como eu poderá ser de alguma utilidade? Não tenho poderes. Não sei curar ninguém. É responsabilidade demais para mim, que já estou assoberbado de atividades.

– Levi ben Alfeu, ouça minhas palavras. Para ser útil ao próximo não é necessário ter poderes especiais. Basta ter solidariedade, um pouco de amor e muita força de vontade. O resto, Deus dá por acréscimo de misericórdia. Siga-me; eu o farei um coletor de almas.

Levi saiu da casa de Yeshua um pouco mais aliviado pela catarse que ele havia feito, mas decepcionado por não encontrar uma fórmula mágica para a felicidade. Será que ela também deveria ser duramente conquistada? E ainda por cima, com o serviço ao próximo? A ideia o desgostava. Não queria ter contato com doentes; temia o estado mórbido deles. Não desejava escutar as longas histórias de dramas e tragédias pessoais; achava que a sua já era suficiente.

Três dias depois deste fato, Yeshua juntou seu grupo; iriam para a vizinha Tiberíades, onde pretendiam desenvolver o mesmo sistema que fora implementado em Cafarnaum. Zebedeu, agora na condição de maior propagandista de Yeshua, havia contactado o nobre local, seu pessoal amigo, e lhe contado as maravilhas que haviam feito em Cafarnaum. Passariam lá três dias, montando um esquema parecido com o que haviam feito em Cafarnaum.

Na passagem pelo posto de arrecadação, Yeshua viu Levi ben Alfeu trabalhando. O homem levantou os olhos e viu quando o grupo passou. Yeshua observou que Levi ficou indeciso. Ele queria ir com eles, mas não queria ser inconveniente. Levi era tratado como um leproso pelos demais habitantes de Cafarnaum. Até mesmo a sua mulher e seus dois filhos tinham sérios problemas de relacionamento com os demais membros da aldeia; todos detestavam Levi. Yeshua parou e falou alto, com autoridade:

– Matyah Levi ben Alfeu, eu o convoco para a seara do Senhor. Siga-me!

O espanto ficou estampado no rosto de todos, até mesmo de Levi que, imediatamente, largou tudo e partiu com a roupa do corpo. Daquele momento em diante, Levi passou a ser chamado pelo seu primeiro nome Matyah – Mateus –, tornando-se um dos queridos discípulos do mestre de Nazareth.

Tiberíades era uma cidade mais rica do que Cafarnaum. Vários romanos, gregos e judeus ricos tinham mansões à beira do lago. A vista do mar da Galileia, em Tiberíades, era espetacular, de tirar o fôlego. No entanto, os pobres eram tão miseráveis quanto em qualquer outro lugar.

Manassés ben Chizkiá era um homem altivo, fariseu, de cultura rígida, que ouvira falar de Yeshua, vendo-o como um taumaturgo de escol. Zebedeu, seu amigo e par na pequena nobreza rural galileia que tinha fama de ser rica, havia falado maravilhas de Yeshua para Manassés. Desta forma, ele o havia convidado a ir à sua casa. Yeshua entrou com Shymon e Tauma, enquanto os demais encontraram teto na casa de amigos de Manassés.

Foram feitas as apresentações. Manassés ficou impressionado com o porte de Yeshua. Ele mesmo não era um homem baixo, não passando de um metro e sessenta e cinco centímetros; já Yeshua alcançava um metro e oitenta e cinco centímetros, vinte centímetros acima do anfitrião. Mas, além do porte, havia uma estatura moral que logo se impôs ao maduro Manassés. Yeshua lhe havia dado o seu mais belo sorriso e, quando isso acontecia, ele era capaz de derreter o mais duro gelo dos corações empedernidos. Poucos homens eram tão simpáticos, comunicativos e, ao mesmo tempo, sóbrios como Yeshua. Sua simpatia venceu o inicialmente reticente Manassés.

Durante o jantar, Yeshua conheceu o resto da família. A dona da casa chamava-se Beruria e tinha dois filhos: uma moça bela

64 | A Saga dos Capelinos

como o raiar do dia, chamada Léa, e um rapaz franzino, doente, chamado Chizkiá, nome do seu avô paterno, já falecido. O rapaz era epiléptico legitimo, tendo crises gravíssimas. Seu corpo era coberto de hematomas devido às quedas. Ele tinha dois a três ataques por dia. Yeshua observou que o moço teria pouco tempo de vida, devido ao seu estado de desnutrição e debilidade física.

Yeshua não pôde deixar de ficar comovido com o estado do rapaz, que, mesmo assim, procurava manter um sorriso nos lábios. Yeshua, não querendo ser descortês, continuou falando sobre o sistema de embarcações vendidas aos empregados, da melhora da técnica de pesca, dos resultados e da comercialização do pescado. O tempo passado com Yozheph de Arimateia lhe estava sendo útil; ele conhecia todos os meandros do comércio. Com isso, era capaz de responder qualquer pergunta de Manassés.

No final do jantar, o rapazinho teve seu mais formidável ataque, rolando da cadeira, sacudindo-se freneticamente e babando intensamente. Yeshua foi mais rápido no atendimento do que qualquer dos serviçais e familiares. Segurou-o pelos ombros, colocou a mão na boca, desenrolou a língua e pôs um pano enrolado entre os dentes do moço. Concentrou-se profundamente e sua visão espiritual mostrou-lhe que o rapaz tinha uma grande intensidade luminosa no cérebro, enquanto que outras áreas estavam escuras, sem atividade. Ele fechou os olhos e orou mentalmente, pedindo ajuda aos santos espíritos que o auxiliavam.

Em poucos minutos, a sala se encheu de dezenas de almas vindas do alto astral, assim como de guardiões espirituais que passaram a proteger o perímetro de qualquer presença desagradável. Um dos espíritos, que Yeshua reconheceu como o chefe de uma equipe médica, disse-lhe claramente:

– Salve, mestre Yeshua. Leve o rapaz para um quarto escuro, onde possamos tentar operá-lo.

Yeshua, que havia colocado o moço num sofá enquanto segurava seus braços, levantou-o como se fosse uma folha, tamanha a magreza do rapaz. Pediu que indicassem um quarto reservado, e

Beruria indicou-lhe uma sala contígua. Era um quarto pequeno, mas as paredes pareciam ter desaparecido para os espíritos. A impressão era de que estavam num amplo anfiteatro, onde inúmeros espíritos estavam em grande atividade.

Inicialmente, acalmaram os centros nervosos do rapaz. Depois, o chefe da equipe olhou para Yeshua e disse-lhe:

– Teremos que ter autorização superior para operar este rapaz. Trata-se de um criminoso que está pagando por seus delitos abomináveis. Não posso fazer nada enquanto não receber autorização dos meus superiores. Aguardemos, portanto, orando para o nosso Pai celestial.

Yeshua orou fervorosamente, pedindo pelo rapaz. Alguns segundos depois, apareceu uma figura tão translúcida que todos puderam observar que se tratava de uma projeção mental de algum grande espírito do mundo mental superior. A figura falou e somente duas pessoas puderam entender a mensagem: o chefe da equipe médica e o próprio Yeshua.

– A autorização está dada. Operem-no e deem-lhe uma sobrevida de alguns anos. Ele nada fez para merecer essa dádiva; no entanto, sua cura irá abrir os caminhos de inúmeros espíritos que ainda lutam na pobreza, na doença e na miséria, dando-lhes gloriosas oportunidades de aprimoramento.

A figura dissipou-se, e o chefe dos médicos começou a trabalhar. Durante quase trinta minutos, os médicos espirituais ligaram e desligaram incontável rede neuronial, ampliaram os circuitos para regiões que estavam praticamente fechadas, enquanto o rapaz dava leves sobressaltos. O seu espírito estava fora do corpo, pairando a cerca de dois metros, completamente adormecido. Naquele momento, Yeshua emprestava seu fluido vital para a operação delicada que se processava.

Após certo tempo, Yeshua sentiu tonteiras e teve que se deitar um pouco ao lado do rapaz. Enquanto tudo aquilo acontecia, a mãe do rapaz ficou de joelhos rezando fervorosamente. Ela viu quando Yeshua deitou-se, um pouco aturdido, e ajudou-o, colocando um pequeno travesseiro na sua nuca, e segurou, ao mesmo tempo, sua mão e a do seu filho. Ela nada via, mas sentia que o espírito de Deus estava agindo.

Um pouco de sangue desceu pelas narinas de Yeshua e os próprios espíritos da equipe médica tiveram que aplicar-lhe passes longitudinais no corpo para acalmar seu agitado coração. Yeshua adormeceu, mas não se desdobrou, permanecendo no seu corpo. Alguns minutos depois, os dois homens acordaram quase simultaneamente e levantaram-se. O rapaz viu a mãe e esticou os braços a procurar apoio e carinho. A mãe o abraçou, e todos saíram da saleta onde estiveram reclusos por mais de meia hora.

Manassés ficou feliz com a recuperação do filho; no entanto, não estava acreditando que ele estivesse completamente sarado. Na realidade, com o decorrer das semanas, não vendo mais os ataques acontecerem, foi-se certificando de que Yeshua havia realmente curado o rapaz.

As notícias de que Yeshua de Nazareth estava em Tiberíades espalhou-se como rastilho de pólvora. No terceiro dia, mais de três mil pessoas haviam chegado de diversos lugares da vizinhança. A maioria procurava curar suas doenças, aplacar suas angústias, mitigar sua sede de felicidade. Alguns iam por pura curiosidade, como os fariseus das principais cidades, mormente de Ierushalaim. Uns queriam escutá-lo falar de um Deus complacente e amoroso, outros questioná-lo sobre aspectos da Lei à qual ele parecia não dar grande importância.

Nos dois primeiros dias, a cidade o procurou. Junto com sua equipe, conseguiu curar algumas pessoas e afastar alguns dibuks que atormentavam uma jovem. Entre as pessoas curadas, havia um homem com a mão entrevada. Eles não restituíram totalmente os movimentos da mão ferida num acidente, mas, após pensar a ferida, devolveram coragem ao homem para movimentar a mão. Com o esforço que iria fazer nos dias subsequentes, sua mão voltaria a ter quase todos os movimentos. Antes desse fato, por causa da dor, o homem se acovardava, não mais mexendo os dedos e o punho. Com isso, a mão 'secara'.

Quando Yeshua viu a quantidade de pessoas que haviam se reunido para conhecê-lo, ficou preocupado. Como iria falar com todos? Como iria tratar daquelas pessoas? Sua equipe estava reduzida aos seus poucos discípulos e mais Matyah, recém-converso, ainda inábil para lidar com doentes. Batsheba, a sogra de Shymon, não havia ido nem a equipe comandada por Tauma.

Havia uma praça reduzida no centro de Tiberíades que dava para uma das mansões mais ilustres, a residência de verão do prefeito romano. Yeshua dirigiu-se para perto da entrada da mansão, onde existiam alguns degraus, o que o permitia ficar alguns centímetros mais alto do que os demais, e, levantando os dois braços para o alto, começou a sua prédica.

— Eis que os tempos estão chegando e se aproxima o reino de Deus. Mas que reino é este? Será um reino tão diferente do que temos hoje, para podermos anunciá-lo como se fosse uma boa nova?

O público se juntava para ouvi-lo melhor. Yeshua prosseguiu com sua voz forte, clara e grave:

— Sim, o reino de Deus é, antes de mais nada, um lugar de justiça, onde o que vale é a Lei, e não o poder dos ricos, a vontade dos potentados e a corrupção do dinheiro. O reino de Deus também é um lugar no coração dos homens. Ele é um reino que penetra em nós e se expande para todos os lados.

Muitos começaram a não mais entender suas palavras. Normalmente, Yeshua fazia uma curta preleção para não cansar a mente ainda infantil do povo inculto. Era hora de contar uma parábola para que pudessem satisfazer sua mente ainda incipiente.

— O reino de Deus é como um grão de mostarda, que é a menor das sementes quando plantada e que gera uma grande hortaliça que estende de tal modo os seus ramos, que as aves do céu podem abrigar-se à sua sombra. Começamos a plantar o reino na pequena Cafarnaum e os resultados não tardaram. As pessoas estão mais prósperas, há mais igualdade entre as pessoas, os administradores tornaram-se mais humanos e os impostos não sobrecarregam os habitantes.

As pessoas já haviam ouvido falar sobre o que acontecera em Cafarnaum, mas a maioria se prendia mais aos fenômenos de taumaturgia; em todos os lugares, o fantástico atrai mais do que o comum. Não entendiam que o reino de Deus era o reino forte de Zarathustra, onde a justiça devia primar. Não entendiam que os administradores públicos – odiados como eram – deviam se comportar com honestidade e retidão, como prescrevera Confúcio. Não entendiam que os homens deviam ter uma conduta impecável, como havia vaticinado Budha. Não entendiam que o mestre de Nazareth não estava ali para trazer a mudança do mundo pela magia, e sim pela modificação interna por meio da força de vontade.

– Estamos aqui para trazer a boa nova. Tiberíades será o próximo lugar onde o reino será plantado, pois o reino de Deus é como um homem que lança a semente à terra. Ele irá dormir, acordar e dormir novamente, e a semente irá crescer, sem que ele se aperceba. Após lançada a semente da ideia, ela cresce; o solo irá providenciar tudo que é preciso para tal fato. Voltem para suas terras e preparem-se para o reino de Deus, um reino de amor e de justiça.

Ah, as palavras! Como elas podem ser entendidas de formas diferentes! Yeshua falava de uma nova ordem social e econômica, onde primariam a justiça, o progresso e a concórdia. Mas o entendimento foi de que este mundo seria reconstruído sobre os escombros do anterior. Portanto, eles teriam que se preparar para a grande hecatombe que estaria por vir.

Após a rápida alocução, Shymon foi organizando, com seu vozeirão, as diferentes correntes de atendimento. Havia muitas pessoas para serem atendidas e poucos trabalhadores. Matyah, impressionado com tudo o que vira, sentindo-se útil, desconhecido da maioria dos presentes, portanto sem ser rejeitado ou apartado dos demais, iniciou sua faina. Ajudava Shymon, mas logo descobriu, um pouco assustado, que suas mãos se levantavam à altura da cabeça das pessoas de modo involuntário e, tomado por paixão curadora, prestava assistência às pessoas. Muitos se curaram após terem ficado expostos ao poder curador do grupo formado por

André, Matyah e Yochanan ben Zebedeu. Este jovem, irmão de Yacob, era chamado pelo mestre de Boanerges – filho do trovão –, pois falava com voz tonitruante.

Manassés arrumou uma sala ampla para que Yeshua pudesse receber as pessoas e curá-las. No entanto, naquele dia alguns fariseus de Ierushalaim lá compareceram para questioná-lo. Não havia maldade em suas intenções; apenas queriam conhecer o homem. Eles, usando as prerrogativas de sua elevada classe social, acabaram entrando antes dos humildes e foram conversar com Yeshua.

Um deles, amigo de Arimateia, já o conhecia da época em que esteve na casa do primo, mais de dez anos atrás. Cumprimentou-o e perguntou por que ele falava de um reino de Deus e não do Olam Ha-bá – o mundo a vir. Yeshua respondeu-lhe:

– O Olam Ha-bá é um estado mítico que haverá de acontecer no futuro, enquanto que o reino de Deus é uma ordem social mais justa, mais correta, onde os direitos dos homens serão a maior dádiva, que pode ser implantada gradativamente. Ela vai acontecendo de forma simultânea com a mudança do próprio homem. Enquanto o homem muda para melhor, ele aprimora sua sociedade, exigindo o cumprimento das leis, mais justiça e fraternidade. E enquanto isto vai acontecendo, um mundo mais fraterno age sobre os homens, trazendo para eles mais esperança, mais oportunidades de progresso, mais saúde e educação, retirando dos próprios homens a escuridão da ignorância, a infelicidade da doença e promovendo a vitória do bem sobre o mal.

– Não o entendo, rabi. Como podemos modificar as coisas? Elas sempre foram assim.

– Não creio nisso. Houve uma época, muito antiga, em que não havia distinção entre ricos e pobres, já que todos eram pobres. O que existe hoje é um sistema injusto, no qual os doentes, os miseráveis e os deserdados da fortuna estão segregados, sem nenhuma oportunidade.

– Ora, rabi, o senhor não irá querer fazer uma nova sociedade composta de doentes, miseráveis e deserdados! Irá?

70 | A SAGA DOS CAPELINOS

– O reino de Deus é um estado de justiça, onde cada um poderá vir a ter a oportunidade pela qual lutar. Não deve ser dada graciosamente, mas deve ser adquirida por mérito e esforço.

– Como você espera que um doente venha a merecer uma oportunidade?

– O doente não tem oportunidade de se tornar sadio numa sociedade que o afasta como se fosse uma cobra peçonhenta. Um ser que se acha miserável será lastimável para sempre. Cabe aos sadios, aos ricos, aos herdados da terra implementarem as oportunidades.

– Mas por quê? Não há razão para que isso aconteça.

– Pelo contrário, há todas as razões práticas para que isso seja feito. Quanto maiores forem as oportunidades de enriquecimento, maiores serão os benefícios para os ricos.

Pela expressão dos fariseus, Yeshua viu que eles não tinham entendido a extensão de suas palavras.

– Quanto mais gente próspera houver, haverá menos assaltantes, ladrões e indigentes. Quanto mais oportunidades forem criadas para que as pessoas se tornem prósperas, mais os comerciantes encontrarão pessoas dispostas a comprarem seus produtos.

– Querido mestre, será que não é uma quimera desejar que os pobres sejam iguais aos ricos? Nunca poderá existir igualdade.

– Concordo, nunca haverá igualdade no sentido completo da palavra. Sempre haverá um homem que será mais lesto em seus negócios, outro que será bafejado pela sorte, e outro que nunca conseguirá o sucesso, por mais que o tente. No entanto, o que importa são as ideias. O que vale é o conceito. A sociedade deve ser capaz de oferecer oportunidades a todos. Claro que o mais rico levará enorme vantagem. Mas não estamos falando de uma corrida de bigas, que tanto encanta os romanos. Não estamos falando de quem deverá ser o mais rico. O que falamos é que as oportunidades devem ser criadas para que não haja pobres e miseráveis, que efetivamente morrem de fome, são segregados da sociedade e considerados como leprosos apenas porque carregam o estigma da indigência.

Yeshua havia se inflamado – docemente exaltado –, apresentando um sorriso nos seus lábios, gestos largos e calmos. Havia um imenso amor em suas palavras. O fariseu, honesto e amigo, fez um último comentário, para ver se conseguia marcar um ponto na disputa intelectual que ele acreditava manter com o mestre de Nazareth.

– Rabi, isso que você falou é de uma rara beleza. Mas poderá existir algum dia?

Yeshua, triunfante, retrucou, meigo como um lírio no campo:

– Sim. É possível. Cafarnaum é a prova viva.

Naquele instante, entrou uma mulher com uma criança recém-nascida que sangrava por todos os poros e orifícios. Estava desesperada, gritando que sua filha iria morrer, a não ser que Deus a salvasse. A cena era tenebrosa. A criança – de dois dias, no máximo – estava coberta de placas sanguinolentas e de sua boca saía um filete grosso de sangue. Yeshua adiantou-se e pegou a criança, praticamente arrancando-a da mão da mãe.

Yeshua segurou a criança nua, cuja vida se esvaía lentamente. Subitamente, avisado por um guia espiritual, Yeshua bradou:

– Tragam-me o pai.

Um homem envergonhado foi praticamente empurrado pela assistência até chegar à frente de Yeshua. Ele entregou a filha e disse-lhe:

– Fale com ela. Diga que a ama. Peça para ela ficar. Abra seu coração ou ela irá embora, e você carregara o estigma de sua morte.

O homem foi possuído de uma crise de choro convulsiva e abraçou a filha como se fosse a maior preciosidade de sua vida. Durante alguns instantes, todos ficaram quietos. Parecia que o mundo havia parado para ver o pai falar com a criança. As palavras saíram toscas, desajeitadas. Não havia poesia nem grandiloquência, mas havia um amor doído, amargurado. O homem não desejava a menina, mas estava arrependido de tê-la repudiado, e dizia isso para a criança, em alto e bom som. Era seu primeiro filho e ele queria um homem, mas agora aceitava sua filha. Aos poucos, a criança aquietou-se e adormeceu nos braços do homem, que a beijou ternamente, ficando com um pouco de sangue em sua bar**ba** negra. A criança estava salva. Ele saiu carregando seu tesouro, enquanto uma algazarra louca explodia na sala. Grande era o poder de Deus que se manifestava em pequenos gestos! Grande era Yeshua que conhecia os segredos do Altíssimo!

Quando o tumulto decresceu, Yeshua virou-se para o fariseu e disse-lhe:

– Veja a força do amor e não a considere piegas ou idiota. Ela move o mundo e é a razão de Deus ter criado o universo e tudo que nele existe. Todos nós somos deuses. Lembrem-se das Escrituras sagradas que nos falam, no salmo de Asafe, do julgamento divino contra os juízes iníquos: "Eu disse: Sois deuses, sois todos filhos do Altíssimo. Contudo, morrereis como simples homens e como qualquer príncipe caireis. Levantai-vos, Senhor, para julgar a terra, porque são vossas todas as nações".

Dando uma pausa para diferenciar as palavras do salmo 81 de suas próprias, ele arrematou:

– Dê a oportunidade aos homens de serem deuses, e eles o serão.

Os fariseus pensaram: "Este homem é ingênuo. O homem é uma besta-fera. Jamais será um deus. Se lhe dermos uma chance, ele degolará nossa jugular na calada da noite".

Yeshua pensou: "Os fariseus pensam que eu sou ingênuo por achar que o homem é um deus. Creem que o ser humano é uma besta-fera que degolará nosso pescoço na primeira oportunidade. No entanto, eles não sabem que o espírito passa por várias vidas, e aquele que realmente evoluir saberá apreciar a oportunidade quando ela surgir. Já o que não alcançou o entendimento perderá as oportunidades, ou as aproveitará em parte".

Yeshua passou o restante do tempo atendendo às pessoas. De todos, quem passou por maiores transformações foi Matyah. Jamais sentira tamanha felicidade em ajudar as pessoas. Cada um que saía feliz multiplicava a alegria do coletor de impostos. Ele se sentia útil, importante e querido. Os olhares agradecidos valiam milhares de beijos, centenas de agradecimentos. Ganha mais quem ajuda. Ó, imensa ventura em ser útil!

CAPÍTULO 3

Manassés, sob forte influência de Zebedeu, acabou por concordar e seus seis barcos de pesca foram inicialmente transformados para abrigar a pesca de arrastão. Os pescadores receberem treinamento de Shymon e André, e Yeshua aproveitou os quatro dias adicionais para montar um grupo de cura em Tiberíades.

Ele descobriu duas mulheres e dois rapazes que estavam talhados para a missão. Uniu-os num único grupo, ensinando-os a se concentrar, a atrair os bons espíritos, a ter cuidado com os maus elementos espirituais, a se precaver contra os facínoras de carne e a manter a calma quando estivessem lidando com obsessores violentos. Tudo se baseava no atendimento aos doentes e necessitados por meio de passes, de conselhos amoráveis e da confiança de que Deus não iria abandoná-los em plena seara. Tauma, por sua vez, encontrou um homem maduro que, conhecedor das Escrituras e de coração compassivo, passou a ser o orientador do grupo. Tauma ensinou-lhe a mensagem principal de Yeshua: mude seu interior para que o mundo mude com você.

Eles retornaram a Cafarnaum depois de terem ficado quase uma semana fora. O caminho à beira do lago era de uma beleza

74 | A Saga dos Capelinos

repousante, e Shymon lembrou que, numa próxima vez, poderiam se deslocar de barco ao invés de andarem. Yeshua riu-se gostosamente de sua própria falta de imaginação! Claro! Por que fazer o caminho por terra se podiam fazê-lo por mar?

Chegaram a Cafarnaum e Matyah, feliz como uma criança, mandou preparar para o outro dia um banquete. Ele estava radiante. Descobrira sua vocação: servir ao próximo. O banquete foi motivo de escândalo. Como Yeshua, aquele homem tão generoso, santo mesmo, ia jantar na casa do publicano Levi? Os fariseus da cidade ficaram indignados com a falta de decoro de Yeshua e de seus seguidores. Naquele momento, Yeshua perdeu alguns pontos de popularidade, mas abriu aos pecadores e aos arrependidos a oportunidade de regeneração e de uma nova vida.

No outro dia, um dos mais ferozes fariseus, um homem de quarenta anos, que acreditava ser o modelo de virtude da cidade, o baluarte da moral dos habitantes de Cafarnaum, íntimo amigo de Zebedeu, repreendeu Yeshua publicamente, de forma extremamente veemente. Era baixo, gordo, com proeminente barriga, cabeça calva, barba ruiva muito rala, rosto rubicundo; sempre suava e brilhava de gordura.

– Yeshua de Nazareth, responda-me com seu coração. Como você se deixa conspurcar jantando com publicanos e com gente de má fama?

– Jeroboão de Cafarnaum, respondo-lhe com o coração e a mente. Para que servem os médicos se só visitam os sadios e abominam os doentes? Para que serve o educador se foge do ignorante e só deseja ensinar a quem já sabe? Ao frequentar a casa dos pecadores, eu não me torno um deles, assim como o médico não se torna doente ao tratá-los, nem o instrutor se torna ignorante ao ensinar.

A resposta dada em tom firme e seguro enraiveceu ainda mais Jeroboão. Ele havia protestado em público, mais para enaltecer sua própria pessoa do que para recriminar Yeshua. Havia sido um dos contramestres de Zebedeu que haviam perdido os ganhos ilícitos da pesca, fato esse que o havia enfurecido grandemente. Deste modo, virou-se e confrontou novamente Yeshua.

JESUS, O DIVINO MESTRE | 75

– Não entendo por que você fala de médico e de instrução. Será você por acaso um esculápio? Se for, por que não jejua como todos fazem? Nós, os fariseus, cumprimos as regras do jejum e assim o fazem os discípulos de Yochanan. Será que você está acima da Lei?

Yeshua olhou-o com severidade. Não havia ódio em seu coração; apenas não podia ficar discutindo em público como se fosse uma reles lavadeira, mas também não podia permitir que aquele hipócrita se saísse bem nos seus insultos.

– Jeroboão, ouça bem o que irei lhe dizer. Não há nenhum ser humano que não tenha cometido suas faltas ou incorrido em erros. Até mesmo os mais destacados membros de uma comunidade tiveram seus deslizes, vez por outra. Alguns foram severos na cobrança de impostos e outros souberam se apropriar de aluguéis e partes que não lhe cabiam. Depois, todos procuraram se penitenciar, seja jejuando, seja ofertando oblações no Templo de Ierushalaim. Alguns dias depois, voltam a cometer os mesmos crimes com a consciência leve por terem feito suas mortificações, dádivas e promessas. No entanto, eu sou um homem que também cometo meus erros e também me penitencio. Só que não acho que devo mortificar o templo carnal que nos foi dado pelo Amantíssimo Pai. Prefiro fazer um ato de contrição e procurar nunca mais cometer o mesmo erro.

Jeroboão ia retrucar quando Shymon, rude como só ele era, disse:

– Jeroboão, deixe essas coisas para lá. Pelo tamanho de sua pança, você não deve fazer muito jejum!

As pessoas que estavam em volta – umas duas dezenas – caíram numa boa gargalhada, que desmoralizou completamente o questionador do mestre. Falando meia dúzia de impropérios para Shymon, ele se afastou rapidamente. Realmente, a intervenção de Shymon havia sido providencial para terminar a discussão.

Jeroboão saiu daquela refrega intelectual machucado. Já havia perdido os ganhos ilícitos da intermediação dos peixes e agora fora desmoralizado por Yeshua. A vingança é um sentimento terrível e, no outro dia, depois de remoer os eventos por toda uma noite, decidiu ir para Cesareia. Ele se achava bem relacionado; conhecia o chefe dos guardas do palácio de Herodes Antipas. No segundo dia, após estafante viagem para seu corpanzil, foi recebido pelo seu dileto companheiro de farras, Almadon.

– O que o traz aqui, meu amigo Jeroboão?

– Um perigo iminente, meu amigo, um grave perigo.

Almadon empertigou-se. Conhecia as manhas de Jeroboão.

– Realmente?!

– Sim. É meu dever confidenciar que há uma terrível maquinação se processando na Galileia.

Almadon era um homem objetivo e tinha espiões infiltrados em todos os lugares da Galileia. Jeroboão era um deles, mas ele não confiava no corpulento contramestre; sabia que era mentiroso, ladrão e fanfarrão. Mas ouviria a história do seu amigo e, fazendo cara de intrigado e surpreso, exclamou:

– Não me diga!

– É verdade. Há um homem que se passa por santo, curador e que concita os cidadãos a se unirem em torno de um reino, que ele chama de reino de Deus. Chama-se Yeshua e vem de Nazareth.

Almadon logo deduziu, desanimado: "Meu Deus, outro profeta! Será que esta terra só sabe produzir pedras e profetas? Mas este eu já conheço, pois meus espiões reportaram sua atividade. Nada há contra ele, por enquanto".

– Um profeta?

– Não, mais do que isso. Um verdadeiro sedutor. Tirou Zebedeu de seu negócio, convencendo-o de que ganharia mais vendendo os barcos para os empregados do que sendo proprietário.

Almadon conhecia a fama de bom negociante de Zebedeu. A coisa já era mais séria. Será que aquele tal de Yeshua, do qual já ouvira falar bem, realmente era um bruxo?

– Além disso – prosseguiu Jeroboão –, ele está fazendo todos participarem de sessões terríveis, onde os demônios são expulsos, assim como pretensas curas são feitas. Ele come com publicanos, recebe prostitutas e conversa com elas como se fossem cidadãs de bem.

JESUS, O DIVINO MESTRE | 77

– Isso é um assunto mais religioso do que civil. Que é que eu tenho contra essas heresias? Herodes Antipas, meu senhor, não quer se imiscuir na vida religiosa dos seus súditos. Estamos com Yochanan aprisionado já algum tempo e ele se recusa a mandar crucificá-lo. Quase todo mês, Pôncio Pilatos lhe pede a crucificação dele, e ele, polidamente, recusa, dizendo temer uma revolta popular se o santo for colocado em execração pública.

– Mas não se trata de um assunto religioso. Eis a beleza do plano de Yeshua. Com o disfarce de ser um religioso que só fala de Deus, ele está fomentando uma revolução material, civil e social. Ele está modificando as relações de trabalho, transformando servos em senhores, donos de pequenos negócios em grandes grossistas, acabando com a escravidão e nivelando as pessoas, dizendo que são iguais perante a Lei de Deus. É um revolucionário que, se levar seu plano a cabo, será o próximo rei desta terra.

Ter dito que Yeshua podia se tornar um rei foi a gota d'água. Almadon alertou-se. Podia ser que realmente Jeroboão estivesse certo. E se tudo fosse verdade? Ele enviaria um espião profissional, alguém que realmente saberia lhe dar relatórios corretos, que não seria apenas um simples mensageiro. Almadon escutou mais algumas palavras de Jeroboão e despediu o gordo com algumas moedas de prata. Ficou preocupado com aquela história. Mandaria investigar detalhadamente. Se aquele homem fosse realmente um revolucionário, ele estaria atento a seus movimentos e se anteciparia, levando-o à morte.

Yochanan estava enterrado vivo nas masmorras do castelo de Herodes Antipas. Era mal alimentado e recebia visitas esporádicas, mesmo assim, somente de sua família direta. Nenhum dos seus discípulos havia se aventurado em visitá-lo, com medo de ser preso. Sua maior preocupação era de estar certo em sua missão. Fez bem em ter sido aquele que aplainou os caminhos do Messias? Seria crível que Yeshua fosse realmente o Messias ou deveriam esperar por outro?

Para Isabel, visitar seu filho era um esforço bastante grande. Ela tinha que sair de Ierushalaim, contornar o Mar Morto até Ma-

78 | A Saga dos Capelinos

queronte. Era uma viagem e tanto, que levava dois dias inteiros. Zechariá era por demais velho para acompanhá-la e a prisão do filho e sua iminente morte haviam transformado o ancião num farrapo humano. Isabel tinha que se fazer acompanhar por um dos discípulos do filho, já que a maioria havia debandado. Numa das raras visitas de sua mãe, acompanhada de Yehudá de Iscariotes, um dos seus mais diletos discípulos, ele conversou longamente com ela e lhe pediu que mandasse alguém perguntar diretamente a Yeshua se ele era realmente o Messias ou se deviam esperar por mais alguém. A dúvida de Yochanan era consistente. O Messias devia ser o destruidor do *status quo* e o fundador de um novo tempo. Eram esperadas lutas e grandes sinais nos Céus, e Yeshua não era nada do que ele esperava. Ele era apenas um fantástico taumaturgo, mas havia outros também na Galileia. A bruxa Ein Dor também não fora capaz de sinais espetaculares? O Messias devia ser mais do que um simples homem. Teria que ser o próprio Deus renascido.

Isabel pediu a Yehudá Iscariotes, que havia conseguido fugir a tempo da sanha assassina de Almadon, que fosse até Cafarnaum encontrar-se com Yeshua. Ele deveria lhe fazer as perguntas que tanto inquietavam seu filho e retornar com as respostas. Yehudá, da cidade de Iscariotes, partiu velozmente acompanhado de um amigo, também antigo discípulo de Yochanan. Dois dias depois, encontraram-se com Yeshua, que já os conhecia do séquito do primo. Eles quiseram lhe falar a sós, e Yeshua os atendeu imediatamente.

– Venho da parte de Isabel, sua tia. Ela lhe manda saudações e bênçãos – disse Yehudá Iscariotes.

– Como está minha tia?

– Extremamente abatida com a prisão do rav Yochanan.

– Posso imaginar. Quais são as chances de um indulto de Herodes Antipas?

– Falam que não há a menor chance disto acontecer. Pôncio Pilatos deseja-o morto, crucificado, como prova de que qualquer sedição foi definitivamente debelada. Herodes Antipas é que está postergando a execução com medo do castigo divino.

Yeshua baixou a cabeça, tristemente. Yehudá prosseguiu, entrando no assunto que o interessava de fato.

– Yochanan, meu mestre, deseja saber se você é o tão esperado Messias, ou se devemos esperar por alguém mais.

Yeshua pensou por um segundo. Lembrava-se de como Yochanan abraçara sua missão de arauto do Messias, de como se empolgara com o fato de ser Eliahu renascido e da plenitude de sua missão batista. Deveria ser iludido ou deveria receber a verdade, a de que ele era alguém totalmente diferente do que todos haviam imaginado? Um Messias de paz, justiça e liberdade e não um guerreiro eleito para fazer a espada banhar-se no sangue dos injustos, chacinando os inimigos de Israel e elevando o nome de seu povo, de sua nação ao mais alto patamar entre todas as demais nações do mundo!

– Diga a Yochanan que os cegos recuperam a visão, os aleijados andam, os doentes estão sendo tratados e, principalmente, que os demônios são esconjurados e expulsos. Não lhe diga mais nada do que isso. Ele saberá entender a mensagem que envio.

Yeshua sabia que Yochanan acreditava que o mundo era um palco da luta entre o bem e o mal. O mal era a doença, a morte, a peste, a tempestade e os demônios que se aproveitavam da fraqueza dos homens para levá-los à tentação. Se eles estavam sendo vencidos era porque o bem estava triunfando, e isto era a principal característica do Messias: derrotar o sitra achra – o outro lado –, o mal.

Yehudá Iscariotes olhou-o com desconfiança. No passado, Yeshua era menos enigmático. O que falara não era nada especial. Será que ele não se considerava o Messias? Ou era e não achava que era chegada a hora de revelar sua missão?

Yehudá Iscariotes partiu de volta para Ierushalaim, com a firme ideia de que diria a Isabel que Yeshua era realmente o Messias. Seria um consolo para Yochanan saber que sua morte não seria em vão. No entanto, Yehudá ficara intrigado, porquanto ele precisava realmente descobrir se Yeshua era ou não o Messias. Deliberou que, assim que terminasse essa missão para Isabel, voltaria para se juntar ao grupo de Yeshua e tiraria as suas dúvidas pelo contato direto com o mestre galileu.

Yehudá encontrou-se com Isabel e contou-lhe seu encontro com Yeshua. Ele mentiu, uma piedosa mentira, que, se não fosse dita por ele, o seria pela mãe do prisioneiro. Algumas dias depois, Yochanan ouviria de sua própria mãe a versão fantasiosa de que Yeshua estava preparando um imenso exército e que logo estaria conquistando a Galileia. Yochanan sentiu-se reconfortado. Sua vida não fora em vão. Ele podia morrer agora com o coração aliviado. Cumprira sua missão de arauto da boa nova. Penitenciou-se por ter duvidado do primo e alegrou-se por ter sido tão ousado, pois, com certeza, sua prisão havia antecipado os acontecimentos e, por isso, Yeshua havia aflorado como o grande líder. Tudo havia valido a pena!

Os eventos começaram a se precipitar. Pôncio Pilatos desejava a morte de Yochanan. Não se deixava os líderes de uma revolta vivos, porquanto os seguidores remanescentes ficavam com a ilusão de que poderiam libertá-lo e continuar a luta armada. Como ele não conseguia convencer Herodes Antipas – o homem era de uma superstição pertinaz –, resolveu abordar o assunto por outro ângulo. Ele sabia que a esposa de Herodes Antipas, Herodíades, detestava o batista; o homem falara mal dela por todos os cantos da terra. Ela, como toda mulher vingativa, esperava o momento para ver a sua perdição.

Pôncio Pilatos, num dos vários banquetes de que participou, conversou longamente com ela. Disse-lhe que Yochanan vivo representava um perigo constante para Roma e seu marido, Herodes Antipas. Os seus sequazes podiam querer matar o rei para libertarem o profeta. Ela devia influenciar Herodes Antipas a entregar o batista para Roma, que saberia valorizar a presa, crucificando-o com requintes extremos de crueldade.

A mulher não perdeu tempo e, já no outro dia, falou com o marido sobre o assunto. Mas Herodes Antipas era supersticioso. Achava que, se mandasse matar Yochanan, o sangue daquele justo recairia sobre ele, manchando-o perpetuamente. A mulher insistiu e lhe disse que sua situação com Roma estava se deteriorando. Os relatórios que Pôncio era obrigado a fazer de tempos e tempos excluíam a morte de Yochanan e, pela lei romana, ele devia ser morto por crucificação. Herodes Antipas, no entanto, resistiu à ideia de mandar matar o profeta, dizendo que se explicaria com Tibério, seu imperador e pessoal amigo.

Finalmente, após muita insistência da esposa e de Caifás, além de Pilatos, o rei chamou Almadon e lhe perguntou:

– Você crê que Yochanan represente um perigo?

– Ele, não, pois está encarcerado. No entanto, nunca se sabe como pode reagir a malta enfurecida. Seus seguidores podem vir pedir sua libertação no próximo Pessach e sua excelência terá que atendê-los, pois é costume libertar um prisioneiro durante esta festa.

– Realmente, o Pessach se aproxima...

– Mande matá-lo e o degolaremos rapidamente. Não sentirá dor nem sofrerá mais. Não corra riscos desnecessários, pois sua libertação criaria inúmeros problemas com os romanos, com o povo e também com os saduceus do Templo. Todos querem vê-lo morto, e confesso que eu também, pois ele é uma ameaça maior preso do que solto.

Herodes Antipas pensou duramente um minuto. Na sala reservada só estavam ele, Almadon e Cuza, o conselheiro real. Ele olhou para Cuza, que meneou a cabeça afirmativamente, concordando com Almadon, e finalmente disse:

– Que seja, então. Cuza prepare o decreto real e eu o assinarei. Execute o batista o mais rápido possível.

No outro dia, um cavaleiro partia de Cesareia para Maqueronte, levando dois dias de viagem a cavalo para chegar à fortaleza de Herodes Antipas. Naquele mesmo dia, um verdugo, junto com mais dois homens, arrancou Yochanan de sua minúscula cela. Levaram-no para o corredor e deram-lhe duas fortes batidas na cabeça, que o desacordaram. Colocaram seu corpo numa posição ideal para que a grande espada recurva arrancasse sua cabeça de uma só vez. O executor levantou o sabre e, por duas vezes, mediu a distância, levantando e baixando a lâmina sobre o pescoço do infeliz. Na terceira, ele grunhiu qualquer coisa ininteligível e desceu a cimitarra com inaudita força. A cabeça pulou fora do corpo com um único golpe e rolou alguns metros.

O soldado agarrou a cabeça pelos cabelos, deixou o sangue pingar durante alguns minutos, enrolou-a num pano, colocou o embrulho numa sacola de couro e, no outro dia, partiu para Cesareia, para mostrá-la a Herodes Antipas. Ele não quis vê-la, mas Almadon, que conhecia o batista, certificou-se de que haviam matado o homem certo.

No momento em que Yochanan estava sendo morto, degolado, os nódulos do complexo de culpa que gerara em sua mente críptica por haver degolado, impiedosamente, no passado, os sacerdotes de Baal, foram destruídos. Ele estava eliminando os complexos de culpa que ele mesmo gerara por sua impiedade. Oitocentos anos haviam se passado e a Justiça Divina que, muitas vezes, parece falhar e, outras tantas, parece tardar, finalmente, se manifestava pelo mesmo ato praticado por Eliahu. O mal sempre vem para o bem. Uma nova e maravilhosa existência espiritual aguardava Yochanan o batista.

* * *

A noite caía rapidamente neste período do ano. Era inverno, e Yeshua havia se deslocado para a aldeia de Naim, na Galileia. Foram com ele vários de seus discípulos, entre eles Matyah Levi ben Alfeu que, cada vez mais, se integrava ao grupo. Boanerges os conduzia para o encontro com um homem poderoso, rico e sagaz, nobre do local. Zebedeu exagerara os feitos de Yeshua, assim como as suas ideias. Deste modo, Jorim de Naim desejava conhecer a nova doutrina social de Yeshua.

Chegaram à cidade de Naim após dois dias de andanças. O grupo contava com Míriam, que queria conhecer os prodígios que ouvira falar sobre o filho. Junto com ela, foi Batsheva, sogra de

Shymon, e a própria mulher do homenzarrão, Dvorá. Além delas, iam sempre algumas outras mulheres que trabalhavam nas curas do grupo de Batsheva.

Foram até a casa de Jorim, que os recebeu principescamente, oferecendo um lauto jantar, após ter acomodado quase todos em sua própria residência e na casa de seus principais servos. Durante o ágape, Jorim perguntou sobre a doutrina de Yeshua, e ele não se fez de rogado. Explicou suas ideias da forma mais legitima com que poderia fazê-lo.

Jorim era um ótimo negociante, sendo dono de terras que se estendiam até próximo de Nazareth. Cultivava olivas e, nos terrenos mais escarpados, plantava laranjas com bons resultados. Havia, no entanto, uma grande perda, um desperdício enorme. Os trabalhadores nem sempre tiravam os frutos na hora certa. Em outros lugares de seu campo, ele criava cabras, mas queixava-se sempre de que recebia pouco leite e muitos de seus tenros cabritos se extraviavam.

Yeshua lhe propôs um sistema de trabalho diferente. Ao invés de ser o proprietário de tudo, ele iria arrendar a terra aos trabalhadores, organizando-os em grupos de trabalho. Cada agrupamento seria responsável por certa área, tendo que pagar o aluguel do local por um preço predeterminado. Além disso, deveria vender o resultado de seu trabalho para Jorim por um preço previamente acertado. No entanto, se outrem quisesse pagar quantia superior à estipulada, eles poderiam vender o produto para essa pessoa.

Jorim, que já conhecera o sistema implantado em Cafarnaum e Tiberíades, esperava por algo semelhante e lhe perguntou se ele ficaria um determinado tempo para ensinar os homens a trabalhar. Yeshua aceitou de bom grado, e Jorim colocou sua casa como quartel general daquela operação.

Nos dias que se seguiram, houve grandes modificações em Naim. No entanto, pela primeira vez, Yeshua começou a enfrentar resistência de quem ele menos esperava: os camponeses. Muitos não tinham ideia de como trabalhar em grupo; cada um queria que

84 | A SAGA DOS CAPELINOS

sua ideia prevalecesse sobre a dos demais. Outros ficaram aborrecidos por terem que arcar com tanta responsabilidade, pois era mais fácil depender do nobre para tudo. Já alguns ficaram profundamente irritados, já que, com o novo sistema, cessava o roubo, pois, se roubassem, estariam furtando de si próprios.

Yeshua reuniu grupos pequenos de trabalhadores e os ensinou como trabalhar em conjunto, elegendo um responsável mais velho e experiente para coordenar os demais. Mostrou que este sistema democrático traria os resultados que eles almejavam. Os homens simples e ignorantes, muitos sem saber sequer ler, escutavam embevecidos. Para consolidar essas ideias, Yeshua sempre terminava suas palestras com uma história que ajudava a fixar sua ideia principal.

Jorim não era um benevolente homem de negócio. Pelo contrário, era um ser duro e arguto, preferindo não ter feito este tipo de arranjo com seus trabalhadores. Se assim agira, era por ter fracassado em outros métodos. Tentara levá-los com extrema dureza e só conseguira que os homens se esquivassem do trabalho, sabotando o que fosse possível. Colocou capatazes e descobriu, após certo tempo, que fora roubado por eles. Aquela seria a última tentativa. Sua maior riqueza era o comércio e o que ele conseguia de suas terras não era o mais importante, mas ele detestava saber que era roubado por tratantes ignorantes. Desta nova modalidade, ele teria a parte mais importante da atividade, a distribuição dos bens.

Muitos poderiam pensar que Yeshua estava implantando uma forma de comunismo. Realmente, algumas das comunidades iniciais mantinham um sistema onde tudo era de todos. No entanto, um observador mais atento veria que ele procurava um sistema muito mais profundo do que simplesmente uma dependência do homem ao Estado. Pelo contrário, ele estimulava que os pobres, os menos favorecidos, procurassem, por si próprios, encontrar um caminho para a prosperidade. Já a sua pregação era extremamente direta: incutia na mentalidade tacanha dos camponeses que a prosperidade era alcançável com trabalho e esforço.

O que Yeshua pregava era algo muito próximo de uma forma de socialismo que previa a transformação da sociedade com base na iniciativa privada, sem a estatização dos meios de produção, pela modificação da consciência individual dos homens, ao mesmo tempo em que transformava as relações de produção entre eles. Ele era basicamente um reformista e sua teoria era de que se podia alcançar o poder mediante reformas sucessivas e graduais, repudiando a violência como forma de ação política. Ele queria ser um revolucionário sem verter sangue. Uma revolução branca e branda dos costumes, dos homens e da sociedade. Era o primado da Justiça acima de tudo.

Naim passou, nos dois meses que se seguiram, por uma profunda reforma. Inicialmente, o centro de cura foi estabelecido, ao qual afluíam centenas de pessoas quase diariamente. Yeshua trabalhava da manhã até a noite, seja treinando os camponeses, seja estabelecendo preços justos, dirimindo dúvidas, curando pessoas, e, quase sempre no final da tarde, quando o sol começava seu caminho para detrás das montanhas, ele se reunia com seus amigos diletos e conversava até a hora do jantar. Nestes momentos de tranquilidade, dissertava sobre o mundo espiritual, de como os espíritos atuavam sobre os renascidos e de que forma era importante se ter uma conduta ilibada para não atrair elementos perniciosos do mundo espiritual.

Shymon era o que mais perguntava e o que demonstrava o maior interesse, no entanto Tauma era o que mais entendia os conceitos espirituais e sociais. Tauma parecia beber as palavras de Yeshua como se fosse um sedento viajor dos desertos. Perguntava pouco e entendia muito. Yeshua e ele sempre foram extremamente simbióticos. Certos fenômenos de telepatia aconteciam para agradável surpresa dos dois. Tauma parecia saber o que Yeshua estava para falar, algumas frações de segundos antes. Havia grande afinidade espiritual.

A partir de Naim e das longas conversas sobre o mundo espiritual abriu-se, ainda mais, o fosso separatório entre o grupo de Shymon, bem mais numeroso, e o de Tauma, praticamente reduzido

86 | A Saga dos Capelinos

a ele e a dois discípulos sem nenhum prestigio, que a história esqueceu. O grupo de Cafarnaum, liderado por Shymon, acreditava que o profeta queria inflamar o mundo, destruí-lo para, sobre suas cinzas, reconstruir o reino de Deus. Para essa concepção, o grupo se baseava nas histórias de fogo e destruição, assim como nas profecias de Isaías. Havia um toque apocalíptico no grupo, que era combatido por Yeshua, que explicava que não havia necessidade disto para se reconstruir um mundo novo. No entanto, por incrível que pareça, o grupo acreditava que Yeshua não queria revelar estes detalhes de destruição, de hecatombe telúrica e de morticínio em massa para não assustá-los. Eles acreditavam que ele era o Messias prometido, mas não um Príncipe de paz; para eles, Yeshua era um mago que, na hora que desejasse, faria chover fogo e enxofre sobre todos, abrasando a Terra e destruindo os romanos, os gregos e os demais povos, só deixando intacto o povo prometido.

Tauma, por sua vez, entendia que se tratava de um demorado método, que se iniciaria na Galileia e se espalharia pelo mundo através dos séculos. Ele entendia que era um movimento duplo, que envolvia as pessoas, exigindo uma mudança interna, e a sociedade, demandando uma restruturação social e política fabulosa, que só viria com o tempo, depois de um longo processo de amadurecimento.

Em Naim, aconteceu um dos fenômenos que mais atrairiam a atenção do povo sobre Yeshua. Uma pobre viúva, mulher solitária e abandonada por todos, tinha um filho de quinze anos que era sorumbático e taciturno. Ele era, entretanto, a pérola de sua vida, a luz de seus olhos, o filho tardio de sua juventude infausta passada nos campos. O rapaz tinha terríveis enxaquecas que o prostravam por dias seguidos. Era dado à demência precoce e, muitas vezes, levava sua pobre mãe às lagrimas quando ficava em estado de estupor.

Um dia, quando Yeshua estava na cidade, o jovem teve um ataque de esquizofrenia e caiu num estado de profunda catalepsia. Para todos os efeitos, estava morto. A mãe, em total desespero, gritou, descabelou-se, rasgou as vestes, jogou cinza na cabeça e, batendo com a palma das mãos na testa, parecia enlouquecida.

Naquele momento, os vizinhos acorreram e tentaram acalmá-la. Foi providenciado o enterro do jovem, tendo sido embrulhado em panos de linho branco e perfumado em aloés e mirra.

Yeshua, que estava no campo dando instruções aos campônios, ao voltar ao vilarejo, encontrou o cortejo fúnebre que serpenteava para fora da aldeia. Yeshua e seu grupo de amigos pararam para ver a procissão passar. Num determinado instante, um espírito apareceu para Yeshua e, profundamente transtornado, tentou lhe dizer algo. Tratava-se de uma alma bondosa, mas que não tinha ainda alcançado os cumes espirituais. Era a falecida avó do jovem, que estava quase fora de si de preocupação. Yeshua orou para que ela se acalmasse e, logo depois, apareceu uma dúzia de guardiões astrais para dominarem a situação. Um deles conversou rapidamente com o espírito. Ele também se alarmou e disse para Yeshua, que acompanhava cada vez mais apreensivo todo o desenrolar daquele episódio:

– O rapaz não morreu. Está em estado cataléptico. Não podemos deixá-lo ser enterrado, pois, aí sim será consumada a morte física. Ajude-nos a revivê-lo, mestre Yeshua.

Yeshua não perdeu tempo. Lesto, aproximou-se do cortejo e, levantando calmamente a destra, disse:

– Parem. Coloquem-no sobre o chão. O rapaz não está morto.

Yeshua tinha um magnetismo pessoal muito grande, além de já ser sobejamente conhecido pelos seus milagres. As pessoas pararam e lhe obedeceram sob impulso automático.

Yeshua desenrolou pessoalmente as gazes do rosto para permitir que o jovem respirasse, enquanto que uma turma de obreiros começava suas atividades curativas na mente do jovem. Um farto banho de fluidos espirituais foi providenciado e, quase como um choque, o jovem agitou-se, abriu os olhos desmesuradamente, assim como a boca, e deixou escapar um grito abafado, cavo e estranho. As pessoas que estavam em volta se assustaram. Umas saíram correndo, crendo que o jovem estava voltando dos infernos para levá-las com ele. Outras se assustaram, mas ficaram para ver o que estava acontecendo.

Yeshua desenrolou rapidamente o restante das gazes, enquanto a mãe, quase fora de si, urrava de felicidade e de medo também. Ela não estava entendendo nada e pensava que o demônio podia estar possuindo o corpo do seu filho. Enquanto o rapaz não falou com a mãe, ela não se acalmou. Finalmente, ela se prostrou nos pés de Yeshua, dizendo:

– Verdadeiramente, você é o Deus Altíssimo. Só Ele poderia devolver a vida ao meu filho. Bendito seja, Adonai. Adonai é grande! Adonai é magnânimo!

As pessoas em volta começaram a se ajoelhar em volta de Yeshua, que logo viu o perigo que estava prestes a acontecer. Se as pessoas o endeusassem, ele correria o risco de se tornar um herege, sujeito à pena de apedrejamento.

– Levantem-se e vamos juntos agradecer a Adonai. Grande é o poder do Senhor que se compadeceu da viúva, levantando seu filho dos mortos, demonstrando que nosso Adonai é o Senhor dos vivos e não dos mortos. Bendito seja o Seu santo nome!

Todos se rejubilaram e oraram com Yeshua. Não o endeusaram mais, porém divulgaram o feito, o que serviu para engrandecer ainda mais sua imagem pública de grande profeta.

Alguns de seus discípulos ficaram tão impressionados que tiveram medo dele. Afinal das contas, quem era aquele homem que fazia um jovem ressurgir dos mortos? Seria um profeta? Ou o próprio Deus? Yeshua, vendo o temor que estavam sentindo, explicou tudo o que acontecera. Entretanto, cada explicação exigia mais conhecimento e, ao invés de tornar os fatos claros, para alguns os tornava obscuros e para outros ininteligíveis, só fortalecendo a corrente de que o mestre podia, com apenas uma simples ordem, destruir o mundo com fogo e enxofre.

Naim sofrera uma modificação em quatro meses superior à de Cafarnaum. Tornara-se uma aldeia próspera, e Jorim auferiu grandes sucessos. No entanto, as forças reacionárias iniciaram seu trabalho insidioso. Aqueles que haviam se locupletado do roubo haviam ficado indignados com Yeshua. Quem era aquele estranho que fora modificar as coisas, impedindo que ganhassem 'honestamente' suas vidas? Por outro lado, a tentativa de Yeshua de modificar a conduta dos aldeões esbarrou nos costumes e na tradição, assim como também nos fariseus, que logo viram no seu ensinamento amoroso um severo perigo à ordem constituída.

Que estranho raciocínio tinham aquelas pessoas! Para elas, a Lei era tudo. Deviam seguir ao pé da letra tudo que fora estabelecido pelos cânones instituídos por volta do ano 400 a.C. por Ezra e pelos homens da grande assembleia – Anshei ha-Kenesset ha-Guedolá. Yeshua não pregava nada contra a Lei, mas dava maior ênfase ao amor universal, à gentileza entre os homens, ao aprimoramento das relações sociais e a uma maior amplitude mental ao aceitar que outras pessoas diferentes pudessem também estar certas. Para esses homens restritos à Lei, Yeshua era uma séria ameaça. Ele falava de Deus com tamanha blandícia, dando aos homens uma nova concepção da divindade, que passava a ser quase uma heresia. Os fariseus preferiam que o povo ficasse com o severo Yahveh ao gentil Deus de Yeshua.

As multidões – de quatro a cinco mil pessoas – se reuniam nas montanhas de Naim para escutar Yeshua falar de sua nova ordem social – o reino de Deus – e da necessidade de se buscar uma renovação interna, por meio da força de vontade, para se alcançar um comportamento irreprochável. Mais do isso, Yeshua exigia que a mudança fosse bastante profunda, de tal modo que até mesmo as intenções secretas, os pensamentos perversos fossem rechaçados da mente por uma estrita vigilância e por constantes orações.

– Orai e vigiai – dizia ele ao povo.

Yeshua atacava a diferença entre as pessoas, considerando que isso não era natural. Era uma ofensa a Deus, já que Ele criara todos iguais. Não cabia ao homem comum emitir julgamentos a respeito dos demais, pois jamais teria todos os dados intrínsecos à pessoa. Todavia, reforçava o poder constituído, dizendo que era o único que poderia julgar os homens na Terra, mas questionava o modo como eram feitos os julgamentos, sem que houvesse possibilidade de o acusado se defender completamente.

A lei romana era muito bem articulada, mas não era aplicada na íntegra a todos. Os judeus eram julgados de forma ligeira pelos togados romanos e, quando eram ricos, eram julgados pelo Sanhedrin, que nunca aplicava a Torah de forma completa, sempre encontrando uma brecha para facilitar a vida do réu.

Muitos desses que iam escutar Yeshua voltavam para suas aldeias e iniciavam um proselitismo que nem sempre era bem entendido. Acreditavam que o reino de Deus era o mundo a vir – o Olam Ha-bá – e exigiam dos nobres locais modificações na estrutura social como em Cafarnaum, Tiberíades e Naim. Muitos dos campesinos – homens rudes, sem o devido polimento social – exigiam que os senhores feudais mudassem o estilo de tratá-los, ameaçando-os com o fogo do inferno, dizendo que o Messias já estava entre eles. Tratava-se apenas de uma questão de tempo para que o reino de Deus fosse implantado e eles – os ricos – seriam devorados pela nova ordem como palha seca lançada ao fogo.

Naturalmente, os ricos ficaram seriamente preocupados com tais ameaças, muitas feitas no calor das discussões, nas fogueiras da noite, sem a presença dos nobres locais, mas que os olheiros levavam aos seus ouvidos, aumentando um ponto ou outro, para receberem recompensas mais polpudas. Muitos nobres foram se queixar ao Sanhedrin, denunciando Yeshua como perigoso revolucionário, corruptor dos camponeses, prevaricador, bruxo e blasfemo.

Enquanto estava em Naim, Almadon, o chefe da guarda de Herodes, havia enviado um dos seus mais bem-sucedidos espiões para vigiar Yeshua. Por sua vez, Pôncio Pilatos tinha um espião infiltrado entre a guarda de Almadon e sabia tudo o que aquele homem fazia. Quando soube que o chefe da guarda enviara um espião para vigiar Yeshua, ele também fez o mesmo; queria saber o que aquele profeta taumaturgo representava. Seria mais um zelote? Se fosse, ele o levaria à crucificação e, desta vez, não seria mais espoliado em seu direito de crucificar um agitador político ou um revolucionário, como fora com Yochanan o batista.

Os dois espiões foram por caminhos diferentes. Nem um nem outro se conhecia. Entraram em dias diferentes em Naim. Os dois agentes secretos se imiscuíram, astutamente, entre os inúmeros trabalhadores que foram atraídos pelo novo surto de riqueza proveniente dos novos arranjos nas relações de trabalho. Ninguém jamais desconfiou deles.

Após a morte de Yochanan o batista, Yehudá Iscariotes foi até a aldeia de Cafarnaum à procura de Yeshua e soube que ele estava em Naim. Tomou a direção daquela cidade, chegando dois dias depois, procurando logo pelo mestre. Yeshua, que o conhecia, o recebeu com gentileza e, em poucos dias, Yehudá Iscariotes estava perfeitamente integrado na equipe do mestre. Em breve, tornar-se-ia o tesoureiro do grupo, tendo administrado com grande proficiência os nem sempre parcos recursos que eram doados por admiradores generosos.

Yeshua e seu grupo resolveram voltar para Cafarnaum; era a época da pesca e já haviam abusado da hospitalidade de Jorim. O nobre local tinha uma verdadeira fascinação por Yeshua. Amava-o como a um irmão, venerava-o como a um pai e sentia-se protegido pelo seu imenso poder como se fosse seu filho. Não queria que partisse, mas sabia que o mestre não pertencia ao aluno. Yeshua dirigiu-se para Nazareth a pedido da mãe; ela queria ver seus outros filhos. Yeshua assentiu amorosamente.

Nazareth continuava pachorrenta como sempre. Nem mesmo a chegada de Yeshua e de seu grupo de quase vinte pessoas mudou a lenta rotina da aldeia. Míriam foi até a casa e abraçou os filhos e filhas. Yozheph já andava às turras com Yacob; ele tinha um gênio difícil. Além disso, desconfiava de todos. Acreditava que o irmão mais velho vivia lhe tirando a primazia das coisas. Ele era rabugento, rixento e extremamente violento, destoando do restante da família. Yeshua o abraçou sem reservas, mas ele o fez novamente de forma mecânica, quase com certo asco do primogênito. Já Míriam estava exultante por estar junto com todos os filhos.

Nazareth soube da chegada do mestre, mas, reconhecendo nele o antigo e quieto Yeshua, o filho ausente do carpinteiro Yozheph,

92 | A Saga dos Capelinos

quase ninguém o procurou para tratar de doenças. Os poucos que apareceram, menos de meia dúzia, foram recebidos por Yeshua e seu grupo, que numa sessão improvisada de imposição de mãos cuidaram dos presentes, obtendo algumas melhoras. Não houve nenhum feito de grande envergadura que pudesse ter mobilizado a cidade. Nenhum louco, cego, surdo ou leproso foi curado, apenas doenças de pequena monta. Nazareth não tinha sido tomada pela fé que cura, que transforma, que modela e regenera. Ainda era uma cidade possuída pela tradição e pelo preconceito.

Dois dias depois, foram todos à sinagoga. Uma multidão de pessoas de Nazareth foi conhecer o famoso taumaturgo e ficou frustrada em ver que se tratava de Yeshua. Não era ele o filho do carpinteiro e seus irmãos não habitavam entre eles? Por que deveria ser assim tão especial? Então, ele não podia ser o Messias!

No meio do culto, o velho sacerdote vasculhou entre os rolos que estavam sobre o altar e, sem olhar, escolheu um ao acaso e o chamou para ler o trecho. Fez-se um silêncio acachapante na sinagoga. Yeshua levantou-se, cumprimentou-o humildemente como se deve a um ancião, cobriu a cabeça com o tallith, tomou o rolo das mãos do rabino e leu com voz alta, forte, magnética, o capítulo 61 do livro de Isaías, sobre a boa nova:

> *O espírito do Senhor repousa sobre mim,*
> *porque o Senhor consagrou-me pela unção;*
> *enviou-me a levar a boa nova aos humildes,*
> *curar os corações doloridos,*
> *anunciar aos cativos a redenção,*
> *aos prisioneiros a liberdade,*
> *proclamar um ano de graças da parte do Senhor,*
> *um dia de vingança de nosso Deus;*
> *consolar todos os aflitos,*
> *dar-lhes um diadema em vez de cinzas,*
> *o óleo da alegria em vez de vestidos de luto,*
> *cânticos de glória em lugar de desespero.*

Então os chamarão as azinheiras da justiça,
plantadas pelo Senhor para sua glória.
Reconstruirão as ruínas antigas,
reerguerão as relíquias do passado,
restaurarão as cidades destruídas,
repararão as devastações seculares;
virão estrangeiros apascentar vosso gado miúdo,
gente de fora vos servirá de lavradores e vinhateiros,
a vós chamar-vos-ão sacerdotes do Senhor,
de ministros de nosso Deus sereis qualificados.
Vós vos alimentareis com as riquezas das nações,
e brilhareis com sua opulência.
Já que tiveram parte dupla de vergonha
e tiveram como quinhão opróbrios e escarros,
receberão em sua terra parte dupla de herança,
e a alegria deles será eterna.
Porque eu, o Senhor, amo a equidade,
detesto o fruto da rapina;
por isso vou dar-lhes fielmente sua recompensa,
e concluir com eles uma aliança eterna.
Sua raça tornar-se-á célebre entre as nações,
e a sua descendência entre os povos:
todos, vendo-os, reconhecerão
que são a abençoada raça do Senhor.
Com grande alegria eu me rejubilarei no Senhor
e meu coração exultará de alegria em meu Deus,
porque me fez revestir as vestimentas da salvação.
Envolveu-me com o manto de justiça,
como um novo esposo cinge o turbante,
como uma jovem esposa se enfeita com suas joias.
Porque, quão certo o sol faz germinar seus grãos
e um jardim faz brotar suas sementes,
o Senhor Deus fará germinar a justiça
e a glória diante de todas as nações.

94 | A Saga dos Capelinos

Terminada a leitura, Yeshua olhou para a assistência que aguardava seus comentários e, aos poucos, foi falando, citando as passagens mencionadas:

– Ouçam, ó homens de Nazareth, ouçam as palavras de Isaías que nos prega que virá o dia em que esta terra tornar-se-á um lugar de justiça. Como bem diz o profeta, Deus, nosso Pai, abomina o fruto do roubo, da astúcia, da rapina sobre órfãos, pobres e viúvas. Ai daquele que fere a justiça, pois virá o dia em que terá que pagar tudo de que se apropriou de forma indevida. A boa nova citada neste capítulo de nosso grande profeta Isaías é a de que haverá no futuro um mundo melhor. No entanto, o que falta aqui mencionar é que este reino de Deus não é um lugar perfeito, e sim um local onde as imperfeições serão combatidas pela justiça, pelo entendimento, pela fraternidade com o intuito de se atingir a prosperidade.

Um certo vozerio se fez ouvir no fundo da sala, onde estava Yozheph, seu irmão, e Yeshua levantou os olhos para aquele local, indagando-se o que poderia estar acontecendo. Um dos amigos de Yozheph, que fora previamente instigado por ele, questionou Yeshua:

– Com que autoridade você fala de assuntos de Deus? Por acaso Ele lhe deu competência para falar no nome dEle?

Yeshua respondeu-lhe calmamente:

– Não faço mais nada do que repetir as palavras de Isaías. Se alguém deve ser questionado deve ser o profeta que escreveu essas candentes palavras. No entanto, eu lhe digo que, em verdade, em verdade, qualquer homem que traz o amor no seu coração fala a língua de Deus. Qualquer homem que considera todos como parte de sua família é um homem que fala a língua de Deus. Olho e vejo em volta de mim as senhoras como se fossem minha mãe, os anciãos como se fossem meu pai, as crianças como se fossem meus filhos e os de minha idade, como irmãos e irmãs. Dedico a todos um grande amor. Não falo por autoridade de Deus, mas sim pela autoridade conferida pela fraternidade.

JESUS, O DIVINO MESTRE | 95

O mesmo homem adiantou-se e redarguiu de forma severa:

– Você não passa de um canastrão! Fala em autoridade da fraternidade, mas isso não existe. Você é apenas o filho do carpinteiro de nossa cidade. Você saiu desta cidade, embrenhou-se pelo mundo e agora volta cheio de empáfia. Desça desse púlpito; senão, eu o arrancarei à força.

Yeshua olhou-o com tristeza nos olhos e respondeu-lhe:

– A sinagoga é pública para todos os judeus. É a extensão do sagrado Templo de Ierushalaim. Quando um homem é convidado a ler um trecho da Torah e permitem que teça seus próprios comentários, os outros devem se abster de insultos e admoestações. No entanto, não estou aqui para vociferar nem redarguir indefinidamente. Nada me espanta, porquanto ninguém é profeta em sua própria terra. Quando alguém está doente, deve procurar um médico. Vocês gritam sem razão, urdidos que foram e enganados que estão.

Alguns homens da turma de Yozheph começaram a gritar:

– Fora, fora! Se você é médico, cure-se. Se você é profeta, vá profetizar suas desventuras em outro lugar.

Shymon e mais alguns discípulos levantaram-se e começaram a discutir de volta. Um grande vozerio se fez na sinagoga. Um dos homens tirou uma espada e veio em direção de Yeshua, desejando feri-lo de morte. Tauma, mais rápido do que os demais, sacou de sua espada e aparou o golpe; retribuiu o ataque, com uma forte cutilada no antebraço do atacante, fazendo-o gritar e largar a arma. A balbúrdia no interior da sinagoga tornou-se intolerável. As mulheres e muitos dos homens corriam para fora do local, atropelando-se, e vários caíram no chão, sendo pisoteados pelos que vinham atrás.

Yeshua saiu da sinagoga por uma saída lateral, junto com seus discípulos. Os amigos de Yozheph saíram pela porta principal e ajuntaram-se para atacar o pequeno grupo de Yeshua. Naquele momento, ele orou fervorosamente aos Céus para que nada acontecesse. Não tinha medo do ataque, nem da morte, mas não queria ver ninguém ferido. Sabia que fora a antipatia gratuita de Yozheph que engendrara tudo aquilo, porém não estava amargurado com o fato; sabia que os piores inimigos são aqueles que estão mais próximos de nós.

Naquele momento, Samangelaf apareceu-lhe e disse para que saísse pela saída sul da cidade, passando perto de seus atacantes. Yeshua obedeceu e deu ordens para que fossem na direção mencionada. Samangelaf e um grupo de espíritos volitaram, passando por cima do grupo de trinta e poucos homens, cobrindo-os com um grande véu feito de fluidos espirituais.

Os atacantes sob o comando de Yozheph estavam se agrupando e perderam alguns segundos em discussões estéreis quanto à direção a seguir. Após confabularem, dirigiram-se rapidamente para a saída oeste da cidade, porquanto seria lógico que Yeshua saísse por lá para atingir Cafarnaum. Os dois grupos passaram a trinta metros um do outro e não se viram. Os atacantes porque estavam sob uma espécie de letargia provocada por Samangelaf e seus obreiros, e o grupo de Yeshua porque estava em fuga.

A história toda marcou Yeshua. Posteriormente, quando chegaram em segurança a Cafarnaum, ele pôde refletir com calma e concluir que suas palavras deviam ser extremamente medidas no futuro. Não devia aceitar convites para ler trechos da Torah; havia o risco de ser mal interpretado. Deveria se restringir às suas parábolas e, quando estivessem seus inimigos a escutá-lo, deveria se tornar ainda mais hermético. Posteriormente, a sós com seus discípulos, explicaria suas ideias.

Zebedeu estava impressionado com o relatório que seu amigo Jorim lhe fizera. Não esperara resultados tão sólidos em tão pouco tempo. Numa de suas viagens à Cesareia, comentou com outro amigo sobre os fatos ocorridos em Naim. Este amigo chamava-se Salomon de Guishala, um nobre rural, saduceu e de sólida fortuna. Jorim estava também à mesa e falaram maravilhas de Yeshua, o que fez Salomon de Guishala querer conhecê-lo. Ele tinha extensas terras na região de Guishala e estava ansioso para testar tais métodos de trabalho em suas propriedades. Zebedeu ficou de conversar com Yeshua e marcar uma ida até Cesareia.

JESUS, O DIVINO MESTRE | 97

A época da pesca ocupava todo mundo e, desta vez, o mar da Galileia foi de inacreditável abundância. Numa das noites, Shymon, André e sua equipe de mais dois homens haviam se afastado demais e não retornaram na hora marcada. Yeshua não sabia do fato; estivera trabalhando na carpintaria, preparando um móvel que Míriam havia solicitado. Deitou-se cedo, pois estava exausto.

Perto das dez horas da noite, um vento forte começou a soprar e logo em seguida choveu. O barco de Shymon começou a ser empurrado cada vez mais para longe de Cafarnaum. O mar ficou encapelado e as ondas começaram a molhar os barqueiros, entrando muita água no interior do barco. O naufrágio era iminente. Shymon, que, mesmo sendo um homenzarrão, não era modelo de coragem, começou a se maldizer e, com o coração em disparada, iniciou uma plangente prece a Deus, clamando também por Yeshua; cria que ele era um ser sobrenatural com poderes mágicos, podendo ajudá-lo naquela hora tormentosa.

Os guias espirituais escutaram os gritos assustados e as preces desesperadas dos homens e se movimentaram. Um grupo procurou acalmá-los. Outro grupo procurou o chefe do setor para que fossem mobilizados os elementais dos ventos de forma a amainar a tempestade. A morte impendente de Shymon e André alijaria o grupo de Yeshua de uma forte liderança, e Samangelaf, sabendo do fato, se mobilizou imediatamente.

Samangelaf deslocou-se até onde estava repousando o espírito de Yeshua liberto temporariamente dos liames físicos e o levou gentilmente até onde estava Shymon. Yeshua, completamente desperto e ciente de tudo, volitou sobre o mar da Galileia. Em segundos, alcançaram o pequeno barco que estava periclitando entre vagas altas e ameaçadoras. Yeshua diminuiu sua velocidade e, deslizando suavemente sobre o mar enfurecido, aproximou-se da embarcação.

Shymon e André o viram chegando. Ficaram atônitos e paralisados de medo. Não havia dúvidas de que era o mestre, mas como podia ele andar sobre as ondas? De que forma poderia ele estar ali

98 | A Saga dos Capelinos

a milhas de distância de Cafarnaum? Yeshua estava sendo visto pela vidência dos dois discípulos. Yeshua subiu a bordo e levantou as mãos para os Céus pedindo, por sua vez, que o temporal se acalmasse. Shymon e André estavam absolutamente petrificados de terror e não conseguiam crer no que viam.

Naquele instante, o chefe do setor espiritual recebeu ordens dos seus superiores para controlar a tempestade. Imediatamente, comandou uma dúzia de vigilantes de expressão animalizada, quase embrutecidos, e eles saíram, voando, levando mais de dez mil espíritos elementais, como se fosse uma manada. Pareciam um verdadeiro enxame de almas, formando uma espécie de parede que, indo de encontro ao vento que chegava do distante Mediterrâneo, bloqueava o furor da tempestade. Os elementais usados eram almas tão rudimentares que nem sabiam o que estavam fazendo. Os seus guias eram antigos demônios em fase de recuperação. Eram, portanto, almas ainda em fase humana de evolução, verdadeiros 'vaqueiros' de elementais, levando-os em grupos para fazerem importantes trabalhos na natureza.

Em poucos minutos, o mar acalmou-se e, como o vento houvesse mudado de direção, o barco se dirigiu celeremente para Cafarnaum. Os demais membros da tripulação estavam tão assustados que nem viram Shymon e André bestificados, olhando para um ponto distante, nem tiveram a vidência do mestre entre eles.

O barco atracou quase de madrugada e já havia mais de uma hora que Yeshua os havia deixado em alto mar. Sua partida fora tão rápida que Shymon e André saíram de seu estupor e ficaram olhando um para outro com a cara mais aparvalhada possível. Ao chegar a Cafarnaum, trocaram impressões e concluíram que o mestre estivera entre eles, acalmando a tempestade e tendo andado sobre as águas. Foram procurá-lo assim que chegaram e o encontraram desperto na porta de sua casa. Ele os abraçou e disse:

– Estivemos juntos no mar, mas não contem isso para ninguém. Já temos bastantes inimigos e não quero que pensem que eu sou feiticeiro. Não deem armas aos nossos adversários.

Shymon e André concordaram em nada falar, mas, alguns anos depois, contaram suas versões levemente distorcidas pelos anos e pelas lendas. Os discípulos mais próximos já sabiam do fato e se maravilhavam enormemente com tudo aquilo.

Zebedeu chegou da capital galileia e foi procurar Yeshua, contando que Salomon de Guishala, nobre da região de mesmo nome, desejava falar com ele em Cesareia. Como era época da pesca, eles determinaram que só iriam Yeshua, Yehudá Iscariotes, Tauma e o próprio Zebedeu com seus cinco guarda-costas costumeiros. Marcaram para partirem dentro de uma semana; Zebedeu tinha muito a fazer em Cafarnaum.

No decorrer daquela semana, Yacob, irmão de Yeshua, saiu de Nazareth e chegou a Cafarnaum à procura da mãe e dos irmãos. Havia tido uma séria discussão com Yozheph a respeito de várias coisas, entre elas o ataque a Yeshua e também em relação à carpintaria, e resolveu sair da cidade. Não sabia se devia lutar pela propriedade ou deixá-la para o irmão que demonstrava maus bofes. Deveria levá-lo à justiça ou deixar o assunto em paz? Conversou inicialmente com a mãe, e ela o aconselhou que fosse falar com Yeshua. Encontrou-se com o irmão, beijando-o humildemente, como devia ser sua obrigação para com o primogênito. Explicou-lhe tudo o que aconteceu e Yeshua lhe disse:

— Você agiu com sabedoria, meu amigo e irmão Yacob. Não devemos nos indispor com os outros, a não ser que seja absolutamente impossível evitá-lo. No entanto, se você estiver andando na rua e encontrar um cão a ladrar para você, o que deve fazer? Você cai de quatro e ladra de volta até que um dos dois desista? Ou você se afasta prudentemente, antes que seja mordido?

O irmão riu da figura de retórica que Yeshua criara para elucidar seu ponto de vista, mas sua mente estava fixa na perda da carpintaria.

— Tenho pena de deixar um negócio ao qual me dediquei por tanto tempo. Minhas mãos estão calejadas do esforço que despendi. O que devo fazer? Devo levar meu irmão às barras do tribunal?

100 | A Saga dos Capelinos

– Existe sempre a lei que deve ser obedecida. Você tem o direito e deve procurar defendê-lo perante os juízes. No entanto, neste caso específico, creio que agiu com sabedoria. A carpintaria sem sua arte não é nada. Você carrega sua sabedoria e sua profissão dentro de você. Esta, sim, é a verdadeira riqueza: o conhecimento. Trata-se de uma fortuna que nenhum ladrão poderá roubar de você, nenhuma traça poderá corroer. Instale-se aqui ou onde desejar; com o suor do seu rosto e os calos de sua mão, viverá em paz em qualquer lugar, desde que a paz esteja dentro de você.

Yacob ficou absorto e concordou com a tese do irmão. Não iria entrar na justiça contra o outro irmão e montaria seu negócio em Naim, que prosperava a olhos vistos e precisava de mais carpinteiros.

Yeshua partiu somente com Tauma e Zebedeu, acompanhados de sua guarda, para Cesareia ao encontro de Salomon de Guishala, que o aguardava impaciente. Começaria uma nova etapa para Yeshua. Suas ideias iam começar a sair de Cafarnaum.

CAPÍTULO 4

Salomon de Guishala já ouvira todos os prodígios a respeito de Yeshua, mas resolvera testá-lo. Na sua casa de Cesareia, onde o luxo sobrava, os vinhos raros eram avidamente bebidos e as comidas finas eram deglutidas por amigos de várias procedências, a sua família não punha os pés. Ficava em Guishala, pequena aldeia perdida na Galileia, numa bela casa.

Em Cesareia, metrópole romana, ele ficava perto do poder, de onde embarcava especiarias para Roma, e mantinha uma mulher mundana a preço de ouro. Tratava-se de filha de cativa da Lícia, da cidade de Patara, na Ásia menor. Era uma meretriz belíssima, de idade próxima aos vinte e três anos, com um rosto de divina beleza, olhos claros e dúlcidos como mel, cabelos encaracolados, fartos, castanhos dourados que, ao refletir os raios do sol, mostravam-se quase vermelho-fogo. Sua altura atingia o metro e setenta centímetros, sua boca era vermelha como uma maçã e, quando sorria, duas covinhas se desenhavam na sua face rosada. Tratava-se de uma mulher magnífica, de nome Lívila. Desde os quatorze anos era obrigada a vender seu corpo para sobreviver, sendo propriedade de um rico mercador grego que a prostituía sem pudor.

Salomon de Guishala mandou que se vestisse como a mais conservadora das mulheres e disse que ficasse o mais escondido

101

102 | A Saga dos Capelinos

possível; em determinado momento do ágape, ela deveria proceder a um certo ritual com seu convidado. O anfitrião explicou tudo que devia ser feito e combinou um régio pagamento à prostituta.

Yeshua chegou e foi recebido por Salomon com certa reserva. O próprio dono da casa não sabia se estava recebendo um embusteiro ou um deus. Queria ter certeza de que não era um trapaceiro antes de lhe confiar partes de sua terra. Yeshua sentiu que havia algo de errado na atitude do homem. Não havia a mesma cordialidade que recebera em outros lugares. Seus sentidos aguçaram-se e pouco depois viu um espírito feminino, com todas as características de uma prostituta, andando de um lado para outro, com as mãos na cintura em sinal de deboche e rebeldia. Yeshua imaginou que aquele espírito devia estar acompanhando alguma pessoa do local. Alguns minutos depois, dois guardiões aprisionaram-na sem grandes esforços e a retiraram do ambiente.

Lívila acompanhava a conversa atrás de um biombo e, gradativamente, à medida que escutava as falas candentes daquele homem de beleza incomparável, foi-se tomando de viva emoção. "Como fala bem! Como se expressa com clareza! Que elegância e nobreza!" A jovem não pôde deixar de se sentir terrivelmente atraída por aquele homem. Começou a devanear sem, entretanto, perder cada palavra daquele ser amorável. "Jamais seria aceita por este homem. Não passo de uma rameira que se deita com os homens por dinheiro. Como poderei me tornar digna de lhe desatar os nós das sandálias? Isso nunca será possível. Ele é um nobre, um verdadeiro deus, um potentado. Jamais olhará para mim."

Naquele momento, Salomon, querendo aplicar-lhe o teste, fez um sinal, um gesto quase imperceptível, previamente combinado com Lívila. Mas a moça já não estava mais sob a influência mental do espírito feminino que fora capturado pelos guardiões; pelo contrário, estava sob o poder de Yeshua que a havia, involuntariamente, fascinado. Ela se encontrava num estado mental perigoso; queria ser admirada e amada por um homem nobre como Yeshua; desejava se tornar uma mulher de bem; constituir família e abrigar

JESUS, O DIVINO MESTRE | 103

em seus seios tenros filhinhos que Deus lhe enviaria; mas, sendo quem era, seu futuro prometia ser sombrio e sem esperanças.

Ela saiu de trás do biombo que a escondia e prostrou-se aos pés de Yeshua. Não era essa a ideia de Salomon. Ele desejava apresentá-la como sua filha e ela deveria ungir seus cabelos com óleos. Deste modo, Salomon saberia se Yeshua era ou não um homem santo. Se fosse um profeta proveniente de Deus, ele saberia rechaçar a impostora e impedir que os óleos fossem derramados na sua cabeça por uma abominável pecadora. Contudo, a moça estava chorando enquanto passava os finos óleos nos pés de Yeshua. Extravagante situação; o homem permitia e afagava gentilmente as madeixas da moça, consolando-a com palavras doces.

Uma intuição passou pela mente de Yeshua e, num átimo, avisado pelos guias-mentores do próprio Salomon de Guishala, ele entendeu a cilada em que estava envolvido. Salomon, por sua vez, pensava: "Não era isso que eu queria, mas o efeito é o mesmo. Ele está permitindo que uma pecadora o toque. Ela o está tornando impuro."

Yeshua, quase podendo ouvir suas palavras, olhou com doçura e disse-lhe:

— Houve homens que me escutaram e creram nas minhas palavras, não porque sou um profeta de Deus, mas porque falo coisas sensatas. No entanto, há aqueles que necessitam de provas e pedem evidências. Usam de ardis desnecessários. Não os culpo. Pelo contrário, eu os compreendo e não os recrimino.

Salomon começou a ficar lívido. Yeshua prosseguiu calmamente, com um sorriso encantador nos lábios. Seu tom de voz era grave, sem rancor, raiva ou contrariedade.

— Esta linda e doce criatura que me trata como se eu fosse uma grande personalidade não é culpada de absolutamente nada. Por isso mesmo eu não irei repeli-la, aceitando suas lágrimas que banham meus pés e seus óleos que, sob seu toque gentil, aliviam as dores provocadas pelo extenso caminho que percorri para encontrá-lo.

Yeshua olhou seriamente para Salomon, que não sabia onde se enfiar e perguntou-lhe a seco:

— Responda-me, mestre Salomon.

O nobre pigarreou e, quase sem fala, respondeu:

— Sim, rav Yeshua.

— Um homem rico tinha dois credores. Um lhe devia quinhentos denários e outro apenas cinquenta. Certa ocasião, resolveu perdoar as dívidas dos dois. Qual deles ele amava mais?

— Creio que aquele que devia mais.

— Respondeu com grande acerto. Vê essa mulher a meus pés? Entrei na sua casa sob o sinal da desconfiança. Sequer você pediu para seus servidores lavarem meus pés da poeira do caminho. Não teve a gentileza de nos oferecer uma bandeja de água para lavarmos as mãos e o rosto. Nem falo sequer de finos óleos para nossos cabelos. Seria pedir demais! Entretanto, esta mulher cheia de pecados, mesmo sob o disfarce de roupas matronais, ouviu-me atrás do biombo e seu coração tornou-se brando, e minhas palavras a induziram ao mais profundo arrependimento de sua vida desregrada. Digo-lhe, pois, que seus numerosos pecados estão perdoados, porque ela tem demonstrado grande amor e profunda vontade de se modificar. Há nela um arrependimento sincero. Ao que muito ama muito se perdoa! Já ao que pouco ama pouco se perdoa!

A moça olhou-o e, em soluços, pediu-lhe:

— Perdoe meus pecados, Yeshua de Nazareth.

Yeshua virou-se para ela e disse-lhe:

— Perdoe seus próprios pecados. Não cabe aos homens perdoá-la. Só Deus tem este poder. No entanto, de nada adianta se você mesma não se aceitar e perdoar seus próprios erros. Procure se amar e conseguirá amar os demais homens. Ao dar, você receberá de volta o que tiver dado.

A mulher, ajoelhada, olhou-o nos olhos e ia lhe dizer que tudo isso era fácil; no entanto, ela era propriedade de um rico grego e teria que obedecer a tudo que ele determinasse. Yeshua, porém, captou seu pensamento, colocou o dedo na boca da moça, convidando-a ao silêncio, e disse-lhe:

— Já sei. Você será comprada e terá sua liberdade imediatamente.

Salomon não sabia onde se meter. O homem era um profeta poderoso. Lia pensamentos. Zebedeu que, aos poucos, estava se inteirando de toda a trama, entendeu que seu amigo Salomon armara uma cilada para Yeshua e que fora pego em sua própria armadilha. Yeshua olhou-o nos olhos e, com autoridade, falou:

— Deixo este pormenor nas mãos de meu novo amigo, Salomon de Guishala.

Uma mulher daquela custaria uma fortuna incalculável, mas Salomon estava em má situação. Tinha medo do castigo de Deus. Como ousara testar um profeta enviado pelo próprio Yahveh? Muito má situação, realmente. Teria que despender o dinheiro e comprar a arrependida meretriz, e tudo isso para dar-lhe liberdade. Por outro lado, agora que estava metido naquela fementida história até o pescoço, seria sensato proceder ao que Yeshua sugerira fazer em Guishala, já que um profeta de Deus não se enganava jamais.

Os dias que se seguiram foram de grande faina. Yeshua foi com Shymon, Tauma e outros para Guishala e orientou Salomon em tudo que deveria ser feito. Por outro lado, o grupo de obreiros escolhido foi se encontrar com Yeshua, cujos componentes iniciaram a cura. Tauma ficou em Guishala enquanto Salomon, agora fervoroso discípulo de Yeshua, o levava de volta a Cesareia, pois todos queriam conhecê-lo.

Cuza era um homenzarrão de hábitos gregos, casado com Joana, filha de Salomé, irmã de Míriam, mãe de Yeshua, portanto prima do mestre pelo lado paterno. Uma grande festa foi organizada por Cuza, procurador de Herodes Antipas, em sua mansão, e o principal convidado era Yeshua. Joana era tipicamente a mulher malcasada. Aceitara o contrato nupcial que o pai Yacob ben Matan lhe arranjara, pois Cuza era de excelente família. Era saduceu, cujo falecido pai, fariseu de boa cepa, era muito amigo de Yacob. A relação dos dois era cordata, sendo que Joana permitia que seu marido se ausentasse de casa por vários dias, sem lhe fazer perguntas ou questionar sua fidelidade.

106 | A Saga dos Capelinos

Joana, por sua vez, sempre fora recatada, parte pela sua falta de jeito com os homens, parte por receio de ser ferida numa relação amorosa. Casara-se muito jovem e seus poucos contatos sexuais com Cuza a fizeram ver que não era de sexo que mais gostava. Cuza era pesado e repousava seu corpanzil sobre ela quando faziam amor. Ela sufocava. Depois do segundo ano, as já escassas relações sexuais cessaram, para alívio da infeliz Joana. Eles não tiveram filhos, o que a infelicitava ainda mais.

O jantar contou com convivas da maior nobreza local. Yeshua foi conduzido por um Salomon de Guishala exultante, que o apresentou a todos. As cerimônias públicas e jantares fidalgos não eram novidades para Yeshua, que sabia se comportar com raro aprumo. Não era camponês, e sim homem do mundo, porquanto suas viagens o haviam preparado para uma vida social de escol.

Foi apresentado a Joana, sua prima, que não conhecia. Ela teve um impacto emocional ao ver seu primo. Ela olhou diretamente nos seus olhos e viu um varão de beleza máscula, de olhar doce como o mel e de coloração dourada, de cabelos levemente anelados castanhos dourados, que refletiam as luzes dos archotes acessos, e sentiu que estava na frente de um ser extraordinário. Foi um *coup de foudre* espiritual e emocional, profundo, que fez seu coração disparar, sua boca secar, suas mãos ficarem suadas e seu rosto lívido. Ela tinha certeza de estar perante um deus.

Cuza, ao seu lado, também ficou profundamente impactado pelo belo nazareno. A aura de beleza e bondade de Yeshua o envolveu completamente. Ele sentiu um grande apreço por Yeshua e cumprimentou-o com civilidade e nobreza.

No meio da recepção, após ter sido servido um delicioso jantar para mais de cinquenta pessoas, Cuza levantou um brinde a Yeshua, seguido de todos. Um dos presentes, desejando sinceramente ser esclarecido, fez uma pergunta a Yeshua:

– Mestre Yeshua, peço que me elucide sobre um ponto de sua doutrina da qual já ouvi maravilhas.

Yeshua fez um gesto como a convidar que o homem perguntasse o que desejasse.

– Ouvi dizer que os ricos serão excluídos do reino de Deus. É verdade tal assertiva?

– Eu diria que é o contrário. A pobreza, a miséria, a doença é que serão banidas deste reino. Não desejo excluir os ricos, mas sim incluir os pobres. Não quero que as pessoas se tornem pobres; desejo que se tornem prósperas. Os ricos deste reino, pois sempre haverá homens mais ricos do que os outros, serão os principais artífices das mudanças. Serão eles que darão as oportunidades para que os pobres se tornem inicialmente menos favorecidos e, com o decorrer dos tempos, mais opulentos.

Um outro perguntou:

– O reino de Deus é fora deste mundo ou será aqui?

Yeshua sorriu:

– Sua pergunta não podia ser mais apropriada, pois há muita controvérsia quanto a esse assunto. Em primeiro lugar, é preciso esclarecer que o reino de Deus não é fora da Terra. É um estado de coisas em que a justiça será a mola mestra a impulsionar a sociedade e o amor entre os homens, a maior base para que tudo seja feito. É, portanto, um estado de direito, constituído de homens seguidores da lei do amor e governado por pessoas de absoluta estatura moral.

Yeshua, vendo que sua assistência estava absolutamente concentrada em suas palavras, continuou sua exposição:

– O reino de Deus substituirá o atual estado de coisas, pois hoje há uma luta surda entre o bem e o mal. Cada um com seus atrativos procura levar as almas dos homens para seu lado. No futuro, quando o reino de Deus, que está próximo, estiver entre nós, o mal não encontrará guarida no coração dos homens. As experiências em Cafarnaum, Tiberíades, Naim e, agora, Guishala nos mostram que os pobres precisam receber instrução, treinamento e um comando firme, como se fossem um exército. Mas demonstram também que, sem os ricos, os proprietários de terras e os

108 | A SAGA DOS CAPELINOS

financistas, não serão capazes de se modificarem por si próprios.
A pobreza é um problema cultural que poucos podem superar por
si mesmos.

Um outro homem perguntou:

— Mestre Yeshua, perdoe a minha insistência, mas já ouvi gente
dizendo que você prega a morte dos ricos, dizendo que eles sofre-
rão no genehom. Como é possível que você fale uma coisa para
nós e outra para os pobres?

— Minha palavra é uma só. No entanto, os ouvidos e mentes
são milhares. Muitos interpretam um simples cumprimento como
uma ofensa, enquanto outros consideram um insulto um ato de
amor. Minha língua só pronuncia uma única palavra, mas cada
ouvinte entende o que bem lhe aprouver. Serei o mais claro que
puder e entenda aquele que tiver ouvidos. Digo e repito que há
várias formas de riqueza. Uma é conseguida pelo esforço ou por
uma dádiva divina que não nos cabe julgar. Outras fortunas são
conseguidas por meio de ardis, embustes, roubos e crimes perpe-
trados na calada da noite. Existe, pois, o meio como a riqueza foi
conseguida, como também existe a forma como ela é usada.

— Como assim, rabi?

— De nada adianta a riqueza ser conseguida por meios legais e
ser usada para fins pecaminosos. Um homem que usa sua riqueza
para esmagar os outros, chacinar pais de família na calada da noite
e comercializar a morte faz uso tenebroso de sua fortuna, por mais
legitima que tenha sido sua aquisição. Por outro lado, quantos
fazem da riqueza um fim em si próprio e tornam-se escravos da
fortuna? Outros ganharam suas riquezas de modo vil e acabam
fazendo bom uso do dinheiro, espargindo benesses a todos. Como
julgar o que é correto? Pois, em verdade, em verdade, eu lhes digo:
a riqueza deve ser conquistada por meios corretos e usada para
fins adequados. A riqueza não pertence a nenhum homem, pois
é um empréstimo da Providência de Deus. Desta forma, caberá
ao tomador desta fortuna prestar conta daquilo que tomou ao seu
verdadeiro proprietário, que é o nosso Amantíssimo Pai.

JESUS, O DIVINO MESTRE | 109

Uma visão diferente estava sendo ofertada por Yeshua aos que estavam presentes. Não era a riqueza que era nefasta, assim como instrumento nenhum é funesto por si próprio. Era não só o uso, como também a forma como fora adquirida ou ganha que iriam determinar se era digna ou não. Era preciso que os meios e os fins, ambos, fossem moralmente impecáveis para que tudo fosse plenamente ético.

Yeshua fez uma pequena pausa e depois arrematou seu discurso:

– A riqueza é um fogo. Se for bem utilizado e bem governado, torna-se útil, podendo moldar o ferro, ser utilizado para cozinhar, queimar gravetos inúteis e destruir sujeiras. No entanto, se for mal utilizado, queima pessoas e casas, destruindo tudo o que toca. O homem rico que sabe utilizar o fogo traz progresso, gera calor e abrigo, torna-se um pequeno sol a iluminar os demais. Se, no entanto, só pensa em entesourar riquezas, sendo dominado pela cobiça, é queimado por este fogo que tudo consome. Neste caso, é mais fácil um rico passar pelo buraco de uma agulha do que entrar no reino de Deus.

As sessenta e poucas pessoas que estavam no jantar escutavam Yeshua falar com grande interesse. Uma delas fez, então, uma pergunta que de certo modo retratava a preocupação dos demais:

– Mestre, pergunto-lhe mais uma questão que me incomoda. Conheço sua obra meritória e desejo aliar-me ao seu grupo. Que devo fazer? Devo dar toda a minha fortuna aos pobres e segui-lo?

Yeshua respondeu-lhe incontinenti:

– Não sou ninguém para aconselhá-lo e muito menos poderia lhe dar alvitres sobre assunto tão importante. A fortuna é um bem que lhe foi dado por Deus para que seja usado em benefício seu, de sua família e de inúmeras pessoas que o servem e, por meio disto, tiram sua subsistência. No entanto, se você der um pouco de seu dinheiro para obras meritórias, seu coração poderá se alegrar, se der de bom grado, desde que a sua mão esquerda não saiba o que a sua direita esteja fazendo.

O ensinamento tornou-se excessivamente hermético e o jovem fez uma expressão de quem não havia entendido. Yeshua resolveu, pois, explicar de forma mais clara:

110 | A Saga dos Capelinos

– Há aqueles que dão óbolos e o fazem com jactância, para demonstrar aos demais homens como eles são generosos e bons. Não há amor na dádiva. Este tipo de caridade é inócuo ao espírito; não traz felicidade a quem dá. Portanto, para que haja mérito na ação, é preciso que o doador o faça por comiseração, sem que ninguém saiba e que não se ufane de um ato de amor.

O jovem, empolgado, voltou à carga e perguntou:

– Rabi, eu desejo ardentemente dedicar minha vida exclusivamente a Deus. O que devo fazer?

– O dinheiro exige esforço e tempo para ser bem administrado. Há homens que põem a riqueza na frente de qualquer outra coisa. A esses, o caminho do amor torna-se árduo, pois sempre irão ver o resultado de suas colheitas e os juros de seu financiamento na frente das demais coisas do mundo. Eles esquecerão a família, os filhos e os amigos, tornando-se escravos de sua ambição. Para esses, o reino de Deus é impossível de ser conquistado e não verão a glória de Deus tão cedo. Em verdade, em verdade, eu lhes digo: é mais fácil um camelo passar pelo buraco de uma agulha do que este rico entrar o reino de Deus.

O jovem, no entanto, não era tão apegado à sua riqueza, e Yeshua sabia disso. Havia falado dos ricos que se tornavam tão gananciosos que nada os demovia de seu caminho e usavam de todos os ardis e crimes para alcançarem seus objetivos.

Yeshua complementou sua alocução:

– Há, entretanto, aqueles que a riqueza faz parte de suas vidas e é utilizada com parcimônia e justiça. Mas, para se dedicar com absoluta exclusividade a Deus, é preciso que você se desfaça de sua riqueza. Mas saiba, antes de mais nada, que o fardo de Deus é leve e o Seu jugo suave. Aquele que quer ter a mente livre dos embaraços do cotidiano e se dedicar a Deus com exclusividade deve livrar-se de todo o peso, para ter o espírito leve para poder carregar o fardo dos outros. Servir a Deus é, antes de mais nada, servir ao próximo. Não se pode, neste caso, servir a Deus e à riqueza.

Yeshua notou que o jovem não desejava servir tanto assim a Deus, mesmo sendo um homem de caráter reto e moral ilibada. Assim, Yeshua ofereceu-lhe outro caminho:

– Deus não requer sacrifícios excepcionais de ninguém. Todos podem se dedicar às obras do reino de Deus sem ter que se desfazer de suas propriedades e de seus bens. Não há necessidade de distribuir seu dinheiro indiscriminadamente aos pobres, se assim não desejarem. O muito para muitos se torna pouco e em nada ajuda. Pelo contrário, coloque seus recursos a trabalhar por você, seja investindo em negócios rentáveis, seja abrindo oportunidades de igualdade aos demais.

Yeshua sentiu que havia esgotado o assunto. Qualquer outra frase seria se repetir e correr o risco de cansar a audiência. Terminou com um convite que lhe traria bons frutos:

– Sei que há muitos que desejam andar comigo nas estradas poeirentas da vida, e lhes digo que, neste caso, não é necessário ser pobre. É preciso apenas que seja um trabalhador incansável, pobre em ganância e orgulho, mas rico em amor para servir ao próximo sem restrições. Saiba que aceito todos os obreiros, sejam pobres, sejam ricos, e não peço que abdiquem de nada a não ser da ausência de fraternidade, da soberba, do orgulho desmedido e do desamor. Desde já, considere-se aceito em meu pequeno grupo de trabalhadores e estendo este convite a todos que desejarem labutar por um mundo mais justo, igualitário e próspero.

Um grande rebuliço tomou conta do ambiente. As pessoas ficaram surpresas com aquele profeta que não criticava a riqueza. Todos que vieram antes falavam mal dos ricos, dos poderosos, de forma indiscriminada. Yeshua era uma exceção. O que ele maldizia era a riqueza mal adquirida, mal usada, aquela que escravizava o homem, fazendo-o pensar somente na sua fortuna e nos meios de escravizar os demais ao seu falso poder. Não era o instrumento que era criticado, nem o usuário, mas a forma de usá-lo.

Havia uma mulher em Cesareia que fora casada com um homem bem mais velho do que ela. Fora um casamento arranjado pelo pai, bem mais pobre do que o lorde local de Magdala, uma cidade ao leste de Cafarnaum. O velho, que já havia sido casado, tinha quatro filhos homens do primeiro casamento e, não tendo filhas para lhe fazer companhia, preferiu adquirir uma jovem, de preferência prendada, para atendê-lo nos seus muitos caprichos, entre os quais os sexuais. Míriam casou virgem, com pouco menos de quinze anos, com um homem de quase sessenta anos, mais velho do que seu próprio pai, que ficara satisfeito em saber que sua filha nunca passaria fome enquanto vivesse.

O velho tratou-a bem e possuiu-a com gentileza e meiguice. Durante oito anos, a jovem dedicou-se ao velho, tendo por ele respeito, uma forma de amor – mais ternura do que paixão – e dedicação. No entanto, o tempo, sem nenhuma comiseração pelos vivos, devorou-o como a todos os filhos de Cronos, e o velho morreu. Míriam realmente sentiu o golpe. O homem lhe havia ensinado muitas coisas; a havia introduzido na sociedade; a havia levado para visitar locais famosos, como Roma, Atenas e Ierushalaim. Cumpriu os ritos fúnebres, assim como o luto de doze meses. Finalmente, com vinte e cinco anos, no topo de sua beleza, ela, finalmente, tornou-se uma mulher livre para fazer o que bem entendesse, com recursos herdados que lhe davam liberdade num mundo masculino.

Ela tinha cabelos castanhos quase negros, lisos com leves ondulações nas pontas, fartos e compridos. Seus olhos eram castanho-escuros, sua tez era levemente azeitonada, um tipo mediterrâneo, de uma beleza agressiva, com toques selvagens quando ria de forma franca, mas era meiga quando sorria com certa timidez. Tinha uma personalidade forte, marcante, com opiniões masculinas. Possuía voz sonora, cheia, um contralto pleno, que sabia dominar pela sonoridade e pela intensidade.

Após a morte do marido e do tempo de luto passado em Magdala, ela se mudou para Cesareia. Era recebida pelas amigas e convidada para as festas. Sua riqueza, herdada pela parte que lhe cabia do marido, era suficiente para viver às largas. Tinha um excelente

JESUS, O DIVINO MESTRE | 113

tino comercial e o fato de ser mulher não a impedia de ser respeitada e, até mesmo, temida quando começava a negociar. Os homens que, no início, a viram com certo descaso, logo notaram que ela sabia transacionar como poucos, atraindo-os para armadilhas comerciais. E, assim, com a compra e venda de bens, ela aumentava seu patrimônio.

Vendo-se livre e ainda na flor da idade, a viúva encontrou logo um homem disponível para satisfazer suas necessidades sexuais. Sua liberalidade, para a época, era motivo de criticas. No entanto, não queria se fixar com nenhum homem; não havia encontrado o amor. Deste modo, trocava de parceiro na medida em que o mesmo começava a acreditar que tinha direitos sobre ela. Ela era livre, independente e não desejava grilhões a prendê-la. Não se tratava de uma prostituta; não vendia seus favores. Nem de uma cortesã, pois não vivia para o sexo, mas o ato sexual era, para ela, um complemento da relação. Todavia, nada a satisfazia espiritualmente, pois considerava os homens néscios. Podiam satisfazê-la no leito, mas não tinham intelecto. Só sabiam se gabar de pretensas conquistas amorosas, comerciais ou guerreiras. Não tinham substância; eram vazios. Os homens, por sua vez, diziam que ela era possuída por sete diabos, pois não podiam controlar aquele furacão de personalidade indômita e altaneira.

A vida é feita de fatos controversos, sem grandes explicações. Joana, mulher tão pouco feminina, insossa, acabou se afeiçoando a Míriam de Magdala, e esta também se agradou da personalidade recatada, quase pudica, da nova amiga. Ambas não tinham marido; uma era viúva de fato e a outra por ausência do marido que preferia o contato com o poder e com outras mulheres levianas. Começaram se visitando e trocando impressões. Viram que tinham muito a permutar. Eram diametralmente opostas, mas sentiam-se complementares. Desta simbiose estranha, nasceu uma intensa amizade que jamais se dissolveria.

Míriam estava na recepção oferecida por Cuza a Yeshua e escutou aquele homem de maneiras calmas, polidas, nobres, senhoriais

114 | A Saga dos Capelinos

falar sobre riqueza, pobreza e trabalho. As duas mulheres ouviram o convite feito pelo mestre para arregimentar obreiros de boa vontade. Ora, que maior apelo poderia existir para duas mulheres insatisfeitas? Nos próximos dias, elas trocaram extensas impressões sobre o estranho galileu, sendo coadjuvadas por uma amiga comum chamada Suzana, mulher de riqueza incomparável, de idade perto dos cinquenta, cujo casamento mantinha-se graças à indissolubilidade dos liames matrimoniais, que também estivera na festa e conhecera o mestre. Seu marido, um arrogante saduceu, passava mais tempo na Grécia e em Roma. Ele frequentava a corte imperial e tinha grande influência junto à colônia judaica da capital imperial devido aos seus magníficos negócios de exportação de azeite de oliva e de sua imensa riqueza que lhe abria as portas do poder.

Míriam de Magdala, decidida em fazer uma experiência que catalogava como emocionante, decidiu se juntar ao grupo de Yeshua, e anelava que suas amigas a acompanhassem. Por que não? Que mal poderia advir? Não houve muito esforço para convencer Suzana, que não via o marido há mais de dois anos. Já Joana quis o beneplácito do esposo, o que viria a acontecer alguns dias depois. Ele ficou exultante diante da possibilidade de se ver livre daquela que representava empecilho a que levasse suas belas amantes para dentro de sua casa.

Cuza, intrigado com a doutrina de Yeshua, convidou-o para um encontro reservado. Almoçaram juntos na sua casa enquanto Joana providenciava o que fosse de melhor para os dois homens.

Cuza, após meia hora de conversa, em que nada falaram de importante, entrou finalmente no assunto:

– Ninguém me tira da cabeça que você pretende se tornar rei de Israel. Se isto vier a acontecer, o que você pretende fazer com Herodes Antipas e seus assessores? Serão mortos ou desterrados?

Yeshua sorriu das perguntas de Cuza. Até onde aquele homem sabia de seus planos e até onde era mera curiosidade de alguém que quer continuar agarrado ao poder, como um cão mordendo um osso?

JESUS, O DIVINO MESTRE | 115

– Você é um homem de grande perspicácia e tem uma visão arguta por pertencer ao poder. Como tal, julga os outros com base em seu próprio critério. Não o quero mal por isto, mas quem lhe assegura que desejo o trono de Israel? Quem lhe assegura que não desejo fazer minhas reformas com o apoio do atual poder constituído? Se eu tiver o apoio dos nobres, como já estou tendo, não vejo motivo para tomar o poder e tornar-me rei. Tudo que desejo é instituir o reino de Deus.

O tom ameno de Yeshua permitiu a Cuza retrucar:

– Sim, claro. Mas digamos que, por algum motivo fortuito do destino, os nobres e os romanos se voltem contra você. O que você fará? Reunirá o povo e o armará contra Roma e Herodes Antipas, ou voltará para sua terra e continuará a fazer curas?

– Tenho a firme intenção de implantar o reino de Deus. Usarei de todos os meios pacíficos para tal. Em momento algum, armarei a população contra Roma e contra o rei que eles colocaram no trono. Nosso povo já sofreu muito com revoltas, que fizeram com que os caminhos já estejam pontilhados de cruzes, mostrando que homens de bem morreram em sofrimento excruciante.

Cuza o atalhou gentilmente, perguntando:

– Sim, eu sei, mas o que lhe pergunto é: se Roma ficar contra você, como você reagirá?

– Não há motivo de temor. Roma e Herodes Antipas, assim como seu irmão Felipe, só terão a ganhar com minha reforma. O povo está ficando rico e pagando mais impostos. Por acaso, eu os incito à revolta? Não! Por acaso eu os incito a não pagarem os impostos? Não! Por acaso eu os incito a derrubarem Herodes Antipas? Não! Tudo que falo é que o reino de Deus está próximo e que temos que nos preparar para tal.

– Entendo, rabi, posso ver seu ponto de vista. Mas será que o reino de Deus não irá precisar de um rei?

– Sim, mestre Cuza, o reino de Deus irá precisar de um rei. Ele deve ser o filho de Deus, aquele que faz o que o Amantíssimo Pai ordena. Ele será o Príncipe da paz.

116 | A SAGA DOS CAPELINOS

– O Messias, então!

– Não são todos os homens messias? Não são todos os homens filhos de Deus, quanto mais quando obedecem às Suas sagradas Leis? Por que Herodes Antipas, ou Tibério, ou até mesmo Pôncio Pilatos não podem ser os Príncipes da paz? Tudo que se pede de um governante é que seja o representante de Deus na Terra e que aja como tal. Ele deve ter moral impoluta, ter amor pelo seu povo, especialmente pelos desvalidos e os miseráveis. Deve governar com proficiência e, ao olhar o povo, deve ver nele não uma massa de manobra, mas seres humanos com legitimas aspirações, feitos de carne e osso, que sofrem quando são mal tratados, que se alegram com as vitórias que alcançam e que também são filhos do mesmo Deus do próprio governante. Se qualquer um que estiver no poder agir dentro das leis do amor, ele será o messias, pois Deus há de ungi-lo com os santos óleos, abençoando-o e esclarecendo-o.

Cuza sentiu que não valia a pena continuar sua linha de interrogatório. Ele continuava a achar que Yeshua era um homem sagaz, de brilhante inteligência, que desejava o trono de Israel. Até acreditava que este homem almejava o poder por razões altruístas, mas que o desejava, disto ele tinha certeza. Cuza sorriu para Yeshua e mudou de assunto com sutileza.

– É uma visão interessante em que eu nunca tinha pensado. Mas eu lhe pergunto, rav Yeshua, o tempo que você passou no Egito deve ter lhe dado um conhecimento interessante. É verdade que os egípcios são versados em artes mágicas?

Yeshua achou até interessante mudar de assunto. Falar de tronos, de poderes e de Messias era um assunto perigoso. Aproveitou a pergunta sobre magias e trocaram alguns dedos de prosa sem maiores importâncias. No entanto, a conversa serviu para alertar Yeshua para o fato de que os poderes constituídos estavam de sobreaviso quanto a qualquer tentativa de sedição. E o preço da sedição era a morte na cruz.

***

Yeshua retornou a Guishala e continuou seu trabalho com seus vários grupos de cura. As três mulheres, Suzana, Míriam de Magdala e Joana, foram com forte escolta, aproveitando um deslocamento de uma centúria romana, comandada por um maduro centurião denominado Gabínio Publius, um dos mais antigos em serviço na Galileia e Judeia. O centurião precisava deslocar sua centúria até Ierushalaim; o Pessach estava próximo. Cuza, sabedor do fato e querendo proteger a esposa, solicitou a integração do grupo de mulheres à centúria de Gabínio.

A centúria estacionou nos arrabaldes da aldeia. Gabínio, que falava aramaico perfeitamente, com um leve sotaque latino, o que tornava a língua menos gutural, conduziu as damas até onde estava Yeshua. Gabínio estava acompanhado de um brutamonte impressionante. Era um gaulês, gigantesco, acima dos dois metros, de musculatura fantástica, louro, com bigodes fartos, olhos azuis um pouco inexpressivos, de rosto bonito, mas aparência bovina. Usava as roupas de legionário romano e era fiel somente a Gabínio. Chamava-se Godorevix, originário da tribo dos éduos, na Gália. Um hércules de força descomunal.

Yeshua os recebeu cordialmente. Ficou radiante em ter o concurso de sua prima Joana. Com polidez levou todos para dentro de uma casa confortável, onde um grupo de pessoas estava impondo as mãos. Gabínio ordenou com um simples olhar que o gigantesco gaulês montasse guarda, no que foi prontamente obedecido. O centurião ficou impressionado com a quantidade de pessoas que estava no interior. A casa tinha mais de setenta pessoas, perfeitamente acomodadas, aguardando a vez de serem atendidas. O centurião vistoriou tudo com olhar arguto e visitou os novos campos, onde os trabalhadores começavam a desenvolver um trabalho em conjunto. Gabínio ficou impressionado com a personalidade de Yeshua, e até mesmo o taciturno Godorevix dirigiu-lhe um sorriso ao se despedir dele.

O grupo de mulheres foi aceito. Elas eram tratadas como iguais em todas as atividades, responsabilidades e deveres. Também foram incluídas, por solicitação delas mesmos, nos grupos de cura.

118 | A Saga dos Capelinos

Yeshua descobriu, agradavelmente surpreso, que Míriam de Magdala era portadora de poderes psíquicos bastante desenvolvidos, mesmo que ela nada soubesse do fato. Yeshua observou que um espírito de aparência feminina havia se aproximado de Míriam de Magdala, e ele o perscrutou para conhecer suas intenções.

Ela era de uma beleza impressionante, quase agressiva de tão bela, parecendo fisicamente com uma persa; possuía cabelos bastos castanhos dourados, mas estava vestida com um sari indiano de cor de açafrão, com toques vermelhos e alaranjados, e tinha força mental superior. Este espírito se especializara em retirar almas perturbadas, dibuks, sofredores, que muitas vezes se acoplavam aos seres humanos vivendo a atmosfera existencial, transmitindo suas angústias, seus sofrimentos morais e físicos e as doenças que os levaram ao túmulo. Ela usava de força e de amor, com equilíbrio entre os dois de impressionar até um espírito acostumado com o mundo espiritual como Yeshua. Ela envelopava Míriam de Magdala nos trabalhos de exorcismo e usava a mente forte e amorosa dela, extraindo forças para ajudar as pessoas desvalidas. Yeshua a cumprimentou mentalmente, e ela retribuiu o cumprimento com o mais belo dos sorrisos.

A chegada destas três mulheres ricas acabou por solucionar um crucial problema financeiro, porquanto, com tantas viagens, Yeshua não tinha tempo de ser carpinteiro, o que lhe daria o sustento necessário para viver. Estavam sempre com pouco dinheiro para comprarem mantimento. Yeshua ficava grandemente preocupado com esse fato. Os lordes galileus eram bastante generosos, abrigando-os em suas casas, colaborando com recursos para viagens, especialmente comida e roupas, mas o grupo havia crescido demais e demandava cada vez mais dinheiro. As três mulheres trouxeram os aportes financeiros que lhes permitiriam alçar voos maiores, especialmente para a parte mais importante do mundo judeu, Yehudá – a Judeia –, e para a cidade mais importante para o mestre – Ierushalaim.

Eles ficaram em Guishala por quase um mês. Neste período, Yeshua teve a felicidade de ver que suas novas obreiras não só compraram víveres, como também participaram ativamente de todos os trabalhos. Joana era uma excelente enfermeira, demonstrando grande carinho pelos doentes, especialmente as crianças. Suzana trabalhava na organização da despensa e, junto com Yehudá Iscariotes, administrava o acampamento às bordas da cidade. Haviam preferido montar um grupo de tendas ao lado de um magnífico riacho do que ficar na casa de estranhos. A ideia fora de Suzana, que detestava importunar as pessoas. Yeshua concordou; tendas foram compradas e um acampamento colorido e agradável foi montado. No entanto, as casas de Guishala continuaram sendo usadas por Yeshua para suas curas e a formação de seu exército de curadores, profetas e impositores de mãos. Os resultados, usando as pessoas de Guishala, foram excelentes. Salomon havia comprado a liberdade de Lívila por um preço astronômico e ela havia se juntado ao grupo de trabalho de Tauma em Guishala, tendo chegado junto com as três mulheres, passando a integrar o grupo com galhardia.

De Guishala, Yeshua resolveu fazer uma excursão a várias terras e cidades vizinhas. Ele foi até Tiro, na Fenícia, retornando pela costa até Ptolemaida e subindo até Séforis e de lá retornando a Cafarnaum. Nesta excursão, em terras estrangeiras e na própria Galileia, ele foi se convencendo de que sua mensagem era para todos, mas, em seu plano original, somente interessava implantar o reino de Deus naquilo que fora Israel. No entanto, fez curas entre gentios e foi aclamado por muitos como um semideus.

A volta a Cafarnaum foi tranquila e seu grupo, agora com quase sessenta pessoas, já oferecia proteção mútua nas estradas desertas da Galileia. Shymon e André ficaram felizes em ver o mestre e o abraçaram; fazia três meses que não se viam. O chefe da sinagoga local, Jairo, um admirador de Yeshua, foi recebê-lo, e rezaram um trecho do salmo 110 – As obras do Senhor – para agradecer a feliz volta:

> *Louvarei o Senhor de todo o coração,*
> *Na assembleia dos justos e em seu conselho.*
> *Grandes são as obras do Senhor,*
> *Dignas de admiração de todos os que as amam.*

120 | A Saga dos Capelinos

Alguns dias depois, Shymon foi ter com ele, dizendo-lhe que, no outro lado do lago, os gerasenos desejavam vê-lo e perguntou-lhe se seria possível que ele fosse até lá. O mestre aquiesceu e combinaram ir de barco, num grupo reduzido, voltando no mesmo dia.

Embarcaram dois dias depois, de madrugada, e cruzaram o mar até a outra margem. O povo daquela localidade já os esperava. Foi recebê-lo com festas e honrarias. Yeshua aproveitou o fato de estarem todos nas margens do mar e fez um pequeno discurso, agradecendo a acolhida e anunciando que o reino de Deus estava chegando e que, em breve, todos os lugares da Galileia e Judeia estariam recebendo os positivos influxos de um estado de justiça, onde a igualdade entre os homens seria a maior tônica.

Desembarcou e o povo reuniu-se em volta dele, tocando-o e abraçando-o com alegria. Sua fama de grande taumaturgo o havia precedido em muito, e todos esperavam milagres e grandes curas. Num determinado momento, levaram à sua presença um homem jovem, que não passava dos vinte e cinco anos. Estava amarrado com correntes grossas e era puxado por quatro homens robustos. Mesmo assim, o louco apresentava uma ferocidade completa. Estava nu, sujo de excrementos e fedia horrivelmente. Um dos homens batia nele com um bastão grosso, enquanto um outro o segurava com uma vara em cuja ponta havia uma corda que estava amarrada no pescoço do infeliz. A qualquer tentativa de ataque, o homem puxava a vara e enforcava ainda mais o insano.

– Trouxemos este louco para que você o exorcize, pois ele é um perigo para todos. Quase matou uma criança e ataca os carneiros, tendo matado vários a dentadas. Mais parece um chacal do que um ser humano. Queremos que nos diga o que se pode fazer com ele.

Yeshua olhou para o infeliz e perguntou:

– Quanto tempo ele está neste estado?

– Ele nunca foi muito bom da cabeça, pois desde pequeno falava sozinho, demorou a andar e tinha ataques de loucura. Mas, depois que entrou na adolescência, ele tem se tornado um tormento para nós. É extremamente violento, só come dejetos, ataca as pessoas sem nenhum motivo e urra a noite inteira. Já pensamos em matá-lo, mas não encontramos ninguém disposto a fazê-lo.

– Não devem matar ninguém, muito menos um irmão infeliz como este.

Yeshua, que estava de posse de todas as suas faculdades de vidência espiritual, viu o que afligia o rapaz: uma malta de espíritos abomináveis. A simples descrição dessa caterva seria impossível, porquanto cada um tinha uma característica muito particular. Pareciam concorrer em algum concurso burlesco, na medida em que cada um se apresentava da forma a mais monstruosa e estranha.

O chefe da corja viu Yeshua e pôde notar que, ao seu lado, aproximavam-se mais de quarenta guardiões astrais fortemente armados. Reagiu imediatamente, agarrando-se ao infeliz, com todos os liames possíveis, ao mesmo tempo em que os demais obsessores pularam sobre o jovem, cada um procurando enredá-lo com fios de negra gosma proveniente de suas mentes.

Yeshua observava a uma distância de três metros o estranho amontoado de almas que se moldava em torno do rapaz. Enquanto isso acontecia, o endemoninhado, literalmente possuído por uma coorte de demônios, começou a urrar, agitando-se de modo frenético e jogando a cabeça para frente e para trás. Em segundos, o rapaz e suas dezenas de demônios foram rodeados pelos guardiões que davam ligeiras cutucadas nos espíritos com lanças que despejavam choques elétricos.

Os demônios atingidos desmaiavam, possibilitando sua retirada, mas um empecilho adicional estava acontecendo. Como eles se haviam agarrado ao jovem por meio de laços fluídicos, mesmo desmaiados, essas amarras ainda os prendiam ao rapaz. Obsessores e obsidiado estavam tão enredados que seria impossível levá-los embora, sem que o rapaz se desgrudasse deles por sua vontade própria. Mas o jovem estava totalmente dominado pelas mentes que se aferravam a ele de forma animalesca, como se fossem sanguessugas.

Enquanto o rapaz se debatia e gritava, as pessoas foram se aproximando; em todas as épocas, sempre há audiência para o es-

122 | A SAGA DOS CAPELINOS

cândalo. O ataque foi um dos maiores que ele já tivera, pois os diabos sentiam que iam ser retirados de sua presa. Nunca fora tão violento e selvático como aquele. Yeshua, seguindo orientações do chefe dos guardiões que ele via como se fosse uma pessoa de carne e osso, levantou as duas mãos e fechou os olhos.

Um forte jato de luz espiritual saiu das mãos de Yeshua e atingiu a região frontal do cérebro do rapaz que estava completamente embotado. O choque foi vigoroso e o endemoninhado estrebuchou de forma diferente, como se estivesse se livrando de todos os liames que o amarravam. As pessoas em volta olhavam para aquele estranho ritual. Agora, o rapaz estava ajoelhado, com o corpo curvado, e olhando fixo para Yeshua, uivando como um lobo na noite. O grito era estentórico e assustador. Yeshua continuava plácido e, com suas duas mãos levantadas, fazia chegar aos lobos frontais uma quantidade de energia de que homem normal nenhum era possuidor.

O povo estava quieto, seguindo os movimentos do taumaturgo. Yeshua virou-se para eles e disse:

– Desejo que vocês se unam a mim numa prece ao nosso infeliz irmão.

Todos, com rosto sério e contrito, se uniram a Yeshua que, de memória, recitou o salmo 142, sobre pesar, aflição e angústia:

> *Senhor, ouvi a minha oração,*
> *pela vossa fidelidade, escutai minha súplica;*
> *Atendei-me em nome de vossa justiça.*

Durante quase cinco minutos, as pessoas repetiram frase por frase citada por Yeshua. A maioria estava desatenta e pouco preocupada com o destino do louco, mas era algo novo, e novidade é do que o povo gosta.

Yeshua, que estava concentrado na mente do rapaz, tornou-se uno com o idiota. Toda a memória, inclusive a mais recôndita, mesclou-se como se fossem um só. Ele pôde, num átimo, saber tudo o que aquele rapaz fora em vidas passadas.

Era um antigo alambaque, um dos que relutaram ir para a Terra e que, por isso, foram levados à força, dominados pelos atordoadores psicotrônicos. Fora levado à Terra há mais de três mil e setecentos anos e, durante mais de quinhentos anos, enfiou-se nas furnas tenebrosas que eles mesmos criavam com suas mentes distorcidas. Depois, acabou por renascer, mas suas atividades foram cada vez mais nefastas. Quando falecia, voltava para as furnas infernais e lá se agrilhoava em seus crimes. Na grande revolta dos demônios que ocorreu na Terra, seiscentos anos antes do nascimento de Yeshua, ele estava entre os povos atacados pelos assírios.

O que havia sido benéfico para os outros alambaques de Capela, para ele, o pervertia ainda mais. Tornou-se cada vez mais cruel. Até que, depois de purgar trezentos anos em completa catatonia, renasceu entre os gerasenos. No entanto, como havia sido prisioneiro dos demônios – de origem terrestre –, eles o hipnotizaram e trançaram os vários complexos de culpa que ele tinha, desde Ahtilantê até a Terra – cerca de quatro mil anos de devassidão –, de tal forma que, quando um atuava, os demais atuavam concomitantemente. Deste modo, ele era possuído não por uma monoideia obsessiva, mas por diversas. Ele não era possuído por um "demônio" interior, mas por uma "legião". Sua loucura era rotativa e tornada viva por retroalimentação. Seu baixíssimo padrão vibratório havia atraído uma malta de indigentes espirituais que haviam se agrilhoado a ele de forma extraordinária.

O povo estava inquieto. Yeshua parecia estar em transe; sua expressão fisionômica era de grande dor, na medida em que sua mente perscrutava as lembranças do jovem. Estava tudo muito demorado e parado. O povo gostava de movimento e festa e, naquele caso, o taumaturgo estava sendo lento em sua ação.

Os espíritos estavam trabalhando freneticamente já há dez minutos. Uma parte da equipe espiritual sustentava Yeshua com energias sutis, enquanto outra, composta por mais de trinta seres espirituais, estava em plena atividade. O moço, subitamente, abriu os olhos, calmamente, com expressão quase beócia, entreabriu os lábios, mastigou sua saliva e deu um leve sorriso, cansado e imbecilizado.

Yeshua disse aos homens para retirarem as correntes e o pau que o segurava pelo pescoço. Fizeram aquilo com grande inquietação: e se o rapaz voltasse a ficar furioso? Yeshua garantiu que isso não aconteceria.

Levaram-no pelo braço, meio débil, meio acordado, para dar-lhe um banho e colocar roupas limpas, A mulher que se encarregou da tarefa, sempre acompanhada dos quatro desconfiados guardas, lavou-o, cortou seu cabelo bem curto, quase rente ao crânio, barbeou-o, tirando toda a barba, pois estava cheia de detritos, excrementos e piolhos. Vestiu-o com uma túnica e levou-o até onde estava Yeshua.

Era outro homem que adentrava a casa onde estava repousando um cansado taumaturgo. Yeshua perguntou-lhe, amorosamente, como estava passando. O homem, com grande esforço, respondeu-lhe, gaguejando:

– Bem, pela graça de Deus.

Ao pronunciar a santa palavra "Deus", o homem se comoveu, pigarreou, engoliu em seco e, lentamente, caiu prostrado de joelhos perante Yeshua e lhe falou de forma baixa, titubeante e surpreendente para quem esteve fora de si por mais de dez anos:

– Você que conhece minhas abominações, diga-me se Deus ainda me ama.

Yeshua respondeu-lhe prontamente, com os olhos invadidos por lágrimas:

– Deus o ama mais do que a todos. Pois você é o cordeiro que se extraviou e que foi achado e levado ao aprisco. Você é o filho pródigo que retorna à casa após séculos de ausência.

O homem desandou a chorar como se fosse uma criança e, soluçando, agarrou-se nas pernas de Yeshua, que afagou sua cabeça. O mestre disse-lhe, mansamente:

– Chore o quanto quiser; este é o pranto da redenção. Este é o momento de sua vida em que você abandona o caminho escuro do ódio para se dedicar às sendas luminosas do Senhor. Chore! Limpe seu coração e sua alma de toda a impureza; assim como a água limpa as sujeiras do corpo, as lágrimas purificam as nódoas da alma.

O choro do rapaz tornou-se mais calmo. Não havia ninguém na sala que não estivesse com o rosto banhado em lágrimas. Com o decorrer dos anos, o moço iria se revelar cada vez mais calmo e, mesmo tendo certa apatia, aprendeu a profissão de tecelão, ficando horas a fiar em sua roca, com a mente aprisionada em algum lugar do passado. Obviamente, sua verdadeira redenção só iria acontecer dentro de quase dois mil anos quando morreria num campo de concentração dos nazistas na Polônia, após passar por um martírio indescritível. No entanto, o grande momento de sua aurora espiritual, de sua longa caminhada em direção à Luz Divina, começou naquela manhã às margens do mar da Galileia, nos cariciosos braços de Yeshua de Nazareth.

Yeshua retornou da terra dos gerasenos no final da tarde. Conversou com alguns anciãos, vendo a possibilidade de trabalharem em conjunto, da mesma forma que haviam feito em Cafarnaum. Ficaram de falar com os principais senhores da região para obter o seu consentimento. Yeshua teria que retornar alguns dias depois para conversar com os nobres locais; estavam todos ausentes. No entanto, outros eventos iriam se precipitar, e ele não alcançaria êxito naquele rincão perdido.

Yeshua retornou da terra dos gerasenos perto de oito horas da noite. Nas margens, eles podiam ver a figura de Jairo que, inquietamente, balançava os braços. Quando o barco atingiu distância para ser ouvido, Jairo, o rabino da sinagoga local, começou a falar emocionado:

– Ó grande Deus, bendito seja! Vocês voltaram! Ó mestre Yeshua, minha filha está nas últimas. Só o senhor pode salvá-la.

Uma pequena multidão foi se formando em torno do barco. Alguns porque desejavam falar com o mestre – não havia hora em que ele não fosse importunado – e outros para receberem os homens que voltavam.

126 | A Saga dos Capelinos

Havia uma mulher que morava na terra da Samária, em Siquém, aos pés dos montes Ebal e Garizim. Ela sofria de sangraduras menstruais fortíssimas, além de corrimentos permanentes. Estava magra, quase cadavérica. Havia atravessado sozinha os perigosos caminhos até Cafarnaum, levando o triplo do tempo. Não tinha dinheiro e estava esfomeada. Nunca vira o mestre, mas ouvira falar de seus prodígios, e, portanto, munida de uma fé imensa, fez o caminho até Cafarnaum e esperou pela sua volta da terra dos gerasenos. Enquanto Jairo lhe pedia ajuda, ela, ouvindo o sacerdote chamá-lo de Yeshua, tomou-se de coragem e, vencendo as pessoas que estavam em volta do mestre, ajoelhou-se e tocou a fímbria de sua túnica, elevando uma prece muda aos Céus pela sua pronta cura.

Naquele instante, a pobre mulher atraiu para si uma extraordinária força espiritual que saiu do centro de força cardíaco de Yeshua. Ele se virou e viu a mulher agachada. Levantou-a e disse-lhe:

— Sua fé é maior do que à de qualquer um que eu conheça. Volte para sua casa antes que saibam de onde você é.

Ele dissera isto, pois os samaritanos e os galileus eram inimigos. A mulher corria risco de ser expulsa da aldeia de forma violenta e, quiçá, de ser ferida de morte.

Virando-se para Joana, Yeshua pediu-lhe que tomasse a mulher sob sua guarda e proteção. Ela, posteriormente, lhe contaria sua vida, suas agruras, a perda de seu filho e marido numa das revoltas camponesas e como os romanos haviam degolado o filho e crucificado o marido. Falou de seu fluxo sanguíneo, que ela não sabia se tratar de um câncer de colo de útero. Enquanto ela falava, os espíritos médicos a examinaram e detectaram a extensão do mal. Era irremediável. Ela não ficaria boa nunca; morreria em breve. No entanto, a sua imensa fé fez parar a sangradura, possibilitando que se fortalecesse e que se enchesse de esperança. Ganharia com isso uma sobrevida de alguns meses.

— Venha, mestre, corramos até minha casa; minha filha de doze anos está muito doente.

Naquele momento, uma das servas da casa de Jairo veio correndo avisar que sua filha havia morrido. Jairo ia entrar em completa loucura, rasgando suas vestes, quando Yeshua, avisado por um dos guias, disse-lhe:

– Não se desespere ainda. Vamos até lá, imediatamente.

O guia, chefe dos médicos espirituais, subordinado diretamente a Samangelaf, inteirou Yeshua da situação. A moça estivera com febre muito forte provocada por uma virose. O organismo reagira e a febre sobreveio como resultado da luta entre as defesas orgânicas e a malta de vírus. Num determinado instante, quando a febre estava alta, a moça tivera uma parada cardíaca.

Yeshua entrou na casa e só permitiu que o pai, Shymon, Yacob ben Zebedeu, Yochanan Boanerges e também a mãe estivessem no quarto. Ele colocou a mão no peito da criança e não havia batidas cardíacas. Abriu a roupa da menina, expondo seu peito ainda virgem, sem seios, e mandou que trouxessem um perfume qualquer. A mãe trouxe-lhe sândalo, com o qual ele friccionou vigorosamente o tórax da moça. Apertou o peitoral dela e insuflou ar em seus pulmões por meio de uma respiração boca a boca que escandalizou a mãe e o pai da menina, mas que, naquele instante, nada disseram, tendo fé nas articulações do taumaturgo. O processo levou mais dois minutos – a moça estava morta há oito –, quando Yeshua ordenou-lhe vigorosamente:

– Minha menina, levante-se. Lute por sua vida. Abra os olhos e respire.

Havia um certo tom de urgência na voz de Yeshua, porquanto ele fizera tudo o que o guia médico lhe dissera para fazer, até mesmo respirar dentro da boca da menina, fato que lhe era estranho, e não havia visto qualquer reação. Após ter chamado pela criança, a menina tossiu e abriu os olhos. Olhou em volta e, vendo a mãe, esticou os braços em sua direção, chamando-a com voz sumida. A mãe se precipitou e tomou-a nos braços. Os homens ficaram admirados com tudo aquilo. Mais uma vez, Yeshua trouxera uma pessoa do mundo dos mortos. Yeshua, no entanto, estava aliviado,

128 | A Saga dos Capelinos

visto que teve momentos em que pensou que a perderia. Virou-se para os que estavam presentes e disse-lhes:

– Não digam o que se passou aqui. Não expliquem esses preceitos, pois só podem ser ministrados por pessoas habilitadas.

Todos se calaram e nunca revelaram um método que, no futuro, seria banal, mas que, naqueles tempos, seria motivo de escândalo.

Os dias foram se passando e a notícia da ressurreição da filha de Jairo e vários outros milagres atraíram milhares de pessoas. Yeshua havia sido devidamente avisado por diversos mensageiros que a população de várias aldeias vizinhas pretendia visitá-lo, já que se aproximava a festa de Sukot – Tabernáculos –, e muitos já tinham expressado a vontade de conhecer o grande mestre de Nazareth.

Era o ano de 28 d.C., mês de Tishri, correspondente ao mês de setembro/outubro. O leve frio do outono tornava propícias as viagens e reuniões. Era uma das três festas da peregrinação, sendo que nesta celebração as pessoas iam morar em tendas para representar o tempo em que moraram nestas frágeis habitações no deserto do Sinai, após terem saído do Egito.

Era a primeira vez que haveria uma peregrinação desta espécie para Cafarnaum, porquanto o normal era as pessoas irem ao Templo em Ierushalaim. A cidadezinha não poderia aguentar cinco mil ou mais pessoas em suas ruas estreitas. Suzana havia previsto tal fato e comentou suas preocupações com Yeshua, que concordou com ela e sugeriu que, se tal multidão lá chegasse, o ideal seria que ele a recebesse nos morros que cercavam o mar da Galileia. Suzana, mulher precavida, também lhe informou que tal massa de pessoas deveria ser alimentada e isso seria uma excelente fonte de renda, já que não se podia esquecer que as visitas do mestre por toda a Galileia exigiam recursos. Yeshua disse-lhe que fossem feitos bons alimentos, cobrados a preços justos - ele nada tinha contra o legítimo comércio. Deste modo, as mulheres de Cafarnaum, lideradas por Suzana e Joana, prepararam peixes, pães e várias outras comidas que seriam vendidos aos peregrinos.

Yeshua esperava cinco a seis mil pessoas. Na manhã do décimo quinto dia do mês de Tishri, os grupos de peregrinos foram chegando e sendo encaminhados para um local não muito longe de Cafarnaum, num monte magnífico que oferecia uma vista deslumbrante de todo o mar de Galileia. Ao meio-dia, hora marcada para começar o discurso de Yeshua, havia mais de trinta e oito mil pessoas que se acotovelavam em torno da montanha. O número de visitantes superara em muito as melhores previsões.

Normalmente Yeshua se vestia com roupas comuns, coloridas, como era o normal. Raramente usava roupas brancas, típicas dos essênios e dos terapeutas. O branco, símbolo de pureza, não era a melhor cor para atravessar as poeirentas estradas da Galileia. Mas, naquele dia, ele se preparara a contento. Havia tomado um banho ritual, purificando-se, mesmo que não houvesse necessidade de tal. Havia pedido à mãe que preparasse a sua roupa branca e ele a vestiu, sentindo que havia emagrecido um pouco, pois ela estava mais folgada. Devidamente preparado e vestido a contento, foi para o monte para avistar-se com seus discípulos.

Yeshua, devidamente avisado da quantidade de peregrinos, passou entre as pessoas com seu seleto grupo. Passaram pela parte sul do morro e todos o olhavam com interesse. A maioria não o conhecia. Acharam-no alto e corpulento, como devia ser um guerreiro, pois muitos já falavam que ele era o tão esperado Messias. Outros diziam que era apenas um reformista inteligente, que estava elevando o nome da Galileia acima do da Judeia, transformando-a pela riqueza e opulência para tornar-se o centro da Terra. Já os maledicentes diziam que era um charlatão que vivia à custa de viúvas e mulheres, que frequentava a casa de publicanos, que se rodeava de prostitutas e fornicava com mulheres de vida fácil, tendo em seu *entourage* cobradores de impostos, loucos varridos, camponeses e pescadores beócios. Diziam também que ele estava se tornando extremamente rico com curas arranjadas, dízimos ilegais e uma doutrina obscura e quimérica.

Pouco depois da hora sexta – meio-dia –, Yeshua chegou ao topo do monte, olhou para baixo e concluiu que jamais havia visto tamanho agrupamento de pessoas. Sentiu uma ponta de medo; conhecia a crueza de seus concidadãos. Eram diretos. Se agradasse, seria ovacionado e carregado em triunfo. Se falasse uma heresia, seria apedrejado. Se ficasse falando de forma enigmática, que impossibilitasse a compreensão, seria abandonado no meio do caminho sem a menor complacência. Nunca havia se dirigido a tantas pessoas e orou ao Pai para lhe dar a devida inspiração.

CAPÍTULO 5

Naquele momento, um raio de luz intensa desceu sobre o topo da cabeça de Yeshua e ele nunca foi tão inspirado quanto naquele dia 15 de Tishri, na festa dos Tabernáculos. Naquele dia, Yeshua foi o medianeiro do governador espiritual da Terra.

Bem ao contrário da arenga odiosa do primo Yochanan que metia medo nas pessoas, ele iniciou com uma série de bem-aventuranças, doces e esperançosas.

– Bem-aventurados os que têm coração puro porque deles são os dias do reino de Deus!

"Bem-aventurados os que choram por causa da falta de justiça no mundo, porque serão consolados!

"Bem-aventurados os que mantêm o coração manso nas procelas da vida, porque possuirão a terra!

"Bem-aventurados os que têm fome e sede de justiça, porque serão saciados!

"Bem-aventurados os que sofreram e souberam manter o coração leve, porque verão a Deus!

"Bem-aventurados os pacíficos e todos que lutam contra as guerras e as violências porque herdarão a terra quando ela for pacífica!

"Bem-aventurados aqueles que foram injustamente perseguidos, condenados, caluniados e falsos testemunhos foram contra

132 | A SAGA DOS CAPELINOS

si levantados, porque estarão pagando à Lei o último ceitil de uma pesada dívida passada!

"Alegrem-se, porque se aproxima o dia em que poderemos lutar contra as injustiças, dividir o nosso pão entre nós e deitar a cabeça para dormir sem termos medo de acordar sem nada!"

A multidão se aproximava para escutar a figura majestática de Yeshua. Alguns achavam que ele brilhava como um sol, outros acreditavam que sua voz ressonava no interior de suas cabeças como se ele estivesse a um metro de distância. Cada um o via como seu coração desejava. Não se tratava de mágica, mas apenas a interpretação que cada um fazia dos eventos. Havia os espiões infiltrados que anotavam cada palavra para dissertarem posteriormente aos seus chefes de modo truncado.

– Ouçam-me e saibam que cada ser humano é de vital importância para o bem-estar da Terra, assim como para a consecução dos desígnios de Deus. Vocês são o sal da terra. Se o sal perder o sabor, com o que lhe será restituído o sabor? Para nada mais serve senão para ser jogado fora e calcado pelos pés dos homens. Saibam que vocês são a luz do mundo. O homem, à frente de todos os animais, deve guiar este mundo para ser um lugar de justiça e de oportunidades. Assim deve ser a luz dos homens, iluminando os caminhos daqueles que se perderam na escuridão do ódio, do desentendimento, da ganância, da soberba e da violência.

Yeshua sabia que havia muitos homens ali presentes que achavam que ele estava instituindo uma nova religião em detrimento da antiga. Não era a sua intenção fundar uma nova religião e, portanto, ele disse:

– Não pensem que vim abolir a Lei. Pelo contrário, minhas ideias são para consolidá-la e levá-la à perfeição. Em verdade, eu lhes digo que passarão a Terra e o Céu antes que eu proponha uma alteração sequer na Lei. Aquele que violar um dos mandamentos, por menor que seja, e ensinar aos homens de forma errada não será admitido nos Céus antes que tenha consertado seu erro e pago toda a sua dívida até o último ceitil à Justiça Divina. No entanto, é preciso que a Lei seja obedecida no coração, nem tanto pelos seus dizeres. A palavra escrita tem como função fazer os homens recuperarem a memória no momento em que a leem, mas não deve ser levada até as raias do absurdo. Deve haver bom senso na interpretação da Lei, sem o qual tornar-se-á má e contra a natureza dos homens.

Yeshua estava em pé e andava lentamente, virando-se para todos os lados para dar possibilidade de que os demais também o vissem. Ele continuou sua exposição:

— Todos já ouviram o que foi dito aos antigos: não matarás; mas quem matar será castigado pelo juízo do tribunal. Mas eu lhes digo que todo aquele que se irar contra seu irmão será castigado pelo maior dos tribunais: sua própria consciência. Se você não se reconciliar com seu desafeto, ele viverá em sua memória para atormentá-lo como um dibuk e só se despregará de você na hora em que procurar a reconciliação com ele. Corre, então, e, antes de oferecer as pombas ao sacrifício, estende a mão ao seu irmão. O mesmo digo para qualquer adversário que vier a ter ou que já tenha tido. Procura-o e faze um acordo para que ele não o leve às barras do tribunal e o juiz o mande prender. Em verdade, eu lhes digo que não sairão da prisão de si próprios enquanto não tiverem pagado toda sua dívida à sua consciência, lídima representante da Justiça Divina.

Yeshua sabia que para aquele povo ignorante era necessário repetir os ensinamentos, sem o que não captariam a mensagem. Deste modo, repetiu a mesma comunicação falando do adultério, um tema tão recorrente quanto atual. Falou sobre os falsos juramentos. No entanto, nada falou sobre o divórcio, tendo sido tema interpolado muito séculos depois para a conveniência de alguns.

— Não jure em falso, mas também não jure de modo algum. Sua palavra deve ser reta para que os que tratam com você saibam que, se você disser sim, é sim e, não, é não.

Naquele ponto seu ensinamento era tipicamente essênio.

— Muitos falam de uma justiça severa, que dita: "Olho por olho, dente por dente". Mas eu lhes digo que essa é a justiça dos maus que só sabem se vingar. Digo-lhes o inverso: que devem sa-

134 | A Saga dos Capelinos

ber perdoar os que os traem, os que lhes roubam, os que usam de má-fé para com vocês. Digo-lhes que devem ser superiores aos criminosos e saber amar seus adversários. Se procurarem se vingar, tornar-se-ão semelhantes aos bandidos e assassinos que atacam na calada da noite. Confiem na maior de todas as justiças, sem o que vocês se tornarão indignos de qualquer bem-aventurança.

As pessoas o olhavam com certa desconfiança. Tratava-se de um povo feroz, que costumava desforrar-se pelas menores coisas. Tal doutrina ia contra o bom-senso; uma pessoa precisava se proteger contra os ataques dos predadores humanos. O profeta exagerava ou era apenas uma figura de retórica? Yeshua sentiu tal animosidade e respondeu-lhes, quase a seguir:

– O homem deve estar precavido contra as feras. Não deve, portanto, andar nos bosques sem estar devidamente preparado. Se uma fera o atacar, ele deve se defender, mas não ir ao seu covil atiçá-la. O que eu desejo que vocês entendam é que devem saber perdoar as ofensas, as grosserias, as agressões das pessoas de bem que os atacam. Antes de julgarem o motivo e se tornarem inimigos daqueles que foram seus amigos, conversem e saibam perdoar. Muitos mal-entendidos acontecem nas suas mentes e nem sempre existem na vida real. Troquem ideias e saibam ser superiores aos seus ofensores. Todavia, se o crime cometido for de natureza grave, peço-lhes que se abstenham da vingança. Saibam sublimar sua dor e confiar na justiça humana. Se ela é falha, deixem para a Justiça Divina, pois ela não erra jamais.

Yeshua, para completar seu raciocínio, sabendo que os am-ha--arez – camponeses simples – eram duros de cabeça e de coração gelado, argumentou mais uma vez:

– Os antigos diziam que poderiam amar seu próximo e odiar seu inimigo. Pois eu lhes digo que isso será motivo de perpétua guerra. Digo-lhes que há uma moral maior que exige que vocês amem seus inimigos, façam o bem a quem os detesta e orem pelos que os maltratam e perseguem. Vocês dirão: "Que estranha doutrina esse homem prega! Será que é contra a natureza?". Pois eu lhes digo que Deus faz o sol nascer para bons e maus, faz chover

JESUS, O DIVINO MESTRE | 135

sobre as terras dos iníquos e dos probos, dá oportunidades semelhantes aos injustos e aos justos. Se Deus demonstra equidade, por
que devem vocês somente amar aquele que lhes é caro? Isso, já
fazem os assassinos, os perversos e os ignóbeis, pois eles também
amam seus filhos. Sejam, portanto, superiores a eles. Procurem ser
perfeitos como o é o nosso Pai Celeste, porque vocês são deuses.

Yeshua já havia dado a sua mensagem. Sua mente superior sabia que de nada adiantava, de imediato, para aqueles ignaros, mas
também, como bom mestre, sabia que a lição só era aprendida por
insistência e repetição. Aqueles 'alunos' teriam que repetir a lição
algumas dezenas de vezes antes de se convencerem de que o mestre estava certo. Ele os olhou com respeito e afeição e prosseguiu
num outro tema que ele sabia que os preocupava.

A maioria pobre ficava envergonhada com suas dádivas ao
Templo, especialmente quando via os ricos darem seus óbolos
com jactância e pompa. Na sua modesta forma de ver, acreditavam
que Deus só via a esmola dada ao indigente quando ofertada com
alarde e as preces só seriam atendidas quando o peticionário o fazia com estardalhaço, demonstrando publicamente sua bondade,
louvando-se até não mais poder.

– Guardem-se de fazer suas boas obras diante dos homens. Se
o fizerem é para seu próprio mérito e satisfação. Se derem uma
esmola com alarde, não será para ajudar o pedinte, e sim para glori-
ficarem-se perante os demais homens. Saibam que isso não tem valor perante Deus; ele julga as intenções dos homens. Há, também,
aqueles que vão à sinagoga e falam alto, dando seus óbolos com ostentação e, cheios de si, proferem seus nomes em alto volume como
se Deus não estivesse em todos os lugares e tivessem que chamá-lO
para ver suas obras de pouco valor. Em verdade, eu lhes digo que a
sua esmola, por menor que seja, é maior do que a mais importante
de todas, se for dada com amor. Pois o amor é a medida de tudo.

Yeshua conhecia seu povo, sabendo que a maioria não sabia ler
e não conhecia os salmos, de onde poderia tirar belas preces. Por
sua vez, ele sabia a importância da oração. Há duas atividades que se

136 | A SAGA DOS CAPELINOS

conjuminam quando alguém ora. Uma é a de que esse alguém se mobiliza por inteiro para alcançar o que deseja. A outra é a de que sua prece quase sempre é ouvida por guias espirituais que, se puderem, ajudarão o solicitante. Por isso, a prece é um poderoso meio de mobilização interior. Como Yeshua sabia disso e desejava que as pessoas tivessem mais confiança em sua própria capacidade de agir, orientou:

– Procurem orar ao Altíssimo e se surpreenderão com a força que reside em seu interior. No entanto, não façam como os perjuros que rezam de pé na frente do Templo ou nas ruas, falando alto e gesticulando muito. Procurem um lugar quieto na sua casa, fechem a porta e rezem com fervor. Procurem rezar em segredo, e Deus, que vê o que está oculto no coração dos homens, notará a sua sinceridade e a recompensará. Nas suas orações, procurem ser simples e diretos. Concentrem-se no que desejam e esqueçam os longos palavrórios, como fazem os pagãos.

Naquele ponto, Yeshua usava da técnica de dar comandos simples à própria mente críptica de forma a obter resultados. A mobilização do ser para a obtenção de um objetivo exige uma força interior muito grande. Deste modo, a mente críptica, sendo ativada de forma simples e direta, irá transmitir essa necessária energia para se atingir o objetivo colimado.

– Eu lhes darei um exemplo de como podem rezar todos os dias para atingirem os objetivos de sua renovação interior. Digam:

Pai Nosso que estais no céu,
santificado seja o Vosso nome;
venha a nós o Vosso reino;
seja feita a Vossa vontade,
assim na terra como no céu.
O pão nosso de cada dia nos dai hoje;
perdoai-nos as nossas ofensas,
assim como nós perdoamos aos que nos ofenderam;
e não nos deixeis cair em tentação,
mas livrai-nos do mal.

– Pois eu lhes digo que, se vierem a perdoar o seu próximo das eventuais ofensas que ele pôde ter-lhes dirigido, vocês também serão perdoados das suas próprias. Mas é também importante que vocês saibam perdoar suas próprias falhas, procurando não se culparem em demasia. Procurem, ao invés disso, consertar o erro e se aprimorar, arrependendo-se sinceramente dos erros e trabalhando para sua reconstrução interior. Procurem conhecer a si próprios e, desta forma, tornar-se-ão dignos de serem chamados de filhos de Deus.

Para solidificar a ideia de que é preciso uma modificação interna e não apenas externa, Yeshua disse-lhes:

– Darei outro exemplo de como vocês devem se comportar. Vejam aqueles que jejuam. Tomam sobre si uma carantonha como se estivessem carregando os pecados do mundo e se mortificam publicamente. Não o fazem para si, e sim para mostrar ao resto do mundo como são dignos e sobranceiros. Não é isso que faz o homem ser superior, mas suas atitudes interiores. Quando jejuarem, tomem banho, perfumem suas cabeças, coloquem uma boa roupa limpa e andem com um sorriso no rosto para que ninguém saiba que jejuaram. O jejum só interessa a você, e só você será recompensado pela leveza de seu corpo e do seu espírito.

Yeshua desejava tocar num ponto importante de sua doutrina, que era o apego desmedido às coisas materiais. A maioria das pessoas procurava entesourar riquezas, seja enterrando-as em lugares ermos, seja guardando-as em locais secretos. Isso lhes dava a falsa segurança de que, se um viessem a precisar dia, teriam este dinheiro disponível. Por outro lado, suas casas estavam em estado miserável; suas roupas, uns farrapos; seus filhos, mal alimentados. Havia ganância, avareza e mesquinharia que precisavam ser combatidas. Mas, por outro lado, era preciso ser cauteloso, porquanto a poupança podia também ser previdência: uma reserva financeira para os dias difíceis da velhice ou de doença inesperada. Portanto, era preciso apresentar sua doutrina com clareza para que não houvesse confusão entre avareza e previdência.

138 | A Saga dos Capelinos

Yeshua fez uma pequena pausa, olhou para o outro quadrante da montanha ocupada por milhares de pessoas e disse:

– Um conselho eu lhes dou: não entesourem riquezas na terra, que a ferrugem e as traças corroem, que os ladrões cavam e de onde roubam. Procurem, pelo contrário, usar esta riqueza para melhorarem suas vidas. Alimentem melhor seus filhos: eles estão magros e os rostos encovados. Construam casas melhores: seus tetos ameaçam desabar e os quartos são pequenos demais. No entanto, mesmo que Deus seja um Pai atencioso e amoroso e providencie tudo, é preciso também colocar a riqueza para trabalhar. Deus, em Sua infinita sabedoria, colocou todas as coisas da natureza para nosso uso, mas é preciso saber usá-las; senão, destruiremos a obra de Deus. A natureza, no entanto, irá se tornar uma terrível madrasta e irá nos destruir também. Portanto, usem suas riquezas para darem felicidade a si próprios e aos demais homens. Deem-lhes oportunidades de trabalho e eles prosperarão por si, retribuindo com ainda mais riqueza.

Yeshua fez uma pausa e prosseguiu:

– Saibam que não devem se preocupar em excesso; se fizerem tudo que deve ser feito, Deus proverá. Vejam as aves no céu que não plantam e não lhes faltam alimentos. Admirem os lírios do campo que não fiam, nem tecem, mas se vestem de mais beleza do que o rei Salomon jamais conseguiu, mesmo em seus dias de maior glória. A preocupação excessiva trará a todos doenças e angústia. Agirá em seus interiores como um inimigo de suas intenções, carcomendo suas forças. Tenham fé em si próprios. Digam que são capazes e que poderão realizar qualquer coisa com a ajuda de Deus. Procurem o reino de Deus, com Sua justiça. Deem oportunidade de trabalho e de educação para todos, pois este é o tesouro que as traças não corroem nem os ladrões roubam. Procurem a iluminação interior pelo trabalho, pelas boas obras, pela ajuda fraterna e pelo amor a todos os seres e seus olhos passarão a ver um mundo maravilhoso, que desconhecem. O olho é a luz do corpo. Se o olho é sadio, todo o corpo é estruturado de belas luzes. Mas, se deixarem as trevas tomarem conta de suas mentes, o olho se tornará cego e não poderão enxergar mais nada a sua frente a não ser o motivo de seu ódio.

"Há muitas coisas a serem ditas. Mas cada coisa virá no seu tempo. Desejo lhes dizer que é importante que sua conduta seja perfeita; só assim poderão se considerar filhos do Altíssimo. Deste modo, não julguem as pessoas levianamente para não serem julgados da mesma maneira. Todos nós somos imperfeitos e não podemos mandar tirar o cisco do olho de nosso próximo quando temos uma trave no nosso. Seria preferível tirar aquilo que nos impede a visão e daí, com os olhos claros, ajudarmos o nosso irmão a tirar o argueiro de sua vista."

Yeshua virou-se para o outro lado da plateia que o circundava.

– As coisas santas devem ser protegidas. Não as discutam de forma acalorada nem façam disso motivo de dissensão entre vocês. Há aqueles que creem em Deus de uma forma e outros que O veem de outro modo. Que seja! Não é motivo para matar, trucidar, aleijar ou sequer arengar, se as opiniões não coincidem. A luta sobre coisas santas é abominável para Deus, porque Ele não deseja guerreiros de Sua causa, se isso significar a mais leve das ofensas às suas criaturas. Podem lhes ser estranhas essas palavras, mas o Pai também é o criador dos gentios, dos pagãos e de nossos inimigos. Se não fosse, quem os teria criado? Pensem bem e ouçam minhas palavras: a erudição santa deve ser protegida das discussões inúteis. São como pérolas de conhecimento que não devem ser jogadas às feras, pois elas pensarão que são pedras e as atacarão.

Yeshua tinha, por sua vez, uma pérola de conhecimento que ele desejava transmitir aos homens. Era sua regra dourada de comportamento e ele a expôs assim:

– Deus é o nosso Pai que está no Céu. Ele vela por nós e nos incentiva à mudança interior de tal forma que possamos um dia conviver com Ele em perfeita harmonia. Para tal, muitos são os chamados, mas poucos são os que escutam o chamamento. Muitos se fazem de moucos, outros de desentendidos. Quando chega a hora da morte, aí então se horrorizam com a possibilidade de serem enviados ao fogo do Gehenom e gritam: 'Senhor, Senhor'. Ouçam minhas palavras, pois nem todos que gritam serão atendidos. A porta que conduz ao Pai é estreita e o caminho cheio de espinhos. Por outro lado, o caminho para a perdição é largo, cheio de falsas alegrias, mas nos leva a um indizível sofrimento. Se desejarem o conhecimento e a melhora interior, peçam e lhes serão dados, bastando que se esforcem para obtê-los. Deus é Pai e os atenderá em tudo o que for conveniente para vocês. Saibam que todos que batem à porta serão recebidos, assim como todos que buscam encontrarão o que procuram. Quem dentre vocês dará uma pedra ao filho faminto que pede pão? Se nós, que somos imperfeitos, somos misericordiosos com nossos filhos, quanto mais será Deus, que é perfeito! Mas, para que vocês conheçam o caminho certo, usem uma regra simples de comportamento para com os outros homens: tudo o que quiserem que os homens lhes façam, façam também a eles. Com isso, evitarão errar.

Yeshua sentiu que sua audiência começava a cansar. Eram homens simples que precisavam deglutir esses ensinamentos complexos. Ele procurara falar de prosperidade, dando-lhes alento e força íntima, mas não os queria mesquinhos, taciturnos, desconfiados e avaros, pois esta era a característica principal daquele povo tão sofrido por guerras, deportações e derrotas. Ele precisava terminar sua preleção; a fome já apertava e o cansaço era visível no rosto das pessoas. Havia tanta coisa a falar, tanto a explicar, mas não havia mais condições adequadas para tal. Era preciso dar um fecho àquilo tudo; portanto, Yeshua arrematou:

– Aquele que ouviu minhas palavras e as puser em prática é semelhante ao prudente construtor de uma casa que a constrói sobre a rocha. Vêm as chuvas, os rios transbordam e nada derruba a construção. Já aquele que ouve minhas palavras e não as cumpre é como o insensato que edifica sua vida na areia. Na primeira enxurrada, ele se vê arruinado e grande é sua desgraça.

Yeshua levantou os dois braços ao céu e falou com autoridade:

– Oremos ao Pai Altíssimo para que todas essas palavras sejam como sementes a caírem em terreno fértil e encontrem em seus corações o lugar certo para germinarem. Que assim seja!

Tauma, que estava ao seu lado, procurava se lembrar de cada palavra do irmão, pois queria transcrevê-las na íntegra, mais tarde. Ele parecia que estava ligado mentalmente a Yeshua e a uma força dominante superior, pois iria conseguir guardar quase tudo, sem profundas alterações de sentido. Precavido por Yeshua quanto ao perigo das palavras, ele teria sempre cuidado enorme para não distorcer em demasia o que entendera.

Assim falando, Yeshua baixou os braços e virou-se para Shymon. Os seus amigos mais próximos o abraçaram. Naquele momento, Shymon, sempre preocupado com a multidão, virou-se para Yeshua e perguntou:

– Como iremos alimentar essa gente toda?

– Não se preocupe, pois as mulheres já estão providenciando; elas foram previdentes e fizeram comida suficiente.

– Senhor, que eu saiba fizeram comida para menos da metade do que está aqui.

– Alimentaremos todos. Não se preocupe.

Realmente, as mulheres haviam feito muitos quilos de peixes, mas a necessidade era bem maior. Quando viram a quantidade de pessoas, Suzana arrematou todos os peixes da redondeza, comprando-os das casas de Cafarnaum. Ela os dividiu em várias partes, após a retirada da cabeça, do rabo e da espinha central. Cortou as laterais em postas e as dividiu, por sua vez, em fatias, obtendo de cada peixe médio oito postas e dos grandes, vinte. Fritaram os peixes em grandes frigideiras, no sopé da montanha, enquanto Yeshua discursava. O cheiro do peixe evolou-se e atingiu a narina de todos, aumentando a fome.

No final da pregação, a multidão esfomeada desceu a montanha e comprou todas as postas de peixe frito, assim como pães, bolinhos, assados de pernil de carneiro, guisado de carne de cabra e tudo o mais que havia para comer. No futuro, as lendas sobre Yeshua contariam o fato como o milagre da multiplicação dos pães. Este milagre tem como símbolo a ideia de que o Messias também sacia a fome, um dos mais terríveis Cavaleiros do Apocalipse.

142 | A Saga dos Capelinos

Os futuros seguidores dirão que o Salvador é o pão da vida e só ele pode multiplicar a vida no interior dos seres. Mas a verdade é que a diligência de Suzana salvou o dia e a arrecadação foi excelente para cobrir as futuras despesas de viagem.

Quando Yeshua desceu o morro, ficou agradavelmente surpreendido pela presença de seu irmão Shymon e de sua mulher. Ele que fora contra Yeshua, sempre vendo no irmão motivo de escândalo, acreditando que ele era louco, estava com o ar contrito. Yeshua, ao vê-lo, aproximou-se, dando-lhe o mais belo de seus sorrisos luminosos.

Shymon desmontou como se fosse um boneco de palha que perdesse o apoio. Caiu de joelhos no chão e com os olhos rasos d'água começou a chorar copiosamente. Yeshua tentou levantá-lo pelos braços, falando-lhe doces palavras de consolo, mas Shymon estava chumbado à terra. Yeshua ajoelhou-se e abraçou, comovido, o irmão.

Passados os primeiros momentos de comoção, Yeshua finalmente conseguiu levantá-lo, perante os olhos aturdidos dos presentes, que nada entendiam daquela cena aparentemente extemporânea. Shymon, já mais senhor de si, começou falando baixo:

– Perdoe-me, meu irmão. Durante anos tive você em má conta. Achava que você era louco e que vivia se gabando de seus poderes. Poderes esses que eu não acreditei que tivesse. Eu o via como um preguiçoso que fugira do trabalho duro da carpintaria para se divertir pelo mundo.

Yeshua o interrompeu:

– Não diga mais nada, meu irmão. Não é necessário pedir perdão, pois não sou ninguém para perdoá-lo. Nunca tive rancor de você.

Mas Shymon tinha coisas em seu coração e redarguiu, com certa insistência:

– Não, Yeshua. Escute o que tenho a lhe dizer, pois não estou sendo movido apenas por arrependimento, mas também por uma força poderosa que me fez largar tudo em Nazareth e trazer minha mulher comigo, deixando meus filhos ao encargo de minha sogra.

Yeshua meneou a cabeça em assentimento. Era preciso deixar o irmão falar.

– Comecei a escutar pessoas falarem de você e não acreditei. No entanto, uma semana atrás, após muito refletir, senti que estava errado em relação a você. Nunca o tinha entendido nem lhe dado oportunidade de me esclarecer a natureza de sua missão. Pensei muito e concluí que você não é apenas um grande taumaturgo, mas muito mais, pois estou convencido de que você é o Messias.

Yeshua surpreendeu-se com a afirmação do irmão.

– E como chegou a esta conclusão? Não tenho deixado ninguém divulgar tal fato, pois ainda não me encontro forte suficiente para declarar isto em público.

– Quando eu estava meditando, no recesso do meu lar, sozinho no meu quarto, sobre tudo o que aconteceu na nossa família, nossas idas e vindas, seu exílio em Alexandria e o de Tauma em Caná, constatei que você foi preparado pelos poderes do Céu para se tornar um grande homem, um ungido, um mashiah. E, quando tive esta certeza, uma luz brilhante apareceu e disse: "Shymon, vá a Cafarnaum e encontre-se com Yeshua, seu irmão. Tome-lhe as mãos, beije-as e caminhe com ele, pois teu sincero arrependimento e tua piedade te salvaram. Para assegurar-lhe de tua honestidade de propósitos, conte-lhe tudo que estamos falando e apenas repita uma única palavra, pois ele saberá o que significa: Xaosiante".

Yeshua escutou a palavra e acreditou na veracidade do irmão, pois ele não sabia que Xaosiante era o nome que Mithra iria tomar quando renascesse. Ele havia ouvido a história de Xaosiante quando estivera na Parthia, e os seus amigos Balthazar, Melchior e Vindapharna o chamavam assim. Daquele dia em diante, Shymon ben Yozheph passou a ser um dos discípulos de seu irmão Yeshua, sendo mais conhecido pelo cognome de o pio, ou Shymon o zeloso, pois poucas pessoas eram mais fiéis cumpridoras da Lei do que ele.

Alguns dias depois do que viria ser conhecido como o Sermão da Montanha, Tauma veio tirar algumas dúvidas com Yeshua. Aproveitaram um raro momento em que puderam se encontrar a sós. Tauma queria mostrar-lhe as principais passagens que ele ha-

144 | A Saga dos Capelinos

via captado e escrito em seus rolos de pergaminho. Durante alguns minutos, Yeshua retificou uma ou outra palavra, mas Tauma havia captado, no todo, a essência de sua alocução.

No final, quando já tinham acabado de corrigir eventuais discrepâncias, Tauma, intrigado, perguntou a Yeshua:

– Yeshua, estou preocupado com nossa doutrina.

O mestre olhou-o interessado e com o olhar demonstrou que queria saber o que preocupava seu gêmeo. Tauma prosseguiu:

– Acho nossa doutrina extremamente difícil de ser seguida. Ela exige uma enorme força de vontade por parte das pessoas. Modificar-se é um ato muito complexo. A maioria nem sequer se dá o luxo de se conhecer intimamente e, quando o faz, seus erros viram acertos, seus pecados sempre encontram justificativas e seus crimes, quando existem, são explicados à luz de circunstâncias que a constrangeram àquela atitude. Como gente desta natureza, que não vê mácula em seus corações, poderá desejar mudar, se acha que não há nada para mudar?

– Bem posto, Tauma, bem posto. Nossa doutrina deve ser espalhada pelo mundo como benfazeja água a aspergir os secos corações humanos. No entanto, nem todos serão atingidos por esta chuva. Alguns correrão para se abrigar, enquanto outros já se encontram protegidos. Outros ficarão molhados e se secarão, maldizendo a chuva. Em suma, muitos poucos aproveitarão para se lavar e, com isto, se prepararem para vestir novas roupagens de luz. O que fazer?

Tauma meditou alguns segundos e voltou à carga:

– Eu não tenho dúvida de que nós estamos no bom caminho e na boa luta. Mas é triste saber que poucos serão os que irão se aproveitar disto.

– Deus quando fez o sol sabia que seus raios iriam cair sobre a cabeça dos bons e maus. Nem por isto Ele, em Sua sapiência infinita, delimitou os raios dourados somente para aqueles que seguem sua Lei. Ele não estabeleceu que sobre os maus cairiam trevas perpétuas e sobre os bons, os raios do sol. Não! Ele o faz brilhar diariamente, repetindo tal fato sem cessar, sem faltar um dia sequer, para iluminar todas as Suas criaturas. Aquele que hoje vive nas sombras e nas trevas, amanhã, encontrará o sol radiante a lhe fornecer luz. Num dado dia, ele sairá das trevas e aproveitará o sol que brilha e o convida diariamente a um banho de luz.

Tauma, no entanto, preocupado, perguntou a Yeshua:

— Será que nossa missão, vitoriosa ou fracassada, irá permitir que seus ensinamentos possam continuar vivos para iluminar os homens de hoje e do futuro?

Yeshua respondeu-lhe, sem sequer pensar, tão certo estava em relação à sua missão:

— Se eu vim da parte de Deus, minha mensagem há de prevalecer, pois, na verdade, eu lhe digo que só repito aquilo que Deus me insufla a falar. Se, no entanto, minha mensagem não vem de Deus e não há verdades naquilo que prego, o tempo há de ser inclemente com minhas palavras, e os ventos quentes do deserto as espalharão de forma que nunca ninguém as escutará novamente. Se eu estiver pregando a mentira, cada uma de minhas palavras ruirá, letra por letra, a ponto de ninguém poder reconstruí-las nem lembrar-se delas, pois tudo o que é dito com o coração no coração vive e tudo que é dito com a língua pertence aos ventos e cessa de existir assim que é pronunciado.

Tauma e Yeshua ainda ficaram alguns minutos a sós, e o gêmeo concordou com o mestre: muito difícil seria a absorção de seus ensinamentos. Muitos poderiam repeti-los, mas não aplicariam isto em suas vidas. Muitos bateriam no peito, gritando: 'Senhor, Senhor, eu vos aceitei', mas poucos iriam se modificar para, de fato, viverem, dentro do coração, o reino de Deus.

Yeshua, no entanto, não se importava com este fato, pois sabia que todas as suas palavras seriam, um dia, numa determinada existência, aceitas por todos. E mais, não só aceitas, mas, principalmente, vivenciadas.

Durante todo o Sukot, que durou sete dias, algumas pessoas ficaram em tendas armadas e outras em verdadeiras sukas — construções simples, cuja cobertura era feita de galhos por onde a chuva podia passar. Essas sukas e tendas estavam dispostas em volta de Cafarnaum para louvarem a generosidade de Deus. Tratava-se da mais feliz das festividades bíblicas, após o recolhimento da colheita anual. Os judeus acreditavam que, em cada noite do Sukot, um hóspede espiritual era convidado e os fazendeiros ricos propiciavam aos pobres comida para aquela noite. Se assim não fizessem, o hóspede espiritual se retiraria horrorizado com a impiedade do anfitrião.

As quatro espécies da natureza, representando o mundo agrícola, eram sacudidas juntas durante a récita do Halel, em cada dia da festa, exceto no shabat. Empunhando-as, os participantes circundavam a bimá, na sinagoga. No sétimo dia, Hoshaná Rabá, os fiéis davam sete voltas pela sinagoga, batendo no chão com ramos de salgueiro. No final do Sukot, foi feita uma festa à parte – Shemini Atseret –, e os milhares de peregrinos que haviam ido para celebrar com Yeshua a mais alegre das festas se retiraram, felizes, para suas aldeias.

Durante este tempo, Yeshua atendeu a muitos que estavam doentes, outros que tinham dúvidas existenciais graves e fez alguns milagres que deixaram os presentes embasbacados. Fez um cheresh – surdo-mudo – ouvir e falar, cuja doença era fruto de um grave impacto emocional devido ao fato de ter assistido ao pai ser morto na cruz pelos romanos. Fez um louco voltar à normalidade, sendo que o mais empolgante dos fenômenos foi fazer andar uma criança que estava entrevada quase desde a nascença.

Em todos esses casos, Yeshua, em conjunção com os espíritos, trabalhou exaustivamente. No dia em que fez a criança andar, despendeu tanta energia que sofreu, no final, um leve desmaio, com tonturas e sangradura pelas narinas, além de uma invencível taquicardia que o deixou inicialmente excitado e, posteriormente, debilitado e prostrado por horas. Quando começou a se sentir mal, retirou-se, discretamente, para sua tenda. Foi o tempo suficiente para desmaiar, sendo atendido por Míriam de Magdala que, atentamente, o viu ficar lívido como a neve.

Ela avisou a Shymon que o mestre não poderia ser incomodado. Ajudou-o a retirar a túnica, deixando-o apenas com uma pequena tanga. Colocou-o na cama, cobriu suas partes pudendas com um manto leve e sentou-se na cabeceira da esteira onde Yeshua repousava, arfante e de olhos fechados. Tomou um pano embebido em óleo e lentamente passou pelo peito forte e musculoso. Depois, molhou novamente o pano macio e passou-o pelos braços, pulsos e testa do mestre. Repetiu a operação à exaustão. Como havia um filete de sangue que teimava em sair por uma das narinas, ela, cuidadosamente, com outro pedaço de pano enxugou o local, procurando debelar a leve sangradura. Yeshua sentiu sua mão macia pousar sobre seu peito por várias vezes; seu tórax subia e descia com velocidade impressionante. Aquilo o acalmava; a presença daquela mulher era um tônico para ele.

Míriam de Magdala havia se tornado uma obreira de valor. Ela tinha descoberto que também possuía poderes curativos e impunha as mãos com paixão, emitindo raios de luz safirina que muito ajudavam os doentes. Além disto, esta bela mulher tinha coração compassivo, que se emocionava com os desvalidos, além de ser uma ouvinte atenciosa e agradável que escutava as histórias dos infelizes, sem dar sinais de impaciência. Os doentes a procuravam quase instintivamente e recebiam dela apoio que, muitas vezes, era negado pelos outros discípulos. O caminho mais fácil para ser tratado por Yeshua passava por Míriam de Magdala. Para seu estupor, ela também passou a escutar vozes e a ter vidência, que crescia dia a dia. Com isto, Yeshua passou a vê-la com bons olhos, pois todo obreiro da seara do Senhor é observado com desvelo pelas forças espirituais.

Após um longo tempo – quarenta minutos –, a taquicardia cedeu; no astral, os médicos haviam lhe dado vários passes calmantes no torso, utilizando em parte as energias cedidas por Míriam de Magdala. Mas Yeshua estava excessivamente depauperado, já que há meses vinha num ritmo frenético de curas e viagens. Precisava repousar por alguns dias. Dormiu por várias horas e, quando acordou, notou que Míriam de Magdala continuava a seu lado.

148 | A SAGA DOS CAPELINOS

Já a havia observado por várias vezes. Era de uma beleza insolente, quase diabólica. Olhou mais uma vez para Míriam de Magdala, e ela sorriu, perguntando-lhe com sua voz sensual e quente:

— Como está, mestre?

— Estou bem melhor. Que horas devem ser agora?

— Não se preocupe; hoje não tem nenhuma atividade ou comemoração dentro do Sukot. Agora é hora de repousar e comer. Vou lhe trazer um naco de carne e um copo de vinho e, depois disso, você irá dormir.

"As mulheres são tão autoritárias quando estão fazendo papel de mãe" – pensou Yeshua. "Que seja!"

Sentiu seu corpo cansado e com fome.

Míriam de Magdala saiu à busca de comida e logo lhe apareceu o gigantesco Samangelaf. Yeshua sorriu para o amigo espiritual, que lhe retribuiu a saudação e lhe disse:

— Você deve se retirar para as montanhas por um curto prazo, quando faremos um revigoramento nos seus nervos, no seu corpo espiritual e injetaremos energias para lhe dar suporte para o restante de sua missão.

— Sim, você tem razão, meu amigo. Faz quase dois anos que estamos nesta lide infrene. Preciso descansar e repensar meus caminhos. Sinto que esse Sukot foi o apogeu de minha missão na Galileia. É hora de voos mais altos.

— Sim, sem sombra de dúvida. Mas você precisa se recuperar. Está por demais depauperado.

Míriam de Magdala voltou acompanhada de Míriam, a mãe, que só neste instante soube do mal súbito que acometera o filho.

"Agora é dose dupla"– pensou carinhosamente Yeshua.

Sua mãe foi logo fazendo a apologia de seu filho; de como ele se cansava ajudando todos e de como era atribulada sua existência, indo de um lado para outro, sem parar. Yeshua sorriu com certa cumplicidade no olhar para Míriam de Magdala, que entendeu que era preciso ter paciência com sua mãe.

JESUS, O DIVINO MESTRE | 149

"Mães são raridades na vida; é preciso cultuá-las, não importando como são", Yeshua sorriu enquanto pensava como era bom ser cuidado por duas mulheres belas e carinhosas.

A mãe se retirou depois que Yeshua comeu e bebeu. Era preciso que ele descansasse. Míriam de Magdala limpou o lugar onde ele comera, pois haviam caído uma ou duas migalhas de pão, e ajudou Yeshua a deitar-se. Depois disso, sentou-se no chão, na posição do lótus, aos seus pés, e ficou olhando-o na penumbra. Era um belo homem de modos nobres, sempre com uma palavra gentil para todos, que gostava de estar entre as pessoas e conversava com elas sem empáfia. Brincava com seus amigos, sempre encontrando um tempo para descontração. Quando era sério, o era completamente: falava com autoridade, de forma gentil, sem impostações ou gestos teatrais. Ele era uma bela visão para os olhos.

Míriam de Magdala conhecera inúmeros homens, mas nunca fora dominada a não ser pelo marido, mais velho, porém gentil na sua soberania. Jamais conhecera um homem como Yeshua. No início, assim que chegou, insinuou-se para ele, mas Yeshua, acostumado com essas abordagens femininas, deu-lhe o mais belo dos sorrisos e uma tarefa a ser executada de imediato. Somente depois de alguma reflexão ela viu que fora recusada da forma mais amável que um homem poderia tê-lo feito. Achou graça do fato e o admirou ainda mais.

Agora que ele passara mal, ela ficou horas olhando-o e vendo-o quase nu, desejando-o para si, mas de uma forma diferente. Não era mais o clamor do sexo, mas algo mais profundo. Ela sentia uma dor plangente no coração, uma aceleração, uma falta de ar, uma emoção estonteante. Seria isso o amor que lhe haviam descrito mocinhas na puberdade? Nunca amara um homem na acepção da palavra. Sim, devia ser amor, mas era um sentimento nobre, uma sensação de euforia e de apego, mas era mais amplo, superior à atração física.

Neste instante, Yeshua abriu os olhos e a viu olhando para ele.

– Vá se deitar, Míriam Eu já estou bem melhor. Não se incomode comigo.

– Não, mestre. Quero ficar aqui. Não é incômodo algum.

150 | A Saga dos Capelinos

Yeshua levantou a cabeça e viu a bela mulher sob a luz de uma fogueira do lado de fora da tenda, cuja luz entrava por uma fresta.

"Que seja; se a mulher assim deseja, quem sou eu para recusar?" – pensou Yeshua, alteando os ombros em assentimento. Fechou os olhos e dormiu profundamente.

No outro dia, ele sentiu um frescor banhar seu rosto. Era Míriam de Magdala passando um pano embebido em água e um perfume diluído. Yeshua sorriu. Pensou que devia ser a segunda hora. Acordava sempre antes de o sol nascer. Mas estava claro lá fora. Era certo que dormira demais.

– Tomei a liberdade de chamá-lo; já passa da hora nona.

Yeshua espantou-se. Havia dormido até as três da tarde. Realmente, estava se exaurindo. Precisava recuperar suas forças. Assim que terminasse o Shemini Atseret, a última festa após o Sukot, ele iria até as montanhas. Levaria Shymon, Yacob e Boanerges. Deixaria Tauma tomando conta de seus afazeres.

Naquele momento, entrou Shymon e perguntou-lhe:

– Como está, mestre?

– Muito bem! Dormi demais, creio eu. No entanto, assim que terminar o Sukot, desejo ir às montanhas e fazer um retiro. Levarei você, Yacob e seu irmão Boanerges. Mande preparar comida para a viagem e partiremos logo depois da última festa.

Shymon não poderia ter ficado mais radiante. Que ótimo não ter que dividir o mestre com Tauma, sempre tão presente, nem com aquela multidão de doentes, cheios de impaciência, desejando ser atendidos na frente de todos! Muitos o destratavam, já que era ele quem organizava as visitas ao mestre, enquanto outros queriam comprá-lo; todavia, ele era incorruptível. Alguns imploravam ser passados na frente dos demais, mas ele era justo; quem chegasse primeiro seria atendido primeiro. Shymon sabia ser inflexível quando era necessário, mas era doce e gentil nas horas em que precisava sê-lo.

Shymon ajudou o mestre a vestir a túnica e Yeshua perguntou-lhe sobre o povo:

– Eles estão bem acomodados?

JESUS, O DIVINO MESTRE | 151

– Sim, a maioria está em tendas que trouxe.

Shymon fez uma pequena pausa e depois lhe perguntou:

– Sabe o que a maioria está falando de você?

Yeshua fez sinal de que não sabia. Shymon, excitado como se fosse uma criança, disse:

– Uns dizem que você é o Elias ressuscitado. Outros acham que você é o próprio Yochanan o batista. Outros insistem em falar que você é um dos profetas que veio para esclarecer pontos obscuros da Lei. Mas existem alguns que acham que você é o Messias esperado.

Yeshua, terminando de se arrumar, de forma meio displicente, perguntou-lhe:

– Isto é interessante. E o que vocês dizem quando alguém afirma que eu sou o Messias?

Shymon respondeu com aquela firmeza que o caracterizava:

– Eu digo que a pessoa foi iluminada por Deus, pois você é o Messias.

Yeshua parou de se arrumar e disse-lhe, sério, olhando-o nos olhos:

– Shymon, lembre-se de nosso trato. Enquanto não formos suficientemente fortes, devemos evitar em falar que eu sou o Messias. Estamos apenas no início de nossa missão. Se formos descobertos cedo demais, as forças do sitra achra irão se mobilizar contra nós, e seremos esmagados impiedosamente. Temos que ter um grande apoio popular para confirmarmos, na hora certa, a nossa missão. Você entende, não é?

Shymon, meio amuado como se fosse um grande bebê chorão, balançou os ombros e, turrão como era, redarguiu:

– Mas que você é o Messias, ah, isto é! Não tenho a menor dúvida. Posso entender que você não ache que ainda é hora de revelar sua missão, mas que é o maior enviado que Deus já pôs neste mundo, ah, isto é!

Yeshua não pôde deixar de achar graça da forma como aquele homenzarrão se expressava. Deste modo, segurando seus ombros com os dois braços, disse-lhe:

152 | A SAGA DOS CAPELINOS

– Você é o mais extraordinário dos meus amigos. O mais leal e o mais turrão. Sua cabeça é magnífica, pois, quando coloca algo nela, não há quem consiga demover. De hoje em diante, eu lhe chamarei Cephas – pedra –, pois é isso o que você é: uma rocha.

Naquele momento, entraram vários dos seus discípulos e a tenda ficou pequena para todos. Míriam de Magdala que tudo presenciara, estava com os olhos cheios de lágrimas; ela também acreditava que Yeshua era o Messias. Shymon dirigiu-se a todos e disse-lhes:

– O mestre intitulou-me Cephas e é isso que eu serei de hoje em diante. Não atenderei mais pelo nome de Shymon. E aquele que me chamar de Shymon, não considerarei meu amigo. Sou Cephas, e nesta dureza residirá minha força.

Todos o cumprimentaram como se ele estivesse comemorando um aniversário. Para ele, era o seu batismo. Até então, havia sido apenas um simples pescador; agora ele passava a ser a Pedra do Messias. Que importância para um galileu, simples, é verdade, mas de caráter impoluto, imaculado, incorruptível e inflamado como deve ser um verdadeiro crente!

Naquele instante, Tauma, vendo seu irmão abatido, perguntou-lhe:

– O que se sucede com você, meu irmão? Vejo olheiras profundas e me preocupo com você.

– Estou realmente depauperado, mas nada que alguns dias de bom repouso no campo não resolva.

Shymon logo contou a notícia, dizendo quem iria com o mestre, e muitos fizeram cara feia; todos queriam ir com ele. Yeshua lhes disse:

– Amo a todos com igualdade. Não poderia passar mais um dia sem o riso franco de Matyah Levi, do belo sorriso do meu próprio irmão Tauma, de todos vocês, em suma, assim como a brejeirice de Míriam de Magdala, da lady Suzana e de minha prima Joana. No entanto, escolhi estes três por razões simples: são os três mais fortes fisicamente e que melhor sabem lutar. As montanhas estão cheias de animais perigosos e de salteadores. Por outro lado, tenho uma missão espinhosa para cada um de vocês. Não creiam que ficarão descansando enquanto eu me recupero!

Yeshua disse a última frase brincando. Seu irmão Tauma perguntou-lhe:

– O que iremos fazer?

Yeshua riu da impaciência do irmão e respondeu-lhe:

– Quero que preparem uma viagem até Ierushalaim, passando por todos os lugares importantes até lá. Desejo chegar lá na festa de Chanuká, no décimo dia do Tevet. Neste dia, deste mês, como bem sabem, há um jejum público para lembrar a destruição do Primeiro Templo. É o único dia que pode cair numa sexta-feira e pretendo estar no Templo para prestar minhas homenagens.

Um rebuliço se fez entre os discípulos. O mestre iria para Ierushalaim? Que impetuosidade! Como seria recebido? Yeshua levantou o braço, num sinal de pedido de silêncio, e todos pararam de falar no mesmo instante.

– Tauma, quero que você programe nossa ida a Ierushalaim. Quero ir à Samária, em Siquém; orar no Monte Ebal; passar por Betel, Jericó, Betânia e Beit Lechem, antes de entrar em Ierushalaim. Peça a Zebedeu para comunicar-se com os nobres locais, pois aspiro parlamentar com eles sobre a implantação do reino de Deus. Fale com Suzana e Joana para preparem tudo o que for necessário. Quanto a você, Yehudá Iscariotes, meu amigo tesoureiro, veja as necessidades financeiras para que não tenhamos que passar fome. Quero ir com grande comitiva. A cidade santa exige um séquito completo.

Yeshua sabia que a maioria achava que Ierushalaim era um objetivo audaz. Os sacerdotes estavam acostumados a lidar com todo tipo de homens que interpretavam a Lei à sua maneira. De preferência, eles os acusavam de heresia e depois ordenavam que a populaça os apedrejasse. Mas Yeshua se achava suficientemente forte para ir até lá. Já não conseguira resultados notáveis em Cafarnaum, Tiberíades, Corozaim, Betsaida, Naim, Guishala e várias outras vilas de menor importância? Então, na Judeia, ele poderia vir a ter os mesmos resultados. E, para mostrar sua força e determinação, disse em alto e bom som:

154 | A SAGA DOS CAPELINOS

– Se alguém deseja vir comigo, renegue seus medos, renuncie a sua vida e siga-me. Quem quiser preservar a sua existência que fique em casa, mas haverá de perdê-la, pois não irá realizar seus sonhos. Se não desejam que eu vá a Ierushalaim é porque se envergonham de mim, de minhas ações e palavras. Se for isso, por que estão comigo? Se não for isto, não há a razão de temerem a cidade santa. Aquele que desacredita de mim, eu também me desabonarei dele e não permitirei que ande mais comigo.

Suas palavras foram duras e sua expressão era gelo puro. No entanto, não levantou a voz e apenas falou pausadamente. Assim que terminou, todos se precipitaram, dizendo-lhe:

– Você é nosso mestre. Iremos com você até onde desejar nos levar.

Passados alguns dias deste fato, após a ultima festa, Yeshua afastou-se de todos para recuperar suas forças enquanto sua equipe preparava a viagem tão propalada.

Antes mesmo de o mestre fazer seu refúgio por alguns dias nos morros da Galileia, Tauma teve uma ideia excelente que ele participara a Yeshua, que logo a encampou. Ao invés de enviar um homem a várias aldeias, ele destacaria grupos de dois homens que visitariam cerca de oitenta aldeias na Judeia. Eles iriam na frente, anunciando a chegada de Yeshua, de tal modo que em cada lugar, quando o mestre chegasse, já haveria uma multidão para recebê-lo. Como existiam vários grupos de taumaturgos que sabiam impor as mãos, além de expulsar os demônios e fazer curas pela prece, Tauma arquitetou que eles iriam na frente, fazendo pregações, avisando a boa nova de que o reino de Deus estava para chegar, e aproveitariam a estada para curarem, expulsarem os demônios e informarem que Yeshua de Nazareth estava a caminho.

Yeshua gostou da ideia de Tauma pelo fato de ampliar em muito a sua atuação. Ele a multiplicaria por um grande número. Os grupos viajaram quando Yeshua estava se recuperando nas montanhas da Galileia. Antes de os grupos partirem, eles receberam treinamento e muitas recomendações de Tauma. Eram pouco mais de sessenta e quatro indivíduos. Os historiadores do futuro registrariam como sendo setenta e dois por ser o número de coortes angélicas, porquanto assim eram vistas pelos incipientes discípulos.

***

Os espiões de Pôncio Pilatos e de Herodes aproveitaram para dar seus relatórios. Herodes soube por Almadon que Yeshua era um grande profeta. Herodes, supersticioso, perguntou-lhe:

– Você tem certeza de que matou o verdadeiro Yochanan? Não terá sido enganado e ele ainda está vivo? Não será que é aquele maldito Yochanan que escapou da morte?

Almadon respondeu-lhe, esforçando-se para não ser sarcástico:

– Não, meu Sire, o homem que nós matamos foi Yochanan, pois eu o identifiquei pessoalmente. Este Yeshua já existia antes. Ele é primo de Yochanan, portanto não pode ser o próprio.

Herodes, meio bestificado, disse-lhe:

– É mesmo, tem razão. Mas então quem será? Você acha que ele representa um perigo para meu reino e para os romanos?

– Sinceramente, eu não sei, meu Sire. Estes profetas são todos muito estranhos. Por enquanto ele não tem falado mal de ninguém, nem dos romanos, nem de sua majestade. No entanto, ele está arregimentando um grande número de pessoas em torno dele. São aparentemente homens pacíficos e de boa índole, mas...

– Mas o quê, Almadon?

– Nunca se sabe quando o lobo irá atacar. Muitos se escondem em pele de cordeiro e se aproximam do rebanho e, quando menos se espera, mostram suas garras e seus dentes.

– Neste caso, mantenha-o sob constante vigilância. Na primeira oportunidade em que ele demonstrar que não é um manso profeta de Deus, mas sim mais um insidioso que deseja subverter a ordem, prenda-o e faremos o mesmo que fizemos com Yochanan.

Herodes fez uma pequena pausa e desfechou:

156 | A Saga dos Capelinos

– Tive receio de que a morte de Yochanan fizesse disparar uma revolta, mas o povo tem memória curta e só quer saber de seu bem-estar. Agora, não tenho mais medo de nenhum profeta, pois o povo é beócio e não luta pelos seus direitos. Assim, sinto-me livre para fazer o que bem desejar.

Almadon meneou a cabeça e, concordando com o tetrarca, disse:

– Tenho espiões infiltrados entre seus discípulos, e estou bem informado de tudo. Se ele fizer qualquer tentativa de sublevação popular, nós o prenderemos.

Almadon fez uma pausa e arrematou:

– O sucesso pode subir à cabeça e fazer com que ache que está acima da lei. Deste modo, nada o impedirá de jogar o povo contra nós. Esses profetas que se dizem inspirados por Deus são todos meio malucos e não têm o mesmo apego à vida como os demais homens. São loucos perigosos!

Herodes coçou a barba e concordou com seu chefe da guarda: realmente os profetas tem vocação suicida.

***

O lugar que eles escolheram para acampar era um verdejante oásis no meio das escarpas nuas e agrestes da Galileia. Ao lado de um riacho gorgolejante, montaram suas três tendas: uma para o mestre, outra para os discípulos e a ultima para Míriam de Magdala, que insistira em ir. Ela havia conseguido ser aceita no grupo com o argumento de que iriam precisar dela. Afinal das contas, quem iria cozinhar e lavar as roupas? Não podia ter tido melhor desculpa; este trabalho era mal feito pelos homens presentes. Yeshua era o único que cozinhava bem, mas ele precisava descansar.

Yeshua deitou-se ao lado do regato, sobre uma colcha estendida na relva, deixando a mão em contato com a água corrente. Ela estava fresca, quase fria mesmo, e lhe dava uma sensação de frescor em todo o corpo. Uma árvore frondosa sombreava, permitindo que ficasse o tempo que quisesse ao relento. Por outro lado, era uma época do ano em que as noites esfriavam e os dias já não apresentavam canícula tão intensa. Cephas acompanhara o mestre, tendo mergulhado os pés na água; conversavam bobagens que, de vez em quando, são necessárias para desanuviar a mente dos problemas mais sérios da existência.

Míriam de Magdala, experiente no sofrimento e com os homens, trabalhava ativamente. Yacob e Boanerges haviam montado as tendas junto com Cephas e foram catar gravetos para fazerem a fogueira. Míriam de Magdala estava desenrolando a comida dos sacos e cortando diligentemente nacos para ser feito um guisado de carneiro, com legumes variados. Em sua opinião, do que o mestre precisava era se alimentar bem.

Yeshua escutava a alegre palração de Cephas, divertindo-se com suas interjeições e comentários sobre fatos e pessoas. Cephas não falava mal de ninguém, mas, como era um observador atento, ansioso em agradar, tornava-se um excelente contador de histórias, fato que, mais tarde, muito o ajudaria a divulgar as mensagens do mestre.

Ficaram assim grande parte do restante da manhã, quando foram chamados para almoçar o guisado. Yeshua alimentou-se bem, tendo repetido o prato. A marcha da manhã, porque saíram de madrugada de Cafarnaum, havia feito muito bem ao seu apetite. Durante a refeição, eles trocaram ideias sobre a futura viagem a Ierushalaim. Todos estavam excitados, menos Míriam de Magdala que alertava o grupo quanto à dureza de coração dos habitantes da Judeia. Yeshua, amorosamente, deu-lhe razão, dizendo que os ricos daquele lugar eram muito mais rígidos quanto às suas posses, estando muito mais aferrados aos bens materiais do que os galileus. Desejava, contudo, que sua doutrina atingisse mais os pobres, ajudando a pressionar os poderosos. Míriam de Magdala, vivida nas altas rodas sociais, sabia que isso podia ser perigoso e que as reações podiam ser ferozes. Yeshua, mais uma vez, concordou com ela, mas terminou a discussão com uma frase de efeito:

158 | A Saga dos Capelinos

– Devemos estar preparados para a boa luta. E é só isso que vale. Vencer ou perder é consequência da pugna.

No final da tarde, ele se afastou, com Cephas sempre nos seus calcanhares. Sentia necessidade de ficar sozinho. Sentia fraqueza física e lassidão mental. Tinha dificuldades de pensar. Chegou a um lugar plano, onde esticou sua colcha grossa de linhão, sentou-se e fechou os olhos. Parecia estar rezando, mas na realidade estava se concentrando para receber os eflúvios positivos do alto. Cephas sentou-se um pouco distante, guardando o mestre de ataques imprevistos de homens e feras. Aos poucos, o sol foi-se pondo, advindo uma escuridão absoluta, porquanto a noite não tinha lua.

Os minutos passaram arrastados, monótonos, quando Cephas começou a observar uma luz em torno de Yeshua. Ele se levantou, pronto para defender o mestre de qualquer ataque. A luz se fez mais forte, aumentando imensamente. Naquele instante, Cephas pôde ver que a luz saía do próprio Yeshua. Era ele que brilhava cada vez mais intensamente. Subitamente, ele atingiu a total brilhância. Cephas teve que fechar os olhos: estava cego com tamanha luminescência. O espírito de Yeshua havia se despregado do seu corpo, que estava caído imóvel sobre a colcha de linhão, flutuando a alguns centímetros do solo.

Ele devia ter mais de três metros de tamanho, e sua aura dourada se irradiava por mais de cinco metros com total força, alcançando os vinte metros com energia decrescente. Cephas caiu de joelhos e, imóvel, ficou observando a cena. Não sentia medo, mas estava em parte apreensivo com tudo aquilo e em parte curioso; nunca vira nada parecido.

Duas luzes começaram a crescer ao lado de Yeshua e se tornaram quase tão brilhantes quanto ele. Uma das luzes era púrpura e a outra, violeta. Duas figuras apareceram ao incrédulo e temeroso Cephas, que permanecia estático. Aos poucos as três auras foram se fundindo numa única grande luz, numa simbiose de cores e matizes, que abrangeu mais de quinze metros, fazendo o local parecer dia. Havia a nítida impressão de que haviam entrado numa nuvem;

JESUS, O DIVINO MESTRE | 159

suas auras juntas bloqueavam uma melhor visão, só aparecendo a forte luminescência. É natural que tal fato estava acontecendo no mundo astral e que Cephas conseguia ver porque lhe havia sido facultada, naquele momento, uma vidência espiritual de inegável qualidade.

Os três espíritos de elevada estirpe sideral, Yeshua, Samangelaf e um outro ajudante de Mitraton chamado Sanvi, volitaram para as alturas. Cephas ficou atordoado e o que lhe pareceu alguns minutos demorou algumas horas. Ele ficou estatelado no chão sob forte comoção nervosa e não sabia se chorava, se ria ou ambos.

Yeshua sentiu uma vertigem agradável e, em segundos, encontrou-se em um local do astral superior, próximo do mundo mental. Naquele local de beleza indizível, foi recebido por um espírito de elevadíssima evolução espiritual, de nome Sandalphon, que o levou para uma sala, onde lhe disse:

— Meu amado Yeshua, você vai deixar este invólucro e vou levá-lo para um outro universo ainda mais fabuloso. Procure relaxar. Tudo correrá bem! Eu o levarei pessoalmente.

Yeshua deitou-se numa espécie de cama e Sandalphon passou uma forma de véu que o adormeceu num átimo. Imediatamente, sentiu-se puxado por um suave redemoinho e quando abriu os olhos estava num local de beleza indescritível, acompanhado de Sandalphon que brilhava como um sol, emanando raios de um dourado extraordinário. Aos poucos, a imensa luz de Sandalphon decresceu e ele apareceu de forma esplendorosa.

Yeshua chegou a uma paragem onde sons e imagens se misturavam de uma forma doce e harmoniosa. Entraram num salão gigantesco de uma construção diáfana, cujas características não lembravam nenhuma construção terrestre. Yeshua, acompanhado de Sandalphon, acomodou-se de modo totalmente diferente do ao que ele estava acostumado. Ele não tinha mais um corpo espiritual tão parecido com o corpo físico. O rosto continuava perfeitamente delineado, mas de uma beleza incomparável, enquanto que o corpo era levemente ovoide, especialmente na parte inferior.

160 | A Saga dos Capelinos

Enquanto ele foi levado para o mundo mental, vários técnicos trabalhavam com denodo para recuperar o corpo astral, tonificando os centros vitais. Ele ainda estava ligado por um cordão de luz, só que muito mais tênue, porém mais energético do que o famoso cordão de prata. Enquanto eles faziam este trabalho, uma outra equipe, composta de mais de duzentos espíritos, trabalhava no corpo físico de Yeshua. Alguns deles retiravam fluidos vitais de Cephas, outros de vários dos discípulos que estavam adormecidos, outros trabalhavam na natureza, retirando fluidos de animais em vários lugares, especialmente de ovelhas, e outros retiravam essências sutis de plantas, encaminhando-as para o corpo sólido de Yeshua. A retirada de fluido vital e de energias sutis de vários organismos não os prejudicava por ser em pequena quantidade, assim como não fica lesado o doador de poções de sangue.

Yeshua, após chegar naquele lugar de beleza incomparável, sentiu uma tristeza muito grande invadir seu ser. Ele sabia que ali era o seu lugar. Mas aquela consternação durou pouco, pois, surgindo como do nada, apareceu um espírito de elevadíssimo teor espiritual. Descrevê-lo seria impossível. Tratava-se de uma beleza além de qualquer descrição. Não era o próprio Deus em pessoa, mas apenas um de seus muitos humildes prepostos que atendia pelo nome de Mitraton.

Yeshua estava tão acostumado com o corpo físico que não seria possível a comunicação por pacote de mensagens – uma forma usual no mundo mental –, pela qual o espírito envia num átimo tudo que deseja transmitir. Portanto, Mitraton falou-lhe pausadamente, palavra após palavra, de forma a ser compreendido.

– Meu querido filho, é um imenso prazer voltar a falar com você após tantos anos. Quero me congratular com seu abnegado esforço e desejar que sua missão se coroe de êxito.

Yeshua estava emocionado ao extremo. Não se lembrava completamente de Mitraton - o embotamento é normal, passando com o tempo após a morte física. Mitraton abraçou-o com sutilíssimas energias mentais, um amplexo diferente do da forma física, que o interpenetrou integralmente, revivificando seus centros mentais mais profundos. Yeshua soluçou de emoção e Mitraton disse-lhe:

– Lembre-se de que agora começa a fase mais difícil de sua missão. A Galileia foi um ensaio magnífico, mas a Judeia, especialmente Ierushalaim, é o ápice de sua missão.

Yeshua perguntou-se mentalmente se seria bem-sucedido e Mitraton, agora um dos administradores planetários de maior importância, captou sua angústia e respondeu-lhe:

– Depende de como você julga o sucesso. Não creio que toda a sua mensagem venha a ser transmitida na íntegra para os povos da Terra. Muito de suas ideias exige que as pessoas sejam evoluídas, o que não são ainda. Outros conceitos passarão em parte, sendo aparentemente aceitos.

Mitraton explicou-lhe uma parte de sua missão.

– É preciso que você entenda que os degredados capelinos que ficaram na Terra estão de tal forma amargurados que esperam uma catástrofe iminente que irá destruir tudo, obrigando-os a um novo magnífico recomeço. Eles esperam por isso há milênios. Infelizmente, eles estão laborando em erro e não há nada que possamos fazer para alterar este estado mental. Para os renitentes que ficaram na Terra, o degredo foi um imenso choque, que não conseguiram ainda superar. Portanto, eles são escatologicamente apocalípticos. Em suma, desejam um fim do mundo cheio de destruição e morte e, com isso, a punição severa dos maus, a salvação imediata deles e uma renovação completa de tudo o que existe. Eles não entendem que o mundo é feito da luta dos contrários e que a renovação não precisa incluir a destruição violenta. Quando uma nova era tecnológica chega, ela apaga gradualmente, sem violência e mortes, a fase anterior. Será assim que a Terra evoluirá, assim como infindáveis mundos que existem no universo.

Yeshua entendia cada palavra que Mitraton falava. Ele sabia que seus próprios irmãos e discípulos imaginavam que o mundo, em breve, terminaria em fogo, uma destruição e um apocalipse de estarrecer. Todas as suas palavras eram retorcidas para caberem

162 | A Saga dos Capelinos

nesta visão limitada. O único que parecia entendê-lo era Tauma, enquanto os demais estavam extasiados pela possibilidade de uma hecatombe telúrica de imensas proporções que os levaria direto ao paraíso perdido.

Mitraton conversou com Yeshua durante alguns minutos. Como no plano mental, o tempo é percebido de outra forma, o que pareceu ser algumas horas não passou de alguns minutos. Mitraton deu-lhe várias sugestões de como conduzir a parte importante de sua missão. Agora era chegada a hora maior. A vitória dependia, no entanto, de uma série de circunstâncias impossíveis de serem previstas. No plano angélico, de onde provinha Mitraton, agora conhecido entre seus pares como Príncipe Metatron, era possível se deslocar através do espaço-tempo e saber os eventos futuros, mas Metraton nada disse a Yeshua que pudesse arrefecer seu ânimo.

Metatron sabia que havia uma mobilização de espíritos inferiores contra Yeshua. Enquanto ele fora um simples taumaturgo, os dragões terrestres não se importaram com ele. Mas, quando começou a mudar as relações de trabalho, implantar sistemas mais justos e trazer o progresso material e espiritual a vários locais da Galileia, eles despertaram. Viram, no entanto, que era impossível atingir Yeshua: ele estava por demais bem protegido por guardiões astrais, assim como sua mente vibrava num diapasão tão elevado que eles não o alcançavam, Mas os dragões sabiam que podiam atingi-lo de forma indireta, e estavam concentrando suas forças tenebrosas, seus obsessores e seus comandados nos nobres, nos romanos, no Templo, no Sinédrio e também, eventualmente, em alguns dos discípulos do divino mestre.

Metatron havia instituído, junto com Samangelaf e outros obreiros categorizados, um trabalho profundo junto às trevas, para minimizar a atuação dos dragões; no entanto, os resultados dos especialistas haviam sido pífios. Alguns dragões haviam até mesmo mudado de lado, pois viam em Yeshua um homem de elevada envergadura moral; comovidos e dispostos à mudança, aproveitaram o ensejo para se redimir. Muitos, após conversas mantidas nas cidades infernais, haviam visto que toda resistência à luz era fútil. Iniciaram sua longa jornada de recuperação moral a partir dos exemplos de Yeshua. Mas havia um vasto contingente de demônios que ainda via a atitude de Yeshua como uma intromissão indesejável. Em suas mentes distorcidas por décadas de sofrimento, estes espíritos endurecidos no mal, viam os renascidos como canalhas que precisavam ser punidos. Não acreditavam em reformas íntimas que antes não tivessem sido causadas por excruciante sofrimento. "Nada de novas atitudes movidas pelo amor fraternal! Isto são apenas balelas" – diziam os endurecidos. "O que conta realmente é o sofrimento. A mesma dor que nos infligiram os fará mudar. Ninguém irá nos tirar o prazer de punir aqueles que nos vilipendiaram e nos jogaram nestas furnas infernais. Eles deverão pagar com a mesma moeda que nos levou a esta ignominiosa situação."

Metatron, no entanto, nada disse a Yeshua deste vasto complô que os endurecidos estavam preparando. As defesas do bem estavam prontas, mas os espíritos superiores sabiam que a luta na Judeia seria titânica, pois seria travada no coração dos homens. De um lado, Yeshua e seu exército de bondade, com uma mensagem de justiça, amor e progresso; do outro lado, o egoísmo, o orgulho, a prepotência e o imobilismo. Qual venceria?

Após comovidas despedidas, Yeshua retornou ao astral superior para recuperar seu corpo astral que havia sido reforçado com energias sutis, de forma a lhe possibilitar a continuação de sua missão. Dali, Yeshua foi levado para o corpo físico. Cephas, que estava ainda aturdido, viu quando novamente a nuvem de luz desceu sobre o corpo estendido do mestre. Uma voz ribombou na mente de Cephas, dizendo-lhe:

– Este é o Meu amado filho que eu envio para seu momento de maior triunfo, para sua glória final!

Yeshua despertou do seu longo sono letárgico e viu Cephas quase adormecido: estava fraco por ter cedido um pouco de fluido vital. Yeshua despertou-o e disse:

164 | A Saga dos Capelinos

– Venha, meu caro Cephas. Você também precisa de repouso.

No outro dia, a única pessoa a despertar cedo foi Míriam de Magdala, que não fora cedente de fluidos importantes para a tonificação dos nervos físicos do divino mestre.

Retornaram após mais dois dias de descanso. Yeshua estava impaciente para começar sua missão na Judeia. Ele se lembrava bem do seu encontro com Mitraton e estava repleto de entusiasmo e vivacidade. Brincava com seus amigos, sempre com um sorriso nos lábios, dando boas gargalhadas pelas bobagens quase infantis que seus discípulos falavam. Era um momento de grande descontração.

Chegaram a Cafarnaum à tarde, quando o sol já havia se posto, não tendo ninguém os visto chegar. No outro dia, após uma reconfortante noite de sono, levantaram cedo, fizeram a higiene matinal, comeram o desjejum e saíram à cata de notícias.

Yeshua encontrou-se com Tauma que havia estado em Nazareth, dizendo que o ambiente continuava turvo e não valia a pena pararem lá para repousar. Haviam feito um roteiro e submeteram-no a Yeshua, que fez comentários, alterou coisas mínimas e questionou os demais quanto às necessidades. Joana e Suzana haviam preparado todos os aspectos relativos à estada, alimentação e roupas.

Além dessas mulheres, mais sete mulheres iriam também: a sogra e a esposa de Cephas; a esposa de André; a esposa de Matyah; a esposa de Shymon ben Yozheph, denominado de Pio ou Zeloso; Míriam, mãe do mestre; e, finalmente, Míriam de Magdala. Treze eram os homens: Shymon, cognominado Cephas; André, irmão de Cephas; Yacob ben Zebedeu, mais tarde denominado de Menor; Yochanan ben Zebedeu, cognominado de Boanerges; Matyah Levi ben Alfeu; Yacob ben Cleophas, mais tarde denominado de Maior; Yehudá ben

Cleophas, cognominado de Tadde; Shymon ben Yozheph, denominado de Zeloso; Yehudá Iscariotes; Yehudá ben Yozheph, cognominado de Tauma; e mais dois novos discípulos chamados de Felipe de Betsur e Bartolomeu de Guishala, além do próprio Yeshua.

CAPÍTULO 6

O grupo principal saiu alguns dias depois, levando algumas mulas de carga cheias de víveres, tendas e roupas. Andaram quase o dia inteiro e chegaram a uma aldeia da Samária. Pediram pouso e um dos anciãos perguntou-lhes para onde iam. Cephas, sempre expedito, respondeu-lhe que iam para Ierushalaim. O samaritano ficou profundamente ofendido. Ele odiava os judeus e mal tolerava os galileus. Mas aqueles homens iam para Ierushalaim, quando os samaritanos preferiam oferecer seus sacrifícios num altar próprio no Monte Guerizim, perto de Nablus. Deste modo, o velho expulsou-os imediatamente.

Cephas e André ficaram escandalizados com a negativa do velho. Quem ele pensava que era? Que ousadia! Colocar o mestre para fora! Um absurdo!

– O senhor deveria mobilizar as coortes celestiais e fazer descer fogo do Céu, queimando-os até o fim.

Yeshua que não havia culpado o velho, e sim a si próprio pela sua falta de tato, respondeu secamente para Cephas:

– Cale-se, homem de Deus! Não sabe que não se deve rogar pragas a ninguém? Quantas vezes eu disse que devemos ser amigos de nossos inimigos? Se por qualquer pequena ofensa, você já quer pedir que Deus os fulmine, imagine quando en-

166 | A Saga dos Capelinos

frentarmos os judeus que irão nos odiar? Deveremos pedir o que para eles?

Cephas baixou a cabeça, recolhendo-se em sua vergonha. Mais uma vez aquele homem estava certo. Como ser um apologista do amor ao próximo, se na primeira afronta já se deseja liquidar a vida do desafeto e, ainda por cima, pedindo ao Deus de bondade e justiça que seja vingativo, mandando vir chuva de fogo sobre mulheres e crianças inocentes?

Saíram da aldeia e acamparam ao relento à beira de um regato.

Nos dias que se seguiram, alguns dos discípulos que haviam sido enviados em pares retornaram. Yeshua os recebeu pessoalmente e preparou um carneiro assado com ervas finas da região como só ele sabia fazer. Os tempos em que andara com o zaotar Vidarna, no coração da Parthia, haviam feito dele um exímio cozinheiro, e ele gostava de servir os seus amigos. Isto os aproximava e fazia deles amigos e colaboradores. Ele brincava com um e outro, sempre procurando deixá-los descontraídos. Com esse tratamento cortês e amigável, Yeshua conquistava mais os corações dos homens do que com candentes palavras.

Ele costumava rir e docemente repreendia Cephas, que achava que aquela atitude serviçal era indigna do Messias.

– O verdadeiro rei é aquele que serve ao seu povo e não aquele que se serve dele.

Cephas emburrava, e Yeshua o descontraía, brincando:

– Cephas, meu bom Cephas, você será o melhor filho de Deus quando descobrir a felicidade de servir.

Os amigos de Cephas riam dele, pois, turrão como ele só, fechava-se num mutismo e ficava resmungando baixinho como uma velha.

Yeshua teria a oportunidade de preparar vários pratos de gosto excelso para seus amigos, no decorrer de sua existência. Ele brincava dizendo que nada se parecia com o banquete que ele iria preparar no dia em que fosse implantado o reino de Deus. Yeshua tinha aspecto lúdico muito forte: para ele, a vida devia ser uma permanente festa, cheia de alegria e felicidade.

Quando um ou outro discípulo lhe dizia para descansar, ele respondia:

– Quem faz o que ama não se cansa. Só o que é imposto torna-se cansativo.

Com tiradas sempre alegres e descontraídas, Yeshua demonstrava patentemente que não só Nandi, rishi de Shiva, chamado de Nandikeshvara, era o senhor da alegria, mas ele também. Yeshua dizia aos amigos que todo aquele que era de fato possuidor do reino de Deus em seu coração era feliz e não se comportava como um velho emburrado, sempre a colocar defeitos nos outros, a se queixar da vida, azedando os demais com suas vociferações descabidas. Ele complementava afirmando que a alegria curava todos os males e que o pior mal que afligia o homem era a falsa santidade, característica de alguns fariseus. Arrematava dizendo que Deus era o mais feliz e alegre dos seres existentes do universo, e não um carrancudo e arrependido criador dos homens.

No outro dia, desceram em direção à Judeia; Zebedeu havia arranjado um encontro com o nobre de Betânia. Deveriam, no entanto, passar antes em Betel, onde outro senhor de terras desejava um determinado serviço. Havia sido notificado por um dos grupos que haviam ido até lá, onde várias curas de pessoas tinham sido encetadas. Os resultados chamaram a atenção do chefe local que pediu para falar com os dois taumaturgos.

Existia na cidade um rapaz possuído por um espírito que eles chamavam de imundo e não houve nada que os enviados de Yeshua fizessem para que o demônio se afastasse. Os dois disseram que somente o mestre seria capaz de salvá-lo e ficaram de levá-lo assim que fosse possível.

Yeshua chegou ao destino três dias depois e dirigiu-se à casa de Faleg de Betel. Apresentou-se ao nobre que lhe disse, com grande desdém:

– Ah, então, você que é o exorcista? Demorou muito para chegar.

Yeshua, tranquilamente, perguntou-lhe:

– Onde está o rapaz?

168 | A Saga dos Capelinos

O nobre virou-se para um dos servos que estava de pé na porta e deu uma ordem brusca para trazerem o rapaz. O servo chamou outro homem e ambos saíram em desabalada carreira, sumindo atrás de uma esquina de uma das ruelas da pequena aldeia. Yeshua ficou de pé na entrada da porta, enquanto o nobre entrava de volta na casa, sem convidá-lo a entrar.

Passaram-se mais de dez minutos quando ouviram uma gritaria alegre e ruidosa. Estavam levando o infeliz, arrastando-o sem o menor decoro pelas ruas. As crianças iam atrás gritando e saltitando, enquanto que mulheres e homens acompanhavam os quatro homens que conduziam o possuído bem amarrado. O jovem estava sendo jogado com brutalidade pelos homens, mas não reagia, sendo um simples joguete dos brutamontes. Sua face era de um idiota, apresentando certo estupor.

O nobre saiu da casa e, pegando Yeshua pelo braço, com certa força e brutalidade, disse-lhe:

– Venha! Vamos ver o que você pode fazer para ajudar este cheresh – surdo-mudo.

Yeshua fez um movimento suave com o braço e soltou-se da mão de Faleg, que sentiu que o homem que ele segurara era muito forte, com braço musculoso, bem escondido debaixo das roupas tradicionais dos galileus.

O mestre concentrou-se rapidamente e viu uma cena que não era usual. O rapaz, com nada mais do que treze anos, estava literalmente possuído por um dibuk. A alma estava completamente colada nele e estava inconsciente. Era um espírito que tinha a aparência feminina. Não era um obsessor na expressão da palavra. Não era um ser violento e mesquinho, apenas uma alma que morrera em ignorância e, adormecida que estava, dominava a mente do jovem. Era um espírito sofredor.

Yeshua pediu para que soltassem o rapaz. Os homens obedeceram e os aldeões que estavam naquela pequena praça que antecedia a mansão de Faleg ficaram um pouco mais silentes. Não havia, entretanto, o menor respeito por nada que estava acontecendo, e muito menos por Yeshua, pois as pessoas não o conheciam. A maioria não sabia que aquele homem era o famoso taumaturgo galileu.

Yeshua fechou os olhos e colocou a mão na cabeça do jovem. Pôde sentir o influxo do espírito adormecido. Penetrou-lhe o inconsciente e entendeu a extensão do drama. Era a falecida mãe do rapaz que havia morrido há cerca de três anos. O jovem, sentindo irrefragáveis saudades da mãe, vivia mentalmente atraindo-a. A pobre infeliz não era um espírito evoluído. Deste modo, quando foi, finalmente, atraída pelos prantos nostálgicos do filho, fundiu-se com ele num amplexo que o imbecilizou.

A infeliz havia praticado uma forma branda de suicídio. Durante anos, ela se maldisse, criticando tudo, demonstrando desprezo por sua casa, seu marido e seu filho. Havia sido uma dama de grande poder na existência anterior, culpada de inomináveis crimes, tendo engendrado a perdição de várias pessoas. Voltara como mulher pobre e honesta, mas jamais aceitou este papel menos importante na sociedade. Passou sua existência a ambicionar a riqueza, o luxo e as festas. Seu filho era um dos seus cúmplices em existência passada, e ela o odiava, tendo – inconscientemente – colocado a culpa de seu infortúnio nele e no marido. Recusava-se a comer. Apresentava crises de anorexia nervosa, passando dias sem se alimentar. Chegou ao fim de sua existência com o aparecimento de uma simples gripe que encontrou terreno fértil: o corpo estava minado.

Yeshua iniciou uma oração para o espírito da defunta, lançando-lhe candentes apelos para acordá-la. Os guardiões, que estavam sempre com ele, começaram uma técnica de passes eletromagnéticos; cada onda de impacto sacudia a infeliz. Por sua vez, o jovem estava completamente bestificado, olhando através de Yeshua para um ponto distante. Com menos de um minuto, a alma adormecida foi acordando com os passes dos guardiões e, principalmente, com a amorosa prece de Yeshua que penetrava em sua mente adormecida, despertando-a aos poucos.

170 | A Saga dos Capelinos

Ela deu uma leve mexida e os guardiões pararam com os passes, já que, no local, uma luz forte surgiu. Um dos espíritos médicos do alto astral estava chegando para ajudar na desmagnetização dos dois espíritos, mãe e filho. A médica começou a impor suas mãos e delas saiu uma chuva de gotículas douradas que aspergiram sobre a adormecida. No início desse processo, a infeliz quase não reagiu, mas, depois de alguns segundos, começou a despertar e se libertar do amplexo que dava e recebia do filho carnal.

Durante quase dois minutos, as pessoas da praça só viam Yeshua com a cabeça curvada, as duas mãos levantadas e os olhos cerrados numa atitude de prece. Elas falavam alto, uns dizendo que não iria conseguir, e outros que se tratava de mais um charlatão que devia ser escorraçado.

Após a chuva dourada da médica espiritual que despregara inicialmente os dois espíritos, o rapaz começou a gemer alto e a balançar o corpo para frente e para trás. Aos poucos, na medida em que os dois espíritos se despregavam, o rapazola voltou do seu pesadelo. Começou a ficar agitado, balançando as mãos. Agora ele queria se livrar do jugo que o prendia. Anelava por liberdade. Como ele reagiu, a liberação entre ele e sua mãe se acelerou.

Todos os espíritos ali presentes começaram a trabalhar. Os guardiões cortavam os liames astrais que estavam prendendo os dois. Um outro dava passes no rapaz para reativar seus centros de força quase apagados. Dois especialistas estavam limpando o cérebro, retirando a gosma negra que havia se afixado naquela região. A médica do astral superior com sua equipe conseguiu, finalmente, despregar a mulher, quase completamente consciente, entregando-a a um guardião que a levou embora para uma instituição astral onde seria convenientemente tratada.

O jovem livre da terrível obsessão, abriu os olhos, tomando aos poucos consciência de onde estava. Olhou para Yeshua que estava na sua frente e disse-lhe, numa voz ainda engrolada:

– Salve, ó santo de Deus!

Assim que falou isso, caiu num pranto de extrema felicidade, olhando para todos. Naquele momento, a praça ficou em completo silêncio. As pessoas estavam mudas de espanto. Conheciam o rapaz e já fazia dois anos que ele estava completamente surdo e mudo – por estar em estado de catatonia – e, agora, este homem chegava e com alguns gestos estranhos, nunca vistos, devolvia a voz ao rapaz, tornando-o novamente apto.

Quando o rapaz começou a chorar, um homem da multidão saiu da turba, com os olhos em lágrimas, e abraçou o jovem. Logo depois uma mulher fez o mesmo. O homem era o pai e a mulher era a tia, irmã do pai.

Faleg não se satisfez com aquela demonstração. Era saduceu, membro do Sanhedrin, adepto de Shamai, linha dura e conservadora do Templo. Para ele, Yeshua não era um chacham – sábio – e, sim, um bruxo diabólico. Exaltado e indignado, ele falou alto no meio da praça para todos ouvirem:

– Ele expulsa os demônios por ordem de Baal-Zebub, de Samael e de Satan, príncipe comandante de todos os demônios.

A acusação era perigosa. Se o povo aceitasse esta versão de Faleg, poderia apedrejá-lo. Era preciso rebatê-la com veemência. Alguns pediam provas mais conclusivas de que ele era um sacerdote proveniente dos Céus. Pediam sinais inequívocos. Yeshua levantou sua voz, para ser ouvido por cima do clamor que se iniciava, dizendo de maneira calma e firme:

– Vocês me acusam de comandar o sitra achra – o outro lado –, mas saibam que, se isso fosse verdade, haveria uma divisão no reino do mal. Todo reino dividido contra si mesmo não subsistirá, pois será destruído e seus edifícios cairão uns sobre os outros. Se Satan está dividido contra si mesmo, como subsistirá seu reino? Se eu expulso os demônios por Baal-Zebub, estaria guerreando contra o próprio Baal-Zebub. Se eu não fosse um homem de Deus, os demônios ririam de mim, destroçando-me.

Alguns escribas começaram a tergiversar com Yeshua, dizendo-lhe que fazê-lo se passar por um homem de Deus podia ser um

172 | A Saga dos Capelinos

ardil do demônio para convencer os incautos, quando, na realidade, era um enviado de Satan.

Yeshua retrucou, dizendo:

– Mas, se eu expulso os demônios pelo espírito de Deus, é porque o reino de Deus já está entre vocês. Se alguém deseja roubar a fortaleza de um homem forte, é preciso primeiro amarrá-lo, para depois retirar seus bens, pois, se não o fizer, ele o vencerá e não permitirá a sua vitória. O mesmo acontece com Satan. Para vencê-lo, é preciso primeiro amarrá-lo e não deixar que ele aja no mundo. É necessário que sua atuação sobre os homens não possa acontecer, pois, senão, a boa luta não poderá ser vencida. Esta é a prova de que o reino de Deus já está entre vocês, bastando para tal que ele se instale em seus corações com crescente força.

Naquele momento, a tia do infeliz que havia escutado tudo, estando convencida de que Yeshua era realmente um homem de bem, levantou sua voz aguda entre as pessoas, dizendo:

– Bem-aventurado o ventre que lhe trouxe e os seios que o amamentaram!

Yeshua, vendo que tinha uma aliada, replicou:

– Que assim seja, mas que também seja bem-aventurado todo aquele que ouve a palavra de Deus e a observa com prudência, fraternidade e amor.

Um golpe de mestre! Ter falado na palavra de Deus, naquele instante, foi crucial para Yeshua, que devia provar que era um homem de Deus, e não um enviado do "adversário". O risco de serem apedrejados por uma malta furiosa e fanática estava passando. A Judeia, definitivamente, não era a Galileia, onde as pessoas eram mais simples, amoráveis e crentes. Era preciso tomar maiores cuidados com os atos e as palavras.

Faleg de Betel era um homem mesquinho, perjuro, que batia no peito, alardeando virtudes que não tinha, mantendo uma casa com prostitutas, onde festejava às largas. Era um patrão severo e cruel. Não aceitava desculpas e muito menos as justificativas da natureza. Se não choveu ou se ventou demais, era problema do empregado, e Faleg exigia as cotas estabelecidas. Na medida em que não conseguia, o empregado ficava devendo para o próximo ano, ou então era vendido como escravo para as minas de sal para cobrir os débitos.

Faleg estava profundamente irado com Yeshua. Acreditava que ele era algum tipo de embusteiro. Não aceitava a possibilidade de ele ser um taumaturgo. Olhou-o com raiva, entrou em sua mansão e deu ordens para não ser incomodado. Yeshua sentiu que não era o momento de importuná-lo. Deixaria a apresentação de sua doutrina para outro dia.

Yeshua saiu de Betel e dirigiu-se para Jericó. Dormiram nos acampamentos provisórios que foram montando à beira de um regato, sob frondosas árvores e no meio de flores silvestres.

Havia um nobre em Jericó que desejava vê-lo. Tratava-se de Zaqueu, em cuja casa Yeshua curara um velho cego algum tempo antes. O velho Zaqueu, que ele não via há mais de onze anos, estava ansioso para revê-lo. Yeshua mandara avisar que iria passar pela cidade em direção a Ierushalaim. Zaqueu mandou a mensagem de volta dizendo que seria bem-vindo. Ele fez mais, mandou avisar a toda população que o grande Yeshua de Nazareth estava para chegar. Ora, isso mobilizou a região toda; sua fama o precedia naquelas paragens.

Quando Yeshua chegou a Jericó com seu *entourage*, as pessoas logo perguntaram se ele era o famoso taumaturgo da Galileia e, assim que receberam a confirmação, saíram alardeando o fato. Em menos de quinze minutos, reuniu-se uma considerável multidão de cegos, aleijados, surdos-mudos, loucos e doentes de todas as espécies de vários lugares da região. Estavam esperando por ele há mais de uma semana.

Iniciou sua entrada na cidade, mas não conseguia andar devido ao enorme número de pessoas que havia nas ruas. Seus discípulos deram-lhe a ideia de recuar e entrar mais à noite, deixando aquela multidão para trás, mas ele, vendo o sofrimento daquele povo, confrangeu-se e quis ajudá-lo.

174 | A SAGA DOS CAPELINOS

As ruas de Jericó eram estreitas e sombreadas devido aos sobrados que as ladeavam, estando tomadas de pessoas, muitas delas doentes e deformadas. Não era o lugar ideal para se concentrar uma população daquele jaez, mas não havia outra forma. Vendo que estava rodeado de doentes e que os espíritos que o auxiliavam nas curas estavam presentes, levantou a destra e pediu silêncio. Fez uma bela oração, citando passagens do salmo 140 – Na Tribulação – pois, desta forma, a turba poderia se calar e concentrar-se para o momento da cura.

Senhor, eu vos chamo, vinde logo em meu socorro;
Escutai a minha voz quando vos invoco.
Que minha oração suba até vós como a fumaça do incenso,
Que minhas mãos estendidas para vós
Sejam como a oferenda da tarde.

Os espíritos começaram sua faina. Mais de oitenta trabalhadores espirituais estavam de serviço, uns levando almas sofridas embora, outros em atividades na dura matéria física. Subitamente, um dos homens começou a gritar:

– Estou vendo! Estou vendo!

A comoção foi geral. Yeshua pediu silêncio e continuou orando em voz alta enquanto via os espíritos trabalhando com raro empenho. Parecia que era fundamental que Jericó fosse um grande marco para Yeshua. Uma espécie de átrio dos milagres para a entrada em Ierushalaim.

Outro grito ecoou entre a multidão:

– Meu Deus, meu Deus, estou andando! Estou curado!

Mais outro grito de satisfação, outra cura:

– Estou vendo novamente! Grande é o poder de Deus!

Havia pessoas chorando, outras rindo quase histericamente. Algumas estavam tão ensandecidas de felicidade por terem se livrado de uma doença que há tanto tempo as atormentava, que riam e choravam, simultaneamente.

JESUS, O DIVINO MESTRE | 175

Naquele momento, um rapaz que ficara entrevado por mais de seis anos, jogado sobre uma cama, foi levado por cima dos telhados da casa por seus parentes e chamava insistentemente, dizendo:

– Yeshua, filho do Deus vivo, só você tem o poder de me curar.

Seu grito não era o mais forte, pois estava fraco sobre o leito. No entanto, era o que mais tinha poder vibratório. O jovem havia ficado emocionalmente travado quando vira seu irmão mais novo cair de um despenhadeiro. Ele havia se culpado daquele descuido; o irmão era sua responsabilidade por ser muito pequeno. A morte do adorado irmão o deixara entrevado de sofrimento.

Yeshua captou tal fato, ajudado que foi pelos guias espirituais do jovem, e, subitamente, virou-se; o rapaz estava às suas costas. Levantou a mão pedindo silêncio e estranhamente foi atendido num átimo, como se todas as vozes silenciassem de suas hosanas e rogações. Yeshua olhou para cima e viu o jovem embrulhado em lençóis, sendo arriado do teto do segundo andar em sua direção por meio de cordas e quatro fortes homens.

Yeshua falou com voz tonitruante:

– Jovem, perdoe-se e seu pecado estará perdoado. Levanta e não peca mais.

O jovem alcançou o chão, sendo ajudado por Cephas a ficar ereto. Ele apoiou o pé no chão. O impacto da voz poderosa, magnética e comandante de Yeshua mexeu profundamente com sua mente. Se Yeshua, enviado de Deus, o havia perdoado – era isso que entendera das palavras do mestre –, então ele poderia voltar a andar.

Que ninguém subestime o valor da vontade e da emoção a ela associada! O rapaz se acreditava, novamente, fisicamente capaz. Apoiado em Cephas, deu um segundo passo e depois um terceiro. Suas pernas, há tanto tempo paradas, recusavam-se a andar, mas, com certo esforço e força de vontade, ele deu o quarto passo e já sentiu maiores facilidades. Veio o quinto, o sexto. A emoção já contagiava todos como se fosse uma corrente elétrica. Todos o conheciam; Jericó era uma cidade pequena.

176 | A Saga dos Capelinos

– Estou curado! Estou curado! Pelo poder do grande Deus, estou curado! Ó divino Yeshua, você é maior do que qualquer profeta que jamais apareceu nesta terra! Bendito seja entre todos os homens!

As pessoas gritavam amém – que assim seja. A estreita viela estava em festa. Quantas curas! Quanta felicidade! Havia alegria até mesmo nos que não foram curados, já que havia aqueles que eram fisicamente impossíveis de serem curados. Pessoas que haviam perdido um braço, uma perna ou um globo ocular não podiam ser restituídas à normalidade, mas demonstravam tanta felicidade com o sucesso dos outros que saíram daquele lugar com o coração mais leve.

Yeshua ficou duas horas atendendo a todos. Dava uma palavra de consolo a um e a outro, atendendo mães aflitas pela situação de filhos desaparecidos, pois até para isso Yeshua era consultado.

Zaqueu, que soube do tumulto, tentou chegar perto do mestre, mas a quantidade de pessoas era enorme, e ninguém cedia espaço para ele.

No final de duas horas, a maioria das pessoas saradas havia partido para fazer suas obrigações nas sinagogas; aqueles que estavam curados deviam apresentar-se ao sacerdote para a competente averiguação e o pagamento das oblações à divindade.

Naquele instante, Zaqueu conseguiu vencer a multidão e se aproximou de Yeshua. Como estava mudado! Conhecera um jovem forte, com o olhar cheio de comiseração e doçura. Agora ali estava um homem ainda mais robusto, que tinha olhar magnético, cheio de força e poder. Era um ser em combustão. Já não era o jovem cujo olhar vez por outra ficava angustiado e nostálgico. Era o lídimo representante da força interior. Mas ainda havia suavidade em seus gestos. Não era violento ou iracundo, deixando-se tocar pelos doentes e pelos que os acompanhavam.

Havia pessoas que o agarravam pelas pernas e choravam durante alguns minutos, arrependendo-se de culpas reais ou imaginárias. Yeshua as deixava ficar e, vez por outra, passava a mão em suas cabeças, acariciando-as como se fossem pequenas crianças. Havia neste instante um ar paternal em seu rosto e em sua expressão. Outras vezes, ele era o irmão mais velho, aconselhando sem impor, orientando ao dar algumas alternativas, mas sempre deixando a decisão para a pessoa.

Zaqueu aproximou-se quando terminou a função curativa e o mestre o reconheceu, dando alguns passos em sua direção. Aquele gesto de amizade foi recebido como uma especial deferência por Zaqueu. O grande taumaturgo o reconhecia e via nele um amigo. Uma honra!

Abraçaram-se e Zaqueu comentou que fazia mais de dois lustros que não se viam. Yeshua sorriu e disse-lhe que o tempo voava, que ele continuava o mesmo – apenas uma gentileza – e que estava feliz em estar ali – o que era verdade.

– Venha para minha casa, rabi. Tenho boas surpresas para você.

Não há pessoa que não fique curiosa. Yeshua, mesmo sendo um grande espírito, era humano. Que surpresa seria? Yeshua apresentou todos os seus discípulos, sua mãe e irmãos para Zaqueu, que disse que ficariam todos em sua casa. Yeshua lembrava-se da casa de Zaqueu. Era boa e espaçosa, mas não iriam caber todos lá. Ele agradeceu e disse que não queria incomodá-lo. Zaqueu pareceu ler os pensamentos de Yeshua e disse-lhe que agora estava numa casa nova muito maior.

– O Senhor tem sido complacente com Seu humilde servo; cumulou-me com riquezas que não consigo sequer contar.

No caminho para sua nova mansão, Zaqueu contou que se meteu no comércio, tendo auferido lucros enormes, e havia se tornado um dos homens mais ricos da região, quiçá do país. Continuava a não ir a Ierushalaim, já que continuava casado com sua mulher samaritana, e sabia que seus compatriotas o repudiariam por causa dela.

Yeshua viu que a nova mansão de Zaqueu ultrapassava em muito a antiga. Perguntou pelo velho cego e soube que morrera há menos de cinco anos, feliz e curado de sua cegueira. Entra-

178 | A Saga dos Capelinos

ram pelo portão principal. A nova mansão tinha o estilo das casas gregas, com colunatas coríntiãs, repletas de estátuas de homens, mulheres, crianças e animais. Alguns dos discípulos ficaram chocados, mas, vendo o mestre impassível, aceitaram o "pecado" de verem reproduções como um fato normal. Zaqueu havia se tornado um fariseu à sua moda.

Yeshua entrou num lugar coberto que tinha uma fonte interna de onde água tépida corria. A engenharia romana estava presente naquela fonte artificial, demonstrando que Zaqueu era muito bem relacionado com os conquistadores. Ao entrarem naquela sala, Yeshua viu cerca de dez pessoas conversando. No instante em que entraram, todos pararam de falar. Yeshua reconheceu alguns de seus melhores amigos. Ali estavam seu tio Yozheph de Arimateia, o velho amigo Nicodemos e alguns desconhecidos.

Abraçaram-se efusivamente. Durante alguns minutos, houve uma balbúrdia enorme. Apresentações de lado a lado, abraços afetuosos entre Míriam e Yozheph de Arimateia. Levaram alguns minutos colocando as novidades em dia. O nobre de Arimateia havia dobrado sua fortuna e feito de seu novo sócio, Zaqueu, um homem muito rico. Já Nicodemos continuava o mesmo, um sisudo mas feliz fariseu.

Naquela noite, um banquete foi servido para as trinta e poucas pessoas; Zaqueu convidara algumas pessoas importantes da cidade. As mulheres foram servidas numa mesa à parte numa outra sala, de forma a permitir que os homens tivessem suas discussões em paz.

No meio do banquete, alguns membros do Sanhedrin, fariseus inveterados, começaram a questionar a doutrina de Yeshua.

– Pelo que pudemos entender, você está propondo que haja uma mudança nas relações de trabalho. Nós devemos fornecer a terra, os implementos e todas as condições para fazer dos pobres homens prósperos. Você nos diz que com isso nós também iremos prosperar ainda mais. Pergunto-lhe, mestre Yeshua, se é possível que haja uma nação somente de homens ricos. Quem irá fazer os trabalhos mais rudes? Quem irá querer arar a terra, apascentar as ovelhas, passar a noite ao relento cuidando dos rebanhos, tirar os espinhos e pedras dos cascos dos burros, correndo o risco de uma mordida ou um coice, se for rico?

Yeshua sorriu. A princípio, o homem tinha razão. Yeshua lhe respondeu com civilidade e calma:

— A não ser que estes trabalhos representem a sua prosperidade. Hoje ele o faz porque é forçado pela vida e seu estado de servilismo. Ele o faz para que um nobre fique mais rico, e executa esta labuta sem amor, sem interesse, a não ser para não perder seu trabalho. Ele foge desta corveia e inventa as desculpas mais ridículas. No entanto, numa sociedade em que seu sustento e sua prosperidade dependem da sua capacidade e qualidade de trabalho, ele não o fará para ninguém a não ser para si próprio.

— Então, onde ganharemos com isso? O mestre não está propondo que eu abra mão de meus direitos apenas para facultar a um bando de inúteis uma prosperidade que duvido que venham a ter, está?

— Se eu propusesse que um perdesse para que o outro ganhasse, eu não estaria propondo um reino de Deus, onde o principal atributo é a justiça. Não é necessário que as relações de trabalho sejam "eu ganho e ele perde". Podem ser: "eu ganho e ele também". Conseguimos fazer isso em Cafarnaum, Naim, Tiberíades, Guishala e em muitas outras aldeias.

O fariseu cortou-lhe a palavra, já se tornando mais brusco:

— Isso é fácil na Galileia. Aqui é a Judeia. Tudo é diferente.

Yeshua lhe perguntou, com urbanidade:

— Mas em que reside a diferença?

— Ora, em tudo! Os galileus são trabalhadores enquanto que os habitantes de Yehudá são preguiçosos, relapsos e desonestos.

— Creio que o nobre está sendo muito severo com seus compatriotas. Lá também, na Galileia, os nobres diziam que os galileus eram am-ha-arez , ignorantes e de uma estupidez a toda prova. No entanto, tiveram confiança em mim e fizeram a experiência. Os resultados foram excelentes. Os nobres, ao invés de se preocuparem com terras ou pescas, sabendo que eram roubados, ocupam-se, agora, de ampliar o comércio, levando os produtos para lugares distantes, ganhando muito mais do que se ficassem vigiando seus trabalhadores.

– Suas experiências não podem ser consideradas válidas aqui. Volto a insistir que os judeus são um povo preguiçoso e lerdo.

– Discordo de sua opinião. Eu mesmo sou judeu, tendo nascido em Beit Lechem. Não me considero nem parvo, nem mandrião. Creio que, se depositarmos confiança nos pobres, dando-lhes oportunidades verdadeiras, instruindo-os e oferecendo-lhes um suporte inicial para iniciarem suas tarefas, tornar-se-ão dignos de nossa atitude.

A resposta um pouco mais forte de Yeshua encetou uma raiva surda no fariseu. Seus pensamentos turbilhonavam em sua cabeça: "Quem é esse homem para teimar comigo e me responder? Logo eu que sou membro do Sanhedrin. Quem ele pensa que é?"

O nobre não gostava de ser enfrentado desta forma por um simples plebeu. Desta forma, ele respondeu rudemente a Yeshua:

– Você não passa de um sonhador! Suas histórias são belas para o povo ignorante que você seduz com promessas de prosperidade e igualdade. Não há nada disto nesta terra. Só há a Lei que foi feita para proteger os interesses dos poderosos. Sugiro que você tome muito cuidado; esta mesma Lei pode voltar-se contra você. Não reconheço seus méritos, a não ser o de ser um incitador de revoltas. Você levará os camponeses à ruína.

Assim dizendo, levantou-se da mesa e saiu batendo pé firme. Quatro fariseus, seus amigos pessoais, uniram-se a ele, retirando-se também. Zaqueu estava mortificado. Não imaginara que, ao convidar um poderoso membro do Sanhedrin, iria gerar tamanho movimento de repulsa à doutrina de Yeshua.

Zaqueu se levantou do seu coxim e saiu atrás daquele fariseu chamado Shamai, o mesmo que discutira com Yeshua quando ele tinha pouco mais de doze anos.

Os demais que ficaram na mesa estavam consternados. Yeshua estava triste com a atitude brusca e descortês de Shamai. O velho fora excessivamente intransigente. Discutir era um ponto positivo. Yeshua gostava de debater as questões de sua doutrina com pessoas inteligentes. Aquele que pergunta ou discute nem sempre é contra; muitos são apenas curiosos em saber mais. Yeshua comentou em voz baixa com Cephas e o nobre Arimateia, que estava ao seu lado:

– Tenho pena dos fariseus e de todos aqueles que são excessivamente radicais em seus pontos de vista. Virá um tempo em que as mudanças no mundo serão feitas, seja por bem, seja por mal. Os que souberem se adaptar aos novos tempos estarão em excelente situação, podendo usufruir de prosperidade e saúde. Os demais serão varridos pela fúria dos tempos.

Ah, as palavras! Como elas são entendidas de várias formas! Os judeus esperavam a vinda do Messias que iria, pelo fogo e pela destruição da Terra, instituir um mundo a vir – o Olam Ha-bá. Cephas entendeu que Yeshua estava se referindo a este tempo. Pensou que fosse uma ameaça aos fariseus, quando, na realidade, era um comentário lastimoso que o mestre fazia para aqueles que ficavam encruados em certas posições e que acabavam sendo esmagados pelas inevitáveis mudanças que aconteceriam na sociedade, no decorrer dos tempos.

Yeshua continuou sua admoestação profética, dizendo:

– O mundo precisa mudar para tornar-se mais justo, um lugar de paz e fraternidade. No entanto, para que essas coisas aconteçam, será preciso que as pessoas também se modifiquem. Tempo duros virão em que mais será acrescido àqueles que tiverem muito e o pouco dos que quase nada tem será arrancado. Esta é a lei do mundo injusto. Sempre se dará àquele que já tem, desprezando-se o que nada tem. É preciso, portanto, alterar as relações sociais entre os homens e, para tal, é preciso que os homens mudem, semeando amor em seus corações empedernidos, sem o qual o mundo continuará a ser um lugar de lutas entre o bem e o mal.

Zaqueu voltou à sala, mortificado, e pediu desculpas pela atitude intempestiva e descortês de Shamai e de seus seguidores. Yeshua disse-lhe:

182 | A Saga dos Capelinos

– Não se preocupe com isso. A postura dele é de um nobre do Sanhedrin. Ele não poderia aceitar as ideias de um simples am-ha-rez. Seria, para ele, intolerável. No entanto, é um homem digno e probo, merecedor de nossa admiração e respeito. Claro está que não vale a pena tentar convencê-lo. Deixaremos isso para um trabalho futuro.

Nicodemos, que havia escutado a última frase, perguntou-lhe:

– Como assim, Yeshua? Aquele homem é velho e mais nada o convencerá.

– Nessa vida, eu concordo. No entanto, é preciso lembrar que nós temos muitas existências.

– Você também acredita nisso?

Yeshua meneou a cabeça. Era um assunto que não gostava de conversar com as pessoas menos esclarecidas. Ele tinha receio de que essa bela doutrina fosse usada para esmagar os pobres como o fora na Índia. No entanto, para aqueles que ele sabia que eram inteligentes, instruídos, gostava de mencionar a doutrina das múltiplas existências, até para confirmar que o processo de várias vidas era o curso natural da evolução. Nicodemos acreditava em metempsicose, devido à influência grega, mas tinha dúvidas.

– Você crê que é possível que um velho teimoso como Shamai possa tornar-se criança novamente e voltar mudado?

– Isso está fora de qualquer dúvida. Quanto a mudanças, dependerão de inúmeros fatores, tais como: os estudos que vier a desenvolver no mundo dos espíritos, a sua nova família, a sociedade em que for inserido, suas novas experiências e, finalmente, sua atitude perante a vida.

– Eu não entendo como um velho pode se tornar criança e entrar novamente no ventre de sua mãe. Tudo isso me parece muito misterioso!

– Você precisa saber distinguir o que pertence ao corpo e o que é do espírito. O corpo se desfaz na tumba enquanto o espírito voa livre, encontrando, no tempo certo, um novo corpo para renascer.

– Explique-me melhor, Yeshua, estes mistérios, pois sempre tive interesse em conhecê-los.

O resto do jantar ficou comprometido. Comeram sem degustar, beberam sem sorver, falaram sem se empolgar. A ceia havia ficada amarga.

Yozheph de Arimateia passou um tempo, após o jantar, conversando a sós com Yeshua. Comprometeu-se a fazer um trabalho de bastidores, junto aos demais membros do Sanhedrin, para que a má impressão que Shamai tivera dele fosse desfeita. Deu-lhe permissão para começar a reforma por Arimateia.

No meio da conversa, um jovem se aproximou deles. Havia ficado à margem, mas escutava tudo que os dois homens falavam. Quando Yozheph de Arimateia ofereceu suas terras para que Yeshua começasse a aplicar sua doutrina, ele, voluntariosamente, entrou na conversa e, com uma expressão de felicidade, falou:

— Só depois de ter começado nas minhas terras.

Yeshua virou-se para ver quem falava, e Yozheph de Arimateia, sorrindo da intromissão bem-vinda do estranho, abraçou-o como se fosse um irmão e apresentou-o ao mestre:

— Yeshua, deixe-me lhe apresentar o jovem aqui presente. Trata-se de uma figura da mais alta nobreza de espírito. Ele é como se fosse meu irmão mais novo. Trata-se de Lázaro de Betânia.

Lázaro de Betânia era um rapaz de vinte e três anos, de constituição franzina, apresentando diversos problemas de ordem pulmonar, entre eles, o mais grave, uma bronquite asmática pertinaz que o atacava sistematicamente. Era um homem inteligente, tendo recebido esmerado estudo teológico junto a Gamaliel, filho do grande Hilel, e, por isso mesmo, considerava-se um oponente de Shamai. Os pais haviam morrido quando ainda era rapaz pubescente, tendo sido educado por duas irmãs mais velhas: Míriam e Marta.

A festa de Chanuká durava oito dias e começava para uns em 21 de Kislev, para outros em 25 deste mês, estendendo-se pelo mês de Tevet. Eram as festas das luzes, que comemoravam a vitória dos macabeus, em 165 a.C., contra as forças helenizantes de Antioco IV. Para os místicos, as luzes do Chanuká eram a manifestação da luz oculta do Messias. Portanto, para Yeshua, que cada dia que

184 | A Saga dos Capelinos

passava achava que sua missão deveria ser revelada, pois obtivera sucesso e fama na Galileia, nada melhor do que coincidir sua primeira visita oficial a Ierushalaim na festa das luzes, quando se revelaria ao mundo.

Ierushalaim estava apinhada de gente, especialmente de peregrinos vindos de outros lugares distantes. Havia judeus de Alexandria, da Babilônia, de Hagmatana e da Ásia Menor. Até mesmo, os judeus radicados em Roma haviam ido para a festa. Era dezembro do ano 29 d.C., e Yeshua fez sua entrada na cidade como milhares de outros peregrinos.

Não foi preciso muito tempo para que sua presença fosse sentida na cidade, pois, assim que se assentou na casa de Yozheph de Arimateia, partiu para orar no Templo. Cruzou a cidade e suas estreitas ruelas, acompanhado de todos os seus discípulos e mais um cortejo de quase trinta de seus obreiros que haviam divulgado sua doutrina para a Judeia. Alguns haviam tido razoável êxito, mas outros haviam malogrado em seus intentos, sendo que a metade dos que haviam fracassado abandonou a ideia de implantar o reino de Deus e voltou para suas casas diante da primeira dificuldade. Faltava-lhes coragem, persistência e fé, fatores fundamentais para o bom obreiro da seara do Senhor.

Yeshua sabia dos resultados e os analisou com Tauma e Cephas, concluindo que a maior dificuldade residia não só no povo, que era arrogante e tacanho, mas também entre os nobres que comandavam as pequenas cidades, tendo enxotado vários obreiros e ferindo de morte dois deles, já que andavam em pares.

O Templo estava irrespirável, com pessoas além de sua lotação, obrigando-as a se demorarem no pátio externo, conhecido como Átrio dos Gentios. Yeshua não conseguiu sequer entrar no Templo, pois além de uma multidão que formava filas na porta, logo foi interceptado por pessoas que o conheciam. Os escribas e fariseus mais importantes foram ter com ele no Pátio dos Gentios, a maioria para discutir com ele aspectos da Lei, pois esta gente adorava uma discussão estéril sobre palavras e significados ocultos.

Yeshua foi questionado duramente sobre vários aspectos, entre eles o de não lavar as mãos antes das refeições, fato que nunca aconteceu, pois era um homem absolutamente higiênico; mesmo que não houvesse o preceito, o faria por asseio. Outros discutiram com ele sobre o fato de curar no shabat, já que ele fazia muitas de suas pregações neste dia. Os camponeses só tinham folga no shabat e, portanto, iam à sinagoga escutá-lo. Como consequência disto, os doentes também o procuravam no shabat, e ele os curava. Para os judeus ortodoxos e radicais, o shabat era um dia santificado em que não se devia fazer nenhum tipo de trabalho, portanto Yeshua ia de encontro àquele preceito ao curar neste dia.

Yeshua estava particularmente inflamado naquele dia. Estava cansado da viagem, apertado pela multidão que se comprimia e perturbado pelo assédio de detratores. Passara mais de duas horas sendo questionado e respondia com fidalguia, mas com crescente impaciência. Havia rebatido cada acusação, desde as infundadas, como a de não lavar as mãos, até aquelas mais ridículas, como a de que ele era um glutão e beberrão, que se comprazia com a presença de pecadores.

Num determinado instante, apareceu um cego conhecido na cidade, pois ele era um dos muitos pedintes que ficavam na entrada do Átrio mendigando ajuda. Era considerado cego de nascença, mas não o era de fato, já que havia ficado cego por causa de um tumor cerebral que o atingiu na infância, mas que estagnara, não o matando. Em certo instante, sabendo que o grande taumaturgo estava presente, foi vencendo a multidão que escutava a arenga entre os fariseus e Yeshua e, sem nenhum pejo, ao saber que estava perante o famoso nazareno, falou:

– Filho do Deus vivo, olhe para mim, mísera criatura que sou. Não tenho direito também à felicidade? Ou devo andar na escuridão para todo o sempre? Já não paguei com sofrimento e escárnio público todos os meus pecados e dos meus pais? Será crível que você, que curou leprosos, fez entrevados andarem, ressuscitou mortos, expulsou demônios e fez cegos voltarem a ver, não possa

186 | A Saga dos Capelinos

também dedicar uma pequena fagulha de seu amor e curar este pobre cego?

Quando o cego começou a falar, houve um silêncio que, inacreditavelmente, se propagou no grande Átrio e a voz do infeliz tornou-se clara para os mais próximos, mesmo sendo velho e rouquenho. Yeshua olhou-o com comiseração, pois falara aquilo tudo sob forte emoção, com lágrimas a rolar pesadamente nas faces e voz embargada.

Yeshua levantou a destra, fechou levemente os olhos, concentrou sua visão e, ajudado por um espírito especializado, viu o local correto do tumor. Emitiu uma imensa carga energética, que penetrou no cérebro do infeliz, amalgamou-se ao tumor e, vibrando em altas frequências espirituais, dissolveu-o. Aquilo gerou um súbito mal-estar no velho, que cambaleou, só não caindo porque foi amparado por fortes braços. Ele começou a balbuciar palavras desconexas, a gesticular como se estivesse sob o efeito de uma doença nervosa e foi perdendo forças.

Enquanto aquilo acontecia, as pessoas em volta o olhavam com extrema curiosidade, alguns esperando que houvesse um retumbante fracasso, pois isto lhes daria lenha para queimar na fogueira das paixões contra Yeshua; e outros aguardando o desfecho com crescente curiosidade. Um dos fariseus, membro de um grupo rico e seleto de nobres de Ierushalaim, homem de coração empedernido, conhecedor de costumes e leis, falou alto para que todos escutassem:

– Este falso profeta egípcio que movimenta multidões de beócios em torno de si ousa conspurcar a festa das luzes com artes diabólicas. Com este sotaque egípcio, é mais do que óbvio que ele foi iniciado nas feitiçarias nas quais os egípcios são famosos. Deveríamos expulsá-lo e enforcá-lo numa árvore.

A malta é perigosa e, como é altamente comburente, inflama-se à toa. Sob os efeitos de palavras dirigidas, é capaz de trucidar qualquer um com rapidez e, assim, a responsabilidade individual fica abafada sob a capa da coletividade anônima, o que permite os piores desatinos.

Começou um forte burburinho. O fariseu quis jogar o povo contra Yeshua. Era uma situação delicada, pois já havia acontecido antes com outros incautos e todos morreram apedrejados, ou jogados do alto das muralhas que rodeavam a cidade, ou enforcados, pois Ierushalaim tinha fama de matar seus profetas. Yeshua levantou a voz e com forte magnetismo desandou a falar. Sob o efeito do cansaço físico, do perigo iminente e da importunação dos fariseus, iniciou uma série de admoestações extremamente vivas. Seu tom de voz beirava a ira, mesmo que comedido e controlado por sua mente superior, mas, ao simples, era amedrontador. Ele, um homem de altura superior à média dos homens, com compleição robusta, mesmo que longilínea, com voz barítona e forte, e emitindo fortes emissões de energia mental, fez a turba parar o burburinho de intenções assassinas.

— Vocês, escribas e fariseus, são uma raça de víboras, que edificam mausoléus para os profetas que seus pais mataram! Pois são como sepulcros caídos, belos por fora e podres por dentro! São uma raça de iníquos, que sobrecarregam o povo com um peso que ele não pode carregar, e não levantam um dedo para ajudar no fardo! São cheios de maldades e opróbrios, mas se jactam de cumprirem a Lei! Lavam as mãos antes de tocarem os alimentos, mas suas almas estão imundas de seus incontáveis pecados, pois roubam das viúvas e dos órfãos, matam seus profetas, acusando-os de feitiçaria, mas querem os melhores lugares nas sinagogas e exigem saudações públicas!

Yeshua olhou diretamente para seu acusador e, como se soubesse de suas iniquidades, disse-lhe em tom cada vez mais ameaçador:

— Você que se diz um fiel cumpridor da Lei, por que então tem uma casa à parte da de sua família, onde mantém mundanas, bebe vinho a não mais poder e joga cartas durante o Chanuká? Como você ousa chamar-me de feiticeiro, se você mesmo já recorreu aos altares pagãos para conhecer seu negro futuro? Ou você pensa que eu não sei que você já visitou Delphos e o Templo da ave Fênix?

O homem ficou lívido, sentindo faltar o chão sob seus pés. Como era possível que aquele homem soubesse aquelas coisas, pois tudo isto fora feito sob o maior sigilo? O estupor o havia calado.

188 | A Saga dos Capelinos

Yeshua, que havia recebido intuitivamente estas informações, virou-se para os demais que o cercavam e disse:

– Olhem para este belo Templo e eu lhes direi que é apenas uma construção humana. Ele nada representa a não ser o que está em seus corações. Ele poderá ser destruído como já foi o Primeiro Templo por Nabucodonosor. O templo de seus espíritos também há de chegar a um final, mas, no dia do julgamento, vocês serão julgados com maior severidade, pois se dizem os doutores da Lei, os que tomaram as chaves da ciência, nas quais vocês não entraram e não deixaram ninguém entrar.

Olhando para os demais homens que se reuniam calados, escutando as suas severas admoestações, Yeshua continuou:

– Guardem-se do fermento dos fariseus e dos escribas, pois não passa de hipocrisia. Digo-lhes que não há nada oculto que não se venha a descobrir; não há nada escondido que não venha a ser conhecido; o que disseram às escuras será revelado à luz de Deus. Tudo lhe é conhecido e Ele há de ser justo na aplicação da Lei e dos castigos. Digo-lhes mais, que esta geração de ímpios, de hipócritas e de degenerados haverá de sofrer um castigo exemplar. Suas terras serão arrasadas, suas famílias espalhadas pelo mundo e eles mesmos terão seus corações arrancados e jogados ao fogo regenerador.

Yeshua, mais uma vez, olhou para o Templo e disse:

– Vejam o que vocês fizeram com a nossa casa de oração! Transformaram-na num covil de lobos, onde só se pensa em negócios e oferendas.

Aproximando-se de uma das tendas, onde estavam pombas para serem ofertadas aos odorifumantes altares do Templo, ele segurou uma delas na mão e disse:

– Vocês fizeram a profecia de Isaías e Jeremias se concretizar, pois foi dito pelos profetas que *a minha casa é casa de oração! Mas vós a fizestes um covil de ladrões.* Posso lhes afiançar que não passará este tempo sem que esta geração de malditos seja jogada na fogueira dos imprestáveis. Para que matar esta pomba? Para se purificar de seus opróbrios, de suas iniquidades? O sangue dela não tem este poder, mas sim o amor que estiver em seus corações. Arrependam-se com sinceridade e caminhem na estreita senda do Senhor, e não será necessário martirizar animais, nem acender incensos, nem mortificar o corpo com jejuns despropositados, pois nada disso será útil, se não abrirem seus corações e receberem o rûach qodsô – espírito da santidade!

Assim falando, soltou a pomba que, desacostumada a voar por estar tanto tempo presa, bateu as asas e, num rápido movimento, foi se aboletar no ombro de Yeshua, que nada fez para espantá-la. A pomba que representa Israel e também a shechiná – a descida do espírito santo sobre o homem –, por estar no ombro de Yeshua, tinha um grande simbolismo para os presentes. Ali estava o símbolo de que aquele homem carregava nos ombros a nação de Israel, assim como de que o espírito santo de Deus descera sobre ele, confirmando que ele era o Messias.

Durante os poucos minutos em que Yeshua havia feito sua perigosa e severa admoestação aos escribas e fariseus, o cego, que havia estado quase desmaiado, fora tratado pelos espíritos que trabalhavam celeremente. Aos poucos foi recobrando a consciência plena e com ela a visão, dádiva maravilhosa e insuperável do poder de Deus. Ao retornar a si, levantou-se e, tendo começado a ver, gritou, fora de si de tamanho júbilo, que estava vendo.

Seus gritos fizeram Yeshua calar-se e a multidão ficou inteiramente possuída de um grande temor. Será que ele era um deus para realmente fazer aquele milagre?

Naquele momento, saindo de dentro do Templo, tendo escutado as duras palavras de Yeshua, vários guardas judeus armados de cassetete, por ordem do chefe da guarda, foram dispersar Yeshua e a multidão, tentando expulsá-los. O tumulto gerado foi dos mais ferozes.

Os discípulos de Yeshua acudiram o mestre, com espadas. Dois guardas foram feridos. Os demais homens que estavam no Átrio se apavoraram com a renhida luta e tentaram correr, derrubando barracas e espalhando as mercadorias no chão. Alguns homens aproveitaram para roubar e pegar o que podiam, saqueando tudo que estivesse ao alcance. Os empregados das barracas tentaram expulsar os saqueadores e vários se feriram na luta que se alastrou. Em segundos a praça havia se transformado numa grande baderna. Yeshua foi retirado às pressas, contra sua vontade, por Tauma e Cephas, com André e Boanerges defendendo os seus costados.

A baderna continuou por mais de quinze minutos e a luta se espalhou entre homens e vendedores das barracas. A guarda do Templo bateu em retirada, lambendo suas feridas, pois estava composta de poucos homens para conter tamanha malta. O tumulto tornou-se completo quando os romanos, a pedido do chefe dos guardas do Templo, intervieram e, sob a ameaça de lanças e espadas, expulsaram as pessoas do local, sem antes fazerem algumas prisões, ferirem alguns e matarem dois ou três. Pilatos soube do ocorrido, mas não foi informado de que se tratava de um profeta galileu, mas sim de um tumulto provocado por arruaceiros que tentaram e até conseguiram roubar mercadorias dos vendeiros do Templo.

Os lordes judeus se reuniram no fim da tarde e foram confabular com Caifás que estava revoltado com tudo aquilo. Suas tendas não haviam vendido nada e o roubo e a perda de mercadorias lhes havia infligido grave prejuízo. Caifás havia presenciado a parte final da confusão, do alto das muralhas do Templo. Os demais participantes do Sanhedrin também acharam aquele ato intolerável. O culpado fora aquele agitador político galileu, de nome Yeshua. Era preciso fazer algo contra ele. Naquele momento, todas as queixas represadas contra o mestre foram desaguadas numa torrente de acusações, impropérios e ameaças.

Falaram de graves incidentes que haviam acontecido nas terras de Zaqueu, assim como tentativas de sublevação em várias pequenas cidades onde os nobres locais não desejaram fazer as mudanças preconizadas por Yeshua. Falaram dos distúrbios graves em Cafarnaum, Corozaim e Betsaida. Houve um nobre em Lida que perdera um filho trucidado pela turba infrene, pois se recusou

JESUS, O DIVINO MESTRE | 191

a ceder ao que foi classificado como reforma agrária. Ele, mais do que ninguém, queria vingança.

O mestre não havia conseguido convencer todos os nobres feudais, e muitos deles sofreram na carne com pequenas ou até grandes sublevações campesinas em suas terras. Yeshua havia levado uma revolução ao campo. Nos lugares em que ele conseguira fazer as mudanças graças ao apoio dos nobres locais, a revolução foi cultural e pacífica. Nos demais lugares, houve tumultos, saques, depredações e, em alguns casos, as centúrias romanas tiveram que interceder, piorando ainda mais a imagem pública do mestre perante seus detratores e os romanos.

Após uma tumultuada sessão privada, da qual poucos membros participaram, ficou definido que fariam uma acusação formal ao prefeito romano, exigindo que Yeshua fosse preso e acusado de sedição. Mas deixariam a prisão para os romanos; não tinham autoridade para prender ninguém fora do Templo. Além disso, eles temiam que os seguidores de Yeshua o protegessem contra qualquer prisão indevida.

Pôncio Pilatos chegou de Cesareia e inteirou-se dos sérios distúrbios que haviam ocorrido no Pátio dos Gentios. Algumas horas depois, Caifás solicitou uma audiência com Pilatos, que o recebeu com uma carranca de meter medo.

– Então, o Templo continua a ser um lugar de arruaceiros e de baderneiros?

Caifás ficou surpreso com o ataque do prefeito. Melhor ainda! Ele já sabia e pouparia os prolegômenos tão tediosos. Iriam direto ao ponto.

– Infelizmente, é verdade. Há alguns arruaceiros extremamente perigosos que vêm insuflando o povo à revolta, tanto contra o poder romano como o do próprio Templo.

Pilatos, velha raposa, sorriu de lado. "O que será que este estrupício do Caifás vem me propor?"

– Ah, é? Quem, por exemplo? – Havia um sorriso sardônico nos lábios do prefeito. Ele queria ver se o sumo sacerdote seria bastante homem de lhe dar um nome. Ainda não tinha Yeshua como suspeito.

– Há muitos zelotes atuando na Galileia. Aliás, aquela terra é um vespeiro que só gera problemas.

– Tenho escutado falar bastante dos galileus. Mas, Caifás, você tem um suspeito?

O sumo sacerdote virou-se de um lado e de outro. Estava nitidamente incomodado. Não era o seu papel dar um nome ao prefeito, mas agora já fora longe demais.

– Temos investigado o motivo do último tumulto no Átrio dos Gentios e vimos que foi obra de um grupo de galileus.

– Ah, os galileus, novamente?

– Sim, é verdade, nossas suspeitas recaem num grupo comandado por um nazareno chamado Yeshua.

Pilatos já ouvira falar dele, mas os relatórios, mesmo distorcidos, davam mais conta de um taumaturgo poderoso, que misturava ideias apocalípticas do fim do mundo com reinos divinos.

– Já ouvi falar deste homem. É meio maluco, não é?

– Em absoluto. Trata-se de um feiticeiro poderoso, capaz de artimanhas fabulosas, que engana os incautos com truques baratos.

– Ah, é? Como assim?

– Para se ter ideia de até onde vai a esperteza deste galileu, ele combinou com uma pobre viúva e seu filho fingirem que o menino tinha morrido, apenas para que ele pudesse revivê-lo perante uma multidão. Um truque articulado que lhe granjeou muita fama.

– Mas que velhaco! Que mais?

Caifás começou a enveredar por um caminho teológico, explicando todas as blasfêmias que Yeshua proferira. Mas o astuto Pilatos não queria este tipo de argumentação e atalhou-o de chofre:

– Estas crendices judias não me interessam. O que quero saber é se ele realmente é um líder revoltoso, um homem que oferece perigo ao Império, ou, meramente, um dos seus incontáveis profetas que vocês tratam tão mal.

– Nossas investigações apontam para um líder de alta periculosidade tanto para Roma, como para o Templo.

Pilatos não estava de todo convencido. Zombou da palavra periculosidade.

– Alta periculosidade?! Mas que exagero, Caifás!

O sumo sacerdote estava ficando impaciente. Pilatos não o levava a sério.

– Ele é deveras perigoso. Ele prega a implantação de um reino de Deus, do qual ele será o rei. Como Roma encara isso, prefeito Pilatos?

A voz grave de Caifás era severa e atingira o objetivo. Como? Um rei na Judeia! Sem o consentimento de Tibério? Ridículo, mas perigoso. Recebera estritas ordens de Sejano, braço-direito do Imperador, de ser inflexível com os ingovernáveis judeus.

– Ele se intitula rei? Ah, isso já é mais grave!

Agora havia um motivo para prendê-lo. Só eram necessárias provas. Sem evidências, a lei romana era estrita: não se pode acusar um homem.

– Gravíssimo!

– Você tem provas do que está falando? Tem testemunhas? Estariam dispostas a vir aqui testemunhar?

– Sim, sem dúvida! Temos pessoas que o escutaram falar coisas contra os romanos, contra os impostos e contra a sagrada pessoa de Tibério.

Caifás havia pronunciado a palavra sagrada com certo deboche, mas Pilatos fez de conta que não entendeu. Pilatos levantou e andou pela sala. Já ouvira falar de Yeshua e sabia que estava alterando as relações de trabalho entre os lordes galileus e os trabalhadores. No entanto, isso fora uma boa coisa: gerara mais impostos devido ao aumento da riqueza. Agora, uma dúvida o perturbava. Será que fizera aquilo para fortalecer sua posição pessoal, declarar-se o Messias e, com isso, aglutinar em torno de si uma multidão que facilmente seria conduzida contra os romanos? Ele havia recebido informações de que Yeshua pagava os seus impostos, mas podia ser apenas um ato para não chamar a atenção sobre si enquanto não estivesse totalmente pronto. Era preciso investigar o assunto a fundo.

Naquela tarde, Pilatos chamou seu centurião de maior fidelidade e mandou-o investigar mais de perto. Ele queria que um dos judeus comprados pelos romanos se infiltrasse no grupo de Yeshua e passasse a viver como um discípulo. Desta forma, ele teria todas as informações de que precisasse. Yeshua agora estava na mira direta de Pôncio Pilatos.

CAPÍTULO 7

Yeshua e seus amigos chegaram à casa de Arimateia e descansaram. Yeshua estava particularmente amuado, pois não era aquele o seu plano. Tentara por várias vezes anunciar a chegada do reino de Deus e intencionava apresentar-se como o Messias. No entanto, os fariseus o haviam impedido de expor sua doutrina, fazendo perguntas idiotas, discutindo aspectos obscuros da Lei e, para completar, perdeu a compostura, tendo proferido duras palavras. Na realidade, não chegara a perder a têmpera, pois, mesmo tendo sido severo e exortado o povo a não cair nas ciladas dos escribas e fariseus, conseguira se controlar para não perder a dignidade.

Quando eles estavam na casa de Yozheph de Arimateia chegou um mensageiro da esposa de Yozhpeh, irmão de Yeshua, informando que ele estava morrendo. Míriam ficou profundamente alarmada e quis partir imediatamente. Yeshua, preocupado com a notícia, sabia que não poderia sair de Ierushalaim, mas, concordando com a mãe, pediu que Shymon fosse com ela para protegê-la no caminho. Yozheph de Arimateia imediatamente providenciou uma carroça para levar a senhora até Nazareth, acompanhada de três guarda-costas fortemente armados. Eles partiram no outro dia de manhã.

196 | A Saga dos Capelinos

Os dias que se seguiram foram melhores. O Átrio não estava tão cheio e o policiamento ostensivo dos romanos afugentara a gentalha que se aproveitara dos distúrbios para saquear as tendas. O espaço ocupado pelas tendas havia sido liberado, pois a maioria estava imprestável e sem mercadorias. Os donos das tendas estavam furiosos com o prejuízo e, como eram quase todos membros do Sanhedrin e do próprio Templo, tentavam a todo custo recuperar as tendas para ainda aproveitarem o restante da festa.

Durante os dias que se seguiram, os fariseus e escribas, com medo de novo tumulto, não apareceram no Átrio, permitindo que Yeshua pregasse à vontade. No quarto dia, outros fariseus menos exaltados voltaram. Quando ele se referiu ao reino de Deus, eles o questionaram sobre a chegada do referido reino. Yeshua procurou explicar que o reino já estava sendo implementado, pois era um estado íntimo de santidade, assim como um estado de direito social.

Nas discussões que se seguiram, Yeshua se revelou quando lhe perguntaram se ele era o Messias. Ele falou de forma indireta, questionando os homens:

– Não estão sendo os demônios expulsos e vencidos? Não estão os doentes recobrando a saúde? Não estão os mortos sendo trazidos de volta dos túmulos? Pois estes são os sinais de que o mal está sendo combatido e vencido. Se o mal está perdendo terreno no coração dos homens e em seu lugar o espírito de santidade está entrando, é porque é chegado o reino de Deus.

Os fariseus, então, lhe perguntaram:

– Se o reino de Deus está chegando como você afirma, onde está o Messias?

– Quem expulsa os demônios? Quem restabelece a saúde? Quem ressuscita os mortos?

Um dos seus seguidores, falou alto:

– É você, Yeshua de Nazareth.

Os fariseus e escribas olharam-no com surpresa e temor e lhe perguntaram:

– Você é o Messias?

E Yeshua respondeu, enigmático, pois ainda convinha tomar cuidado contra a sanha assassina da malta que podia se enfurecer:

– Você é que o disse.

A partir daquele instante, os escribas o assediaram de modo a obter uma confirmação. Pediram sinais, milagres, perguntaram pelos exércitos do Messias e por todas as coisas bobas e irresponsáveis que os homens de fé bruxuleante pedem para obterem uma confirmação.

O Chanuká não fora um absoluto sucesso, pois os tumultos e a descrença dos homens de Ierushalaim foram impeditivos para que sua apresentação se tornasse perfeita. Yeshua, no entanto, não estava de todo insatisfeito, pois a semente fora lançada e faltava germinar. Será que o solo fora bem escolhido? Será que o solo fora convenientemente preparado para o plantio? Neste aspecto, Yeshua sabia que não, pois, na pressa de obter sucesso em Ierushalaim, ele semeara os seus grãos de sabedoria por cima de vários solos, sabendo que alguns cairiam no caminho, sendo comidos pelas aves do céu, outros cairiam entre rochas duras, não encontrando solo fértil, e alguns, em terreno propicio, onde haveriam de germinar.

Eles estavam para partir para Betânia, cidade vizinha de Ierushalaim, quando receberam várias notícias infaustas. Um dos criados da casa de Zebedeu chegou com a notícia de que Zebedeu e a esposa haviam fugido de Cafarnaum, após graves tumultos na cidade. A maioria dos barcos havia sido incendiada, as redes rasgadas e alguns depósitos de pescado tinham sido invadidos e saqueados.

Assim que Yeshua partiu de Cafarnaum, a oposição, vendo o caminho livre, mobilizou alguns descontentes, que atacaram a casa de Zebedeu. Ele se defendeu com alguns criados de confiança, mas acabou sendo superado pelo maior número de atacantes e fugiu para não ser morto. Na véspera, Zebedeu havia comentado com a esposa que a situação estava volátil, pois soubera que tumultos haviam acontecido em Betsaída e Corozaim, e ele temia que pudesse acontecer o mesmo em Cafarnaum. Disse que a oposição dos fariseus mais arraigados aos novos costumes implantados por Yeshua fora de tal magnitude que todos que ficaram com os ensinamentos do mestre

198 | A Saga dos Capelinos

foram escorraçados da cidade. A maioria, no entanto, ficou quieta e aceitou que novos domínios fossem impostos pelos opositores.

Yeshua ficou profundamente consternado com as notícias. Os filhos de Zebedeu, Yacob e Boanerges, estavam arrasados. Eles queriam voltar a Cafarnaum e se vingar do ataque ao pai. Yeshua teve que usar de muita calma para dissuadi-los do intento, pois eles não tinham homens suficientes para atacar o grupo que fora comandado por Jeroboão de Cafarnaum, o mesmo homem gordo que discutira com Yeshua por causa de jejuns e outras ninharias.

Yeshua alertou os demais que sua missão estava em perigo, pois, se continuasse a haver defecções daquela natureza, todo o trabalho seria inútil. Ele se retirou para um canto do belo jardim de Yozheph de Arimateia e procurou colocar suas ideias em ordem. As cidades onde ele tinha feito as reformas, assim que se viram livres de sua amorável presença, retornaram ao antigo *status quo*. Muitos de seus discípulos haviam deserdado, após sofrerem perseguições e correrem verdadeiro perigo. Poucos foram os que se mostraram à altura de seu próprio exemplo. Ele mesmo correra risco de morte em duas ocasiões, só sendo salvo pela força de Tauma e a viril intervenção de Cephas e seu grupo de Cafarnaum. Para onde estava indo sua missão? A continuar daquela forma, a derrota seria o corolário de todo o seu esforço.

Ficou durante alguns minutos sozinho, quando sentiu a presença de Tauma a seu lado, que havia se aproximado lentamente para não importuná-lo. Yeshua, com um aceno de mão, chamou Tauma para perto de si, e passaram a conversar. Tauma puxou o assunto, pois era um homem prático e de ação, desejoso de obter sucesso.

– Vejo que você também está aturdido com todas estas derrotas temporárias. Sim, porque eu as vejo como pequenas derrotas das quais devemos extrair lições. No entanto, pela gravidade da situação, pela defecção continuada em nossas fileiras, creio que devemos partir para a única opção que nos resta.

Yeshua meneou a cabeça em assentimento. Realmente, não lhe sobrava outra a não ser aquela opção que fora ventilada desde o início, mas que fora deixada de lado como a última. Era o alvo principal, mas devia ser alcançado em várias etapas. Um alvo nunca revelado a ninguém, a não ser os seus doze discípulos. No entanto, essas fases intermediárias ficaram obstruídas pela defecção de discípulos, pela imensa resistência dos nobres da Judeia e pela falta de apoio tácito do Templo e do Sanhedrin. Só lhe restava, portanto, apoiar-se na pressão popular, pois o povo o amava, especialmente os humildes, os deserdados e os desvalidos.

Yeshua respondeu-lhe:

— Sim, sem dúvida. Temos que mobilizar o povo. No próximo Pessach, deveremos entrar em grande séquito em Ierushalaim. Temos que demonstrar patentemente aos membros do Templo e do Sanhedrin que é preciso fazer as reformas que preconizamos.

— Concordo com você, meu irmão, mas é tempo, então, de revelar a sua verdadeira identidade. O povo deve ser informado de todas as suas caraterísticas e apoiá-lo até o fim.

— Realmente, não há mais como esconder o que eu sou e o que desejo para Israel.

Tauma meneava a cabeça em assentimento. Yeshua falava calmamente. Tauma, no entanto, tinha dúvidas quanto à operação e as externou:

— Mesmo assim, não vejo como fazer estas reformas sem violência. Veja que, em Cafarnaum, Betsaída e Corozaim, a oposição suplantou nossas reformas usando a violência. Como impedir que isto aconteça?

— Mas, Tauma, eu não vim para trazer a paz, e sim a espada.

Tauma, por mais que tivesse uma simbiose psíquica com Yeshua, surpreendeu-se, pois não havia ninguém mais avesso à violência do que seu gêmeo. Como poderia trazer a espada? Yeshua prosseguiu, complementando seu raciocínio:

— Você não crê que poderemos engendrar todas as reformas sociais e íntimas nas pessoas sem oposição. Já estamos tendo. Os fariseus nos odeiam, alguns nobres do Sanhedrin tramam minha morte e há homens do povo que não entendem o sentido de mi-

200 | A Saga dos Capelinos

nhas palavras e, por isso, nos rejeitam. O que você acha que é isto? Você crê que todos aceitarão de bom grado minhas palavras?

Tauma meneou a cabeça em assentimento, como quem captava a essência da conversa, e lhe perguntou:

– O que faremos com estes que nos são contra? Serão expulsos ou presos?

– Claro que não. Sempre haverá oposição e é até saudável que exista, pois ela nos norteia e nos abre os olhos. Teremos que conviver com ela. Teremos que estabelecer diálogos, descobrir formas de convivência. Se estivermos corretos, até os adversários irão ganhar e, com isto, aceitarão nossas ideias. No entanto, o tempo pode tudo, pois aqueles que não aceitarem o reino de Deus, advindo suas mortes de forma natural, serão substituídos por uma geração de crianças de melhor estofo moral, o que nos possibilitará, pelos ensinamentos, transformá-los em seres de luz, trazendo, aos poucos, a paz para Israel. Mas volto a insistir que nada acontecerá sem lutas, pois o filho aceitará nossos ensinamentos e o pai recusará, levando o conflito para dentro de casa. A família assim ficará dividida, e o fogo da discussão e da dissensão estará lançado. Não há outra forma de progresso, pois o homem se constrói com a luta das oposições. O homem primitivo só entende a força bruta e a imposição violenta, mas o homem civilizado, ao discordar, traz soluções que, muitas vezes, são interessantes. Por isso, eu repito, vim trazer a espada e o fogo, pois por meio destas lutas haverá progresso e, finalmente, o reino de Deus, pois o mal não partirá da Terra sem resistências.

Yeshua levantou-se e foi para outro canto do jardim, pois precisava ficar a sós para planejar seus próximos passos. A primeira investida sobre Ierushalaim não fora bem sucedida e ele queria repensar suas ideias e objetivos.

Tauma retirou-se, voltando ao convívio dos demais, que logo lhe perguntaram o que o mestre dissera. Tauma, que estava cansado e amuado com todo aquele tumulto no Átrio dos Gentios, preferiu se sair com uma frase de efeito:

JESUS, O DIVINO MESTRE | 201

– Se eu lhes dissesse o que ele me falou, vocês pegariam pedras para jogar em mim, e das pedras sairia um fogo que os consumiria.

Assim dizendo, deixando todos atoleimados, Tauma saiu rapidamente do recinto, indo meditar sobre as palavras candentes do irmão. Agora viria uma fase em que tudo se decidiria, para o bem ou para o mal.

Yeshua partiu no final do Chanuká, indo em direção à Betânia. Lázaro de Betânia havia passado o Chanuká com o grupo na casa de Yozheph de Arimateia e os conduzia agora até sua mansão. Marta, a mais velha das irmãs, recebeu Lázaro e se encantou com a figura rara de Yeshua. Ao colocar os olhos naquele homem de magnetismo ímpar, de serena majestade e de máscula aparência, Marta, mulher de vinte e oito anos, ainda virgem, de beleza ardente, de temperamento sério e compenetrado, já tendo recusado seis casamentos, viu-se tomada da mais forte das paixões. Não demonstrou, todavia, visivelmente sua candente emoção, a não ser um forte rubor nos pômulos. Recebeu o irmão com gentilezas e atendeu a todos os discípulos com presteza, acomodando-os da melhor maneira possível.

Míriam, a outra irmã de Lázaro, era uma jovem de beleza ímpar, saudável e empertigada. Ela foi apresentada ao mestre assim que chegou da casa de uma amiga e encantou-se com ele. Não era, aliás, uma situação inusitada: ele causava verdadeiro furor entre as mulheres. Míriam foi ao interior da casa e voltou com perfumes, uma bacia de água fresca e óleos. Retirou as sandálias de Yeshua, lavou seus pés cheios de poeira da estrada. Secou seus pés com um pano macio. Passou uma esponja molhada pelo rosto e mãos do mestre, enxugando-os em seguida com outro tecido limpo e suave. Ungiu sua cabeça com óleos finos de preços exorbitantes - a família do nobre da Betânia era rica e nada representavam tais gastos. Passou carinhosamente, quase sensualmente, as mãos embebidas nos óleos perfumosos pela barba do mestre e, finalmente, tendo terminado a sua tarefa na frente de todos, sentou-se aos pés do mestre. Nunca ninguém vira tal cerimônia feita com tanto enlevo,

202 | A Saga dos Capelinos

delicadeza e elegância. A operação durara quase dez minutos e todos ficaram encantados, em silêncio, apreciando a maestria com que a jovem Míriam lavava e perfumava o mestre. Havia grande carinho e amor, mas também uma tradição de bem-tratar o nobre hóspede, com respeito e deferência especial.

Yeshua, finalmente, pôde descansar da fatigante jornada, e Míriam continuou sentada ao seu lado, quase aos seus pés, sorvendo suas palavras como se fossem uma fonte de água de pureza incomparável. Seus olhos brilhavam. A irmã Marta estava extremamente atarefada, pois era preciso preparar jantar para quase trinta pessoas que haviam chegado inopinadamente. Marta foi até a sala e viu Míriam sentada aos pés de Yeshua, enquanto ele falava com amigos de Lázaro que haviam ido conhecer sua já tão propalada doutrina. Marta sentiu ciúmes de sua irmã; acreditava que Míriam era mais bela do que ela. Chamou-a para ajudar, mas Míriam não se moveu. Resolveu, por fim, pedir a intercessão de Yeshua; interrompendo a palestra do mestre, pediu-lhe:

— Mestre Yeshua, peço que interceda junto à minha irmã para que ela venha me ajudar. Ela já não me obedece mais.

Havia uma mensagem oculta nesta frase. Era costume do lugar casar em primeiro lugar a filha mais velha antes da mais moça. Com a última frase, Marta quis dizer a Yeshua que ela era a mais velha, portanto, se tivesse que haver uma escolha por parte dele, deveria ser ela, Marta, a escolhida.

Yeshua não era leigo quanto aos assuntos femininos. O tempo que viajara lhe abrira os olhos para a argúcia das mulheres e para suas inúmeras formas de abordarem um tema que lhes interessava. Naquele caso, ele não podia mandar Míriam embora; senão, estaria dando asas para que Marta se achasse dona dele. Se, por sua vez, dissesse que deixasse a irmã onde estava, ele demonstraria interesse pela moça, e magoaria a mais velha.

— Marta, minha querida, eu sei que você deve estar atarefada com o jantar de hoje. No entanto, pelo tempo que você passou lá na cozinha e pela tropa de empregados que eu vi que a serve, tudo já deve ter sido devidamente ordenado e encontra-se em estado adiantado de preparação. Não é verdade?

"Aonde este homem quer chegar?" pensou Marta.

Ela aquiesceu com a cabeça, meneando-a positivamente. Então, Yeshua abriu um sorriso, que ele guardava para dobrar as mais teimosas das mulheres, e disse-lhe:

– Então, sente-se perto de mim. Desta forma, estarei cercado das mais belas mulheres da região, o que me dará a oportunidade de ser o mais invejado homem da casa.

Marta não esperava isso. Se recusasse, seria uma afronta. Se aceitasse, significava que Yeshua não tinha intenção em nenhuma das duas. Ou será que tinha intenção nas duas?, interrogou-se Marta. No decorrer da noite, ela veria que aquele homem estava com uma ideia fixa tão grande – implantar o reino de Deus na Terra –, que a vida amorosa não tinha lugar na sua mente. No entanto, Marta e Míriam de Betânia passaram a ser parte integrante do seu exército de amor e fraternidade.

***

O tempo que Yeshua ficou em Betânia foi muito produtivo. Implantaram uma das melhores searas de trabalho da Judeia, além de encontrar uma colaboração em Lázaro que nem mesmo vira em Zebedeu.

Durante várias semanas, ele usou a casa de Lázaro como quartel general de sua empreitada. Dali ele ia até Beit Lechem, Ain-Carim, Betsur, Hebron, Emaús, Arimateia, Jopa, Lida, Azotus, Ascalon e Gaza. Foi também à Betânia, na Pereia; Madeba e Calirroé, nas margens do mar Morto. Visitou a Idumeia, em Bersabeia, e voltou até Betânia da Judeia. Em cada uma dessas visitas, ele levava uma parte do grupo. Os únicos que nunca o deixaram foram Cephas e Tauma, além de Míriam de Magdala.

Durante suas viagens, ele foi abordado principalmente por estrangeiros, entre eles árabes, persas, idumeus, egípcios, judeus alexandrinos e até mesmo sacerdotes da África Setentrional, que queriam conhecer o famoso taumaturgo. Começou a observar que era mais fácil convencer os não judeus do que o seu próprio povo, pois estes eram ferrenhos defensores de detalhes pequenos diante da grandeza do reino de Deus. Isto o fez pensar na possibilidade de expandir seus horizontes para açambarcar todos estes povos e falou disso com muitos de seus discípulos, notícia que foi mal recebida no início, mas aceita no final.

Nestes lugares, ele continuou fazendo curas espantosas e discutindo com os fariseus que não perdiam uma boa oportunidade para perturbá-lo com detalhes insignificantes da Lei. Cada vez mais, ele se tornava irritadiço, mas controlado, respondendo com palavras severas e admoestações para abandonarem a escrita e se dedicarem ao espírito da Lei.

Em Ain-Carim, ele impediu o apedrejamento de uma mulher acusada de adultério. Sua alocução convenceu as pessoas de que a justiça não podia ser tomada pelas próprias mãos, pois, senão, volveriam à barbárie. A pecadora acabou se fundindo ao grupo de Yeshua profundamente modificada, passando a ser uma excelente obreira, mostrando que a mudança de atitude é um passo fundamental para a renovação espiritual e para a aceitação do reino de Deus, tanto interior, como socialmente. Esta mulher arrependida foi muitas vezes confundida com Míriam de Magdala, pois também se chamava Míriam.

Yeshua, no entanto, mudara o seu discurso. Não pregava mais um reino de Deus que viria para todos. Sentira que isto não era possível. Tornou-se mais hermético, mais apocalíptico, pois o bom comunicador fala a língua do povo. Os fogos do inferno eram a ameaça mais frequente e o choro e o ranger de dentes, a terminação de suas frases. O doce Yeshua do Sermão da Montanha havia se transformado no profeta do apocalipse. Mas o que ele achava? Realmente existiria o apocalipse?

Em parte sim, pois sua reforma devia ser precedida de lutas. Cada vez mais se convencia de que haveria sangue, já que haveria resistência das forças do mal. Em parte não, pois a aceitação de seu reinado traria paz. No entanto, ele também anunciava a vinda de consoladores futuros, seres que haveriam de desvendar o que à época era obscuro. Ele sabia que a doutrina da reencarnação não podia ser implantada numa comunidade de pessoas ignorantes. Teria que haver uma preparação adequada; do contrário, correria o risco de usarem esta doutrina como forma de estagnação social, de dominação de uma classe sobre a outra, de imobilismo de castas fixas, com escravidão e servilismo.

A destruição da Terra era cogitada, mas para um futuro extremamente remoto, pois ele sabia que tudo que era material teria um fim, mesmo que em milhões de anos. No entanto, para ele, o grande apocalipse era a fantástica luta entre o bem e mal, entre as forças de Spenta Mainyu, o administrador planetário, e Angra Mainyu, o Satan dos judeus, a representação suprema do mal. Esta luta que se desenrolava no interior de cada homem, assim como no mundo pela ação dos homens, era a boa luta, aquela que devia ser vencida por Mithra, pelo Messias, por ele, Yeshua de Nazareth. E era quanto a isto que ele alertava os homens.

Cephas e o grupo de Cafarnaum eram partidários de alianças com os zelotes e de uma franca luta armada contra Roma, mas Yeshua lhes dissera que os romanos não eram empecilho para a implantação do reino de Deus, mas, sim, os fariseus, os escribas e os saduceus que dominavam o Templo e a maioria dos recursos econômicos.

Yeshua sabia que seu tempo era curto. Ele havia se exposto no Chanuká e já se comentava que ele havia dito que era o Messias. Uns riam, mas outros o olhavam com admiração. Um homem, que expulsava demônios, ressuscitava mortos, curava cegos, entrevados, aleijados e leprosos e conseguia levar mais de trinta mil pessoas para as colinas da Galileia, não era um qualquer. Só podia ser o Messias.

Yeshua estabeleceu um plano fulminante. Sabia que não poderia ficar indefinidamente indo de cidade em cidade, pregando o reino de Deus, o fim dos tempos, a grande mudança, o Olam Ha-ba – o mundo a vir –; deveria, portanto, agir. Sua vida correra

206 | A SAGA DOS CAPELINOS

perigo em várias circunstâncias quando fariseus exaltados tentaram matá-lo em várias cidades. A oposição havia se tornado ferrenha e mais, estava se tornando sistemática e organizada. Aonde ele fosse, havia os mesmos fariseus e seu *entourage* de elementos que tentavam arguir com ele assuntos de somenos importância e, muitas vezes, aproveitando-se de descuidos, tentavam esfaqueá-lo. Ele agora andava com centenas de discípulos, muitos a protegê-lo de ataques assassinos. Em vários lugares houve conflito armado, com Tauma e Cephas protegendo-o, enquanto seus amigos mais jovens lutavam com espadas, abrindo caminho para retiradas estratégicas.

O que Yeshua não sabia era que Caifás, devidamente instigado pelo seu sogro Anás, havia urdido um plano de singular sagacidade. Ele havia recrutado um grupo de seus leais seguidores, que devia estar em todos os lugares onde Yeshua estava e não deixá-lo pregar, promovendo discussões longas sobre pontos variados da Lei, de forma a impedir que Yeshua pudesse falar livremente. Devia também, sempre que as condições o permitissem, instigar as pessoas contra ele. Alguns dos fariseus iam com um séquito de guardas do Templo, sempre a procurar brechas nos discursos do mestre para distorcer suas palavras para alguma heresia. Com isto, insuflavam a plebe a atacar Yeshua, gritando que ele era um herético, um feiticeiro egípcio ou qualquer outra acusação leviana.

Na terceira ou quarta vez em que Yeshua foi acusado de feiticeiro e ele se safou às duras penas de um ataque bem tramado, ele passou a desconfiar que aqueles fariseus, e até alguns saduceus, faziam parte de uma oposição sistemática e ferrenha orquestrada por alguém. Não lhe foi preciso muito esforço para detectar que o Templo estava atrás daquilo.

Certo dia, Yeshua, já tendo retornado à Betânia, onde fazia pouso na casa do jovem lorde, estava pregando na sinagoga daquela cidade, completamente cheia de pessoas das redondezas. Quase no final de sua alocução, ouviu-se um burburinho do lado de fora da sinagoga. Yeshua parou de falar, pois aquilo estava distraindo os

JESUS, O DIVINO MESTRE | 207

presentes. Cephas passou com dificuldade pela multidão para ver o que era aquele barulho e voltou dizendo:

– Mestre, estão lá fora sua mãe e seus irmãos. Querem entrar, mas não há como passarem.

Yeshua não via a mãe desde a festa de Chanuká, há dois meses, pois ela tinha ido com Shymon para acudir ao moribundo Yozheph, seu irmão. Ele se alegrou e falou:

– Excelentes notícias. Então, minha mãe está aqui?

– Sim, mestre. Ela está com Shymon e Yozheph.

Que notícia maravilhosa! Então, o irmão se recuperara e não tinha morrido. Yeshua alegrou-se ainda mais. Era um homem de estofo superior, que não conseguia guardar rancor de ninguém, muito menos de um irmão que ainda não havia compreendido sua missão. Deste modo, com o coração transbordante de felicidade, ele falou a todos os presentes:

– Feliz é o homem que tem família, e mais feliz é aquele que vê em todos os homens sua própria família. Pois quem são minha mãe e meus irmãos senão aqueles que ouvem a palavra de Deus e nela se comprazem? Todos que seguem a senda espinhenta que passa pela porta estreita do reino de Deus são minhas mães e meus irmãos.

Terminou sua alocução com o salmo 132, que diz:

Oh! Como é bom, como é agradável
Para irmãos unidos viverem juntos.
É como um óleo suave derramado sobre a fronte
E que desce para a barba, a barba de Aarão,
Para correr em seguida até a orla de seu manto.
É como o orvalho de Hermon,
Que desce pela colina de Sião;
Pois ali derrama o Senhor a vida
E uma bênção eterna.

Yeshua saiu da sinagoga e foi se encontrar com a mãe e seus dois irmãos. Abraçou e beijou a mão de Míriam que retribuiu com

208 | A Saga dos Capelinos

alegria nos olhos. Shymon estava radiante e, após cumprimenta-rem-se, falou:

– Trago-lhe seu irmão Yozheph, arrancado das garras da morte pelo poder do Deus vivo.

Yeshua olhou para o irmão e aproximou-se para abraçá-lo, sendo recebido com um amplexo vigoroso daquele que já havia tramado sua destruição em Nazareth. Yozheph o pegou pela manga da túnica com um leve puxão, gentil e solicitante, como a lhe pedir que ficassem a sós. Yeshua acompanhou o irmão até ficarem afastados da multidão que já lhe solicitava favores. Tendo se afastado e a multidão devidamente contida por Cephas, Tauma e Shymon o zeloso, Yozheph falou-lhe de forma altaneira e direta:

– Quero lhe falar a sós, pois o que tenho a lhe dizer só os seus ouvidos devem ouvir.

Yeshua aquiesceu com um leve meneio da cabeça, incentivando-o a falar com franqueza.

– Estive possuído por um trevoso demônio que me dominou durante anos. Este diabo insuflou em meus ouvidos palavras de ódio contra você e todos meus irmãos, e eu o escutei embevecido. Fui um tolo e só me apercebi disto quando a doença me visitou.

Mudando levemente de tom, Yozheph resolveu descortinar com detalhes sua estranha doença:

– Comecei vomitando e nada me fazia parar. Depois disto, evacuava várias vezes por dia até que nada mais tinha para ser posto para fora. Fiquei prostrado com fraqueza e tonteiras terríveis. Tinha enjoos a ponto de não poder ficar deitado, pois tudo rodava em minha cabeça, mas não podia ficar em pé, já que as minhas pernas não me suportavam mais. Não havia remédios que minha mulher fizesse, ou rezas que as benzedeiras orassem que me fizessem ficar bom. Emagreci tão rapidamente, que pensei que iria ficar apenas pele e osso. Sentia pontadas como se me enfiassem agulhas no meu intestino. Qualquer esforço para me mexer era um tormento, pois as dores recrudesciam e eu ficava a gemer por horas a fio. Minha voz engrolava e não saíam pala-

JESUS, O DIVINO MESTRE | 209

vras, e minha mente estava a me requeimar como fogo em brasa. Minha cabeça latejava de forma incontrolável, como se fosse um ferreiro batendo na sua bigorna. Senti que o anjo da morte iria me buscar.

Yeshua estava sinceramente contrito com a exposição do irmão. Quanto sofrimento! Yozheph prosseguiu:

– Quando vi que minhas preces a Deus não estavam sendo atendidas, chegou Shymon, trazendo nossa doce mãe. Ela se assustou com meu estado adiantado de profunda magreza e fraqueza, a ponto de não poder sequer me levantar do leito. Minha mulher e meus filhos já choravam minha morte iminente. Foi quando Shymon me disse: "Yozheph, você tem sido perverso, tendo tramado a morte de seu irmão como um Caim qualquer. Arrependa-se de seus pecados e ore para que Yeshua, nosso irmão, o nosso Messias, lhe envie seus anjos benfazejos e lhe salve desta morte horrível".

Yeshua continuava a escutar o irmão com um olhar grave e toda a sua atenção voltada para ele. Yozheph não era um pecador arrependido a implorar perdão, mas apenas um repórter franco e honesto de fatos que lhe haviam sucedido.

– Pensei comigo mesmo: 'Não creio em Yeshua. Acho-o um embusteiro, um desvairado, um imbecil que se faz passar por grande personagem. Para mim, ele não é o Messias. No entanto, estou à morte e o que me custa orar para que ele me envie socorro? Meus sofrimentos estão me levando a um triste fim e, realmente, confesso fui um Caim sem escrúpulos, apenas com a ideia fixa de me livrar de um homem que julgava canalha e que iria nos levar à perdição'.

Suas palavras eram corajosas, pois confessava seu ódio desmedido por um irmão que nunca lhe fizera mal. Yeshua não se incomodou com estas palavras cheias de fel, pois lia na mente do irmão uma nova disposição que jamais vira antes.

– Naquele instante, orei. Rezei com desespero para que você me enviasse seus anjos. Fui tomado de uma súbita emoção, jamais manifestada antes, e chorei lágrimas de dor, arrependimento e perdão. Eu só pensava que era uma pena que Yeshua não estivesse

210 | A Saga dos Capelinos

lá, pois não queria morrer com aquela terrível mácula na minha consciência, sem antes pedir perdão pelos meus atos tresloucados. No meio do meu choro incontrolável, fui sentindo uma sonolência e adormeci, como se tivesse de fato morrido. Não me recordo de nada, pois dormi dois dias seguidos e todos já pensavam que eu estava morto. No segundo dia, abri os olhos, sentindo-me melhor e mais forte. Minha mulher me alimentou na boca com uma sopa de legumes feita pelas mãos de nossa santa mãe.

Yeshua sorriu. Então, o irmão estava saindo de seu coma. Tudo iria ficar bem.

– Com o tempo, todas as dores passaram e eu pude voltar a me alimentar, recuperando parte do peso perdido. Fui ficando forte e me levantei, andando pela casa. Mas eu estava mudado, pois todo ódio que eu sempre senti havia me abandonado. O demônio que me atormentava havia sido expulso, graças ao seu poder. Sim porque reconheço que foi o seu poder que me salvou.

Yeshua ia falar que o verdadeiro poder pertencia a Deus, mas Yozheph o interrompeu, dizendo:

– Não diga nada. Sei que irá dizer que quem me salvou foi Deus, pois só Ele salva. Mas estou convencido de que foi você e seus anjos que me salvaram. Mas isto não é o mais importante.

Yeshua olhou-o surpreso. Será que ter recuperado a saúde não era importante?

– O mais importante é que eu mudei. A doença, a perspectiva de morrer ainda jovem, com filhos para criar e mulher para cuidar, ajudaram-me a ver que eu estava com uma atitude errada perante a vida. Não era só em relação a você, mas em face de tudo. Eu estava sempre me queixando da vida, tudo me era desprezível e nada me satisfazia. Agora vejo que este demônio que me dominava me infundia este dissabor pela vida. Observo, no entanto, com o afastamento deste poderoso adversário – Satan –, que minha vida é maravilhosa, que minha mulher é perfeita e que meus filhos são dádivas preciosas de Deus. Noto com clareza que minha profissão é digna e que também sou um filho muito amado de Deus, nosso Pai, como você cor-

JESUS, O DIVINO MESTRE | 211

retamente O chama. Peço-lhe, portanto, que me perdoe de todas as ignomínias e insânias que tentei contra você. Peço-lhe que me considere seu mais fraterno e amoroso irmão, pois hoje, graças ao seu poder e de seus anjos, sou um novo homem, renascido das cinzas da minha abjeção. Desejo ser digno de ser chamado de seu irmão!

Yeshua estava comovido ao extremo. As palavras de seu irmão eram autoritárias, mas sinceras. Não era um homem choroso a pedir perdão, mas um ser transmudado pelo sofrimento. Eles se abraçaram e Yeshua o levou para a multidão, apresentando-o como seu irmão, a mais nova ovelha que viera procurar o refrigério de seu aprisco.

Yeshua, entretanto, não pôde deixar de comparar a forma de arrependimento dos dois irmãos. Enquanto um alcançara o arrependimento por um ato volitivo, de exame de sua consciência e de mudança espontânea de atitude, assumindo os seus erros, o outro só alcançara a mesma condição pelo sofrimento proporcionado por um câncer devastador, metatástico, que o levara ao paroxismo da dor. Mesmo assim, ao invés de assumir voluntariamente a sua culpa, imputara sua atitude mesquinha ao demônio, pois desta forma ele também passava a ser uma vítima. Enquanto um procurara o arrependimento nos caminhos da mente e do coração, o outro só se arrependera no caminho da dor e da cura. Cura feita pelos espíritos curadores que trabalhavam em conjunto com Yeshua, que, atendendo a ordens superiores, fizeram um verdadeiro milagre em extirpar os vários pontos do carcinoma que já havia se espalhado pela região do fígado, estômago e intestino. Não havia um demônio que infligia os maus bofes a Yozheph, mas sim sua própria mentalidade tacanha e odienta que acabara por desenvolver a sua doença e por atrair espíritos de baixo padrão vibratório que apenas usufruíram de sua condição de ódio, revolta, ciúme e inveja exacerbados. Cabe ao homem escolher o caminho do arrependimento: voluntário e mais fácil, ou forçado e sofrido.

Yozheph só se tornaria um discípulo do mestre após a sua morte, pois, naqueles tempos, a sua família ainda tomaria parte de

212 | A Saga dos Capelinos

seu tempo. Mas era um novo homem e tornar-se-ia um discípulo dos mais fiéis, vindo a morrer martirizado, mas redimido.

Cephas perguntou ao mestre, depois da conversa com o arrependido irmão, se ele perdoara todas as ofensas que sofrera. Yeshua respondeu-lhe que sim, pois não só a um irmão carnal, mas a todo ser humano, devia-se perdoar setenta vezes sete, e não apenas sete vezes como mandava a Lei.

***

Yeshua planejara a arrancada final. Teria que ser no Pessach do ano 30 d.C. e teria que contar com apoio maciço da população. Por si só o Pessach levava milhares de peregrinos à cidade santa. Naquele ano, ele queria levar dezenas de milhares. Deveriam acampar no Monte das Oliveiras e pressionar o governo estabelecido a aceitá-lo como o Messias. Seria uma cartada decisiva, pois, ou o movimento vingava e ele assumia o controle da situação, podendo fazer as reformas que julgasse necessárias, ou tudo o que ele havia feito até então iria se esvair; seus discípulos iriam abandoná-lo e iriam voltar aos seus afazeres.

Tauma e Cephas, agora com a ajuda de Yacob ben Yozheph, irmão de Yeshua, começaram a organizar grupos de discípulos e obreiros para visitarem todas as cidades da Judeia e regiões vizinhas para convidar as pessoas a irem a Ierushalaim, durante o Pessach, informando-as de que o Messias faria sua entrada triunfal na cidade. Eles disseram às populações que haveria sinais indubitáveis, maravilhas fantásticas e que o Messias iria aparecer em toda a sua magnificência. Os tempos eram chegados e o Messias ascenderia ao seu devido lugar com toda a sua glória. Yeshua sabia que era uma cartada decisiva, era tudo ou nada. Em sua mente, ele sabia que teria sucesso de uma forma ou de outra, pois estava tão seguro da verdade de sua mensagem de transformação do mundo, que, mesmo que seu plano falhasse, sabia que ela continuaria.

Yeshua foi convidado para um banquete, onde ele deveria ser homenageado. O dono da casa, um fariseu, fez-lhe a seguinte questão, que foi motivo de grande escândalo e suscitou consequências futuras estranhas a tudo que havia sido planejado.

– Explique-me, rabi, como poderemos ressuscitar no futuro? Sempre tive dúvidas quanto a isso? Se um homem perde uma perna, será que, ao ressuscitar, estará sem a perna?

Havia dúvidas quanto à ressurreição em todos os níveis. Tudo nascera dos fenômenos mal compreendidos acerca da espiritualidade: quando o corpo morre, o espírito leva algum tempo para libertar-se do organismo físico, que varia de poucos minutos, nos casos de morte violenta, até alguns dias, o que é o mais comum. Os antigos, ao verem um espírito completamente materializado, ou com tal aparência – vidência de olho aberto –, acreditavam que a pessoa havia ressurgido dos mortos de corpo e alma. Pelo menos era isso que parecia. Outras vezes, eles viam o espírito de forma muito nebulosa e chamavam aquilo de fantasma.

Ao verem espíritos completamente materializados, os homens desenvolveram uma doutrina de que haveria a ressurreição de todos os mortos, no final dos tempos, quando Deus ou o Seu ungido – o Messias – julgaria todos, condenando os maus ao fogo do inferno e os bons aos prazeres perpétuos do Céu. Para esses que acreditavam na ressurreição, não lhes passava pela mente que pudesse existir um mundo feito de espíritos de vários graus de evolução. Para eles, os que se manifestavam eram anjos benfazejos que os ajudavam, ou demônios hediondos que haviam sido anjos que se revoltaram contra o poder de Deus e que procuravam a sua perdição.

Ora, Yeshua conhecia o mundo espiritual melhor do que qualquer um e resolveu dar-lhe uma explicação sumária, já que era difícil explicar fatos tão complexos.

– Todos nós ressuscitaremos a partir do terceiro dia depois de morto para o esplendor da vida eterna.

Yeshua usou o terceiro dia, pois essa era a média de tempo que os espíritos levavam para se libertar do corpo material. Não havia,

214 | A Saga dos Capelinos

contudo, um prazo fixo e imutável, podendo variar de ser para ser. Algumas almas saíam instantaneamente quando morriam em acidentes terríveis, enquanto outras levavam meses, até mesmo anos, sentindo a putrefação do corpo, já que, normalmente nestes casos, tratava-se de seres envilecidos nos crimes mais hediondos e ferreamente apegados à matéria.

O fariseu interrompeu a explicação que Yeshua começava a lhe proporcionar com uma interjeição brusca:

– Como assim?! Você ressuscitará três dias depois de morrer?

– Sim, é verdade. Podemos reconstruir nosso corpo espiritual em três dias. São fatos simples para os espíritos.

– Não posso crer nisso! É dito que os homens ressurgirão no dia do Juízo Final – o iom ha-din. O arcanjo Gabriel tocará o shofar e haverá tempestades pavorosas, raios fulminantes, fogos abrasadores e barulhos ensurdecedores.

Yeshua viu que perderia seu tempo explicando novos fatos e preferiu calar-se, dizendo apenas:

– Sim, este dia chegará para nós também, no futuro.

Com isso, Yeshua se referia ao grande expurgo que viria no final de uma fase de evolução terrestre. Haveria a seleção dos aptos e inaptos a continuarem na Terra, e os inaptos seriam deportados para outro planeta, para continuarem seu progresso.

A discussão tomou outro rumo; no entanto, os fariseus ali presentes começaram a espalhar que Yeshua havia predito que ressurgiria dos mortos no terceiro dia, em carne e osso.

Certa feita, quando o mestre estava em Betânia, um servo pediu para falar com ele. Cephas, encarregado de atender às petições, não quis incomodar o mestre, até que o serviçal disse que vinha da parte de um centurião romano. Cephas ficou preocupado e conseguiu que Yeshua o recebesse. O serviçal era escravo liberto do centurião Gabínio Publius e disse-lhe:

– Meu mestre manda-lhe saudações e pede-lhe que atenda a um pedido seu, se for possível.

Yeshua disse-lhe que atenderia se estivesse em seu poder.

– Ó senhor, está sim! O centurião tem um parente judeu, por parte de sua mulher, que está gravemente enfermo e implora que o senhor o cure.

– Então, vamos até lá.

– Meu mestre Gabínio me disse que não era necessário que o mestre fosse até lá. Ele me falou que o senhor tem uma coorte de anjos a servi-lo e que basta que o senhor destaque um deles e a cura será feita. Você sabe que ele é chefe de soldados, e me falou que, se ele quer que algo seja feito, dá ordens a um subordinado, e aquela missão é executada. O mesmo deve acontecer com o mestre. Basta que ordene para que um dos seus anjos cure o parente de sua mulher.

Um dos espíritos que ajudavam Yeshua em suas curas apareceu naquele instante e transmitiu que a cura era possível e que o homem estaria bem em um dia. Yeshua respondeu-lhe:

– Vá e diga ao centurião que seu parente estará curado até amanhã.

Yeshua, que estava reunido com seus amigos, ficara vivamente surpreso com a atitude do centurião romano. Ali estava um homem, um estrangeiro, com mais fé do que muitos de seus próprios discípulos, e Yeshua não perdeu a oportunidade para ressaltar esta fé. Assim que o mordomo do centurião saiu da sua presença, ele falou, voltando-se para seus amigos:

– Em verdade, eu lhes digo que jamais vi tanta fé num homem. E é um estrangeiro. Creio que nossas ideias deveriam se espalhar pelo mundo pagão. Provavelmente, eles receberiam melhor nossas ideias do que esses obstinados nobres judeus.

Felipe, um judeu de origem grega, sorriu satisfeito, dizendo:

– Não tenho a menor dúvida disso, meu senhor. Veja meu caso: sou judeu de origem grega e aceitei sua doutrina no mesmo dia em que a conheci.

Alguns disseram que seria muito difícil explicar toda a Torah para os gentios, e Yeshua disse, após pensar um pouco:

– Creio que não, meus amigos. Pelo menos não teríamos que perder um tempo enorme discutindo passagens e interpretações da kitvei ha-kodesh – as sagradas Escrituras.

216 | A Saga dos Capelinos

Uma discussão saudável se fez entre os membros; no entanto, somente três, Felipe, Yeshua e seu irmão Tauma, estavam a favor de levar a doutrina aos demais povos. Os demais abominavam os goyim.

Numa das suas viagens curtas até Ain-Carim, um dos criados de Lázaro encontrou-se com ele, dizendo-lhe que seu mestre estava muito doente e que Marta solicitava sua presença. Yeshua que gostava do jovem como se fosse seu próprio irmão ficou apreensivo com a notícia, mas, como não podia se ausentar imediatamente, mandou o servo de volta com a mensagem de que rezaria pela sua breve recuperação e de que, assim que pudesse, iria.

Em Ain-Carim, o mestre estava envolvido num projeto junto com um grupo local que criava cabras, para trazerem matrizes excelentes da Síria. Eles eram pequenos criadores e não tinham dinheiro para melhorarem seu rebanho, que havia se tornado fraco devido ao excesso de cruzamentos entre parentes consanguíneos. Era preciso trazer novas raças de fora e cruzá-las de forma a aprimorá-las.

O que parecia fácil e rápido tornou-se uma verdadeira guerra entre criadores pequenos e independentes que, até certo ponto, se detestavam. Foi necessária uma pessoa de fora, com autoridade moral e espírito fraterno, para que se conseguisse unir os criadores numa associação informal, uma cooperativa. Yeshua foi esse homem, porquanto ele tinha tino comercial excelente. Ao reuni-los numa associação, Yeshua mostrou que, unidos e cotizados, era possível levantar o dinheiro para irem até a Síria comprar maréis e fêmeas para reprodução e melhoramento do rebanho. Essa era uma das consequências do fato de os judeus serem tão xenófobos. Até mesmo o gado e os animais sofriam com a falta de intercâmbio.

Três dias depois, Yeshua e seu grupo voltaram para Betânia. No caminho, o mestre teve a visão de que o jovem nobre da Betânia tivera um colapso cardíaco e que fora dado como morto. Na realidade, o jovem estava em estado cataléptico. A visão dizia que o moço estava sendo enterrado naquele momento. Yeshua informou aos amigos sua visão, e procuraram apressar o passo. No entanto,

JESUS, O DIVINO MESTRE | 217

só poderiam andar até certa hora porque já começava a escurecer. Como era final do inverno, os dias eram mais curtos.

Lázaro fora enterrado na véspera, perto das cinco horas da tarde. O mestre chegou a sua casa por volta das nove horas da manhã do dia seguinte, onde Marta e Míriam choravam lastimosamente. Quando viram o mestre, Marta correu para abraçá-lo e disse-lhe, quase em tom de reproche:

– Se você tivesse vindo quando mandei chamar, ele estaria vivo.

Yeshua concordou com a cabeça. No entanto, nada dizia que era um caso tão grave. Já havia tratado das crises de asma do rapaz por várias vezes; eram brandas, de fundo alérgico e emocional. O mestre olhou-a e disse-lhe:

– Quero vê-lo. Ele ainda vive e poderemos trazê-lo de volta se agirmos com presteza.

Míriam, que escutava as palavras de Yeshua, gritou:

– O senhor não parece entender a situação. O meu irmão está morto. Ele está morto!

Sua voz era estridente. Ela estava quase descontrolada. Chorava e falava de forma esganiçada, segurando as suas vestes com as duas mãos crispadas. Estava à beira de um ataque de nervos. Yeshua virou-se para ela, abriu os braços para que ela viesse a ele. Ela correu e abraçou o mestre, que afagou sua cabeça, beijando seus cabelos.

– Calma, minha querida criança. Tenha fé no Pai Altíssimo.

Após acalmar Míriam, ele juntou seus amigos, alguns servos da casa de Lázaro e partiram para onde estava sepultado o jovem.

Chegaram a um campo vizinho, onde um sepulcro fora escavado na rocha, oferecendo um espaço exíguo para o cadáver e alguns pertences. Uma pedra mal talhada fechava a entrada, permitindo, no entanto, que um pouco de ar entrasse. Isso fora a felicidade de Lázaro; ele recebia ar fresco de fora. Como ele estava em coma, respirava pouco; seu coração batia tão levemente que parecia estar parado. Em mais um ou dois dias, ele, efetivamente, morreria.

Yeshua olhou para um dos servos de Lázaro e, gentilmente, pediu que ele e o outro rolassem a pedra, permitindo que ele en-

218 | A SAGA DOS CAPELINOS

trasse. Todos obedeceram desconfiados. Marta pensou em reclamar, mas o mestre estava tão determinado, que ela se calou.

No mundo astral, havia duas horas que os espíritos estavam trabalhando febrilmente para dar suporte à vida de Lázaro. Haviam dado passes para reviver seu corpo espiritual; eram os centros de força, especialmente o cardíaco, que apresentavam os maiores problemas.

Lázaro era um antigo suicida. Em uma existência anterior, há quase seiscentos anos, suicidou-se com uma dose letal de veneno de uma áspide, que atacou, principalmente, os músculos do peitoral, bloqueando-os e impedindo que fizessem o fole. Morreu asfixiado. Naturalmente, passou por várias existências reparadoras e agora aquela era a que poderia lhe dar a redenção final do crime que praticara contra si mesmo. Deste modo, aquela "morte" tinha como objetivo expurgar de si a vontade de morrer, recuperando o verdadeiro valor pela vida.

Lázaro estava consciente em seu túmulo, não podendo se mover; seus centros vitais não respondiam ao comando. Passou por instantes de verdadeiro terror, mas foi acalmado pelos espíritos que o guiavam naquela purgação. De manhã, acordou novamente em seu corpo rijo, enfeixado por linhos e perfumado por aloés. Novamente quis se movimentar e não conseguiu. Ó desespero terrível! A situação era de enlouquecer! Queria viver, mexer-se e poder sair daquele lugar tenebroso! Sentiu um pequeno torpor e, novamente, entrou numa espécie de sono, onde um sonho recorrente o visitava.

Ele era uma bela mulher. Tinha poder e riquezas. Amava o seu marido que era rei. Houve uma guerra e seu marido morreu na batalha para defender seu território. O inimigo avançou e estava prestes a tomar a cidade. Eram os sanguinários assírios e ela seria o butim de guerra dos chefes.

Ela mandou buscar uma cobra venenosa e deixou que a víbora picasse seu pé. A morte sobreveio, horrenda, em cruéis estertores, esgares de dor, sobranceira a qualquer ajuda que sua dama de com-

JESUS, O DIVINO MESTRE | 219

panhia mandou buscar. Seus olhos ficaram inicialmente cegos. Estrebuchou sob o efeito da peçonha e sentiu enorme dificuldade de respirar. Estava morrendo e já estava arrependida. Era tarde para qualquer ajuda. Não havia mais esperanças. A morte adveio como efeito fatal do ato tresloucado. Inútil atitude! Os assírios não tomaram a cidade. Foram afastados do local por outra força militar mais poderosa. Se tivesse vivido, teria visto o fim dos inimigos de seu marido e saboreado a vingança contra os assassinos assírios pelo poderoso Kurush, rei dos persas.

A pedra foi rolada com certa dificuldade. A luz penetrou a pequena gruta artificial. Mal dava para o cadáver. Lázaro estava consciente, mas não conseguia se movimentar. Samangelaf avisou Yeshua que os médicos já haviam feito tudo o que era necessário para que Lázaro saísse do coma. Só faltava a vontade final do próprio paciente. Ele estava estressado e paralisado de medo.

Havia uma verdadeira multidão em volta do pequeno sepulcro. Os habitantes de Betânia haviam assistido ao enterro. Era hora de assistirem ao grande Yeshua, que já trouxera do reino dos mortos duas pessoas. Ele iria conseguir trazer mais um?

– Lázaro, levanta e vem para fora.

A voz do amado mestre soou na mente de Lázaro como mil shofars. A mobilização psíquica dele foi tão intensa, que ele despertou naquele instante mesmo. Sentiu dificuldade de se movimentar com o pano a tapar seu rosto e a prender suas mãos. Ele se esforçou, conseguiu se mover, e, com decisão, retirou as gazes, arrastando-se para fora do buraco. Saiu para o claro sob o clamor da multidão. Milagre dos milagres! O poder de Yeshua era imenso! Ressuscitou um morto de volta para a vida! Um fato inigualável!

Yeshua abraçou Lázaro com carinho enquanto as suas irmãs se precipitavam para tocá-lo, certificando-se de que era ele mesmo, e não uma doce ilusão.

O dia seria de comemorações e de oferendas na sinagoga, onde o rabino local estava muito aparvalhado, já que ele próprio o havia enterrado na véspera, na cerimonia de kevurá. Ele mesmo havia

220 | A Saga dos Capelinos

praticado o ato de dar sete voltas com o cadáver e lançado moedas aos quatro ventos para subornar os espíritos do mal a fim de que se mantivessem afastados. Ele mesmo havia comprovado a morte às quatro horas da tarde e acelerado o enterro para o mesmo dia, como mandava a tradição. Agora, lá estava ele, o nobre de Betânia, estranhamente mais belo, mais forte e mais saudável do que antes! Mistérios que só a Deus cabia explicar!

Faltavam seis dias para a Pessach e Yeshua, que havia ido a uma aldeia vizinha, retornou à Betânia, e foi novamente recebido pela doce Míriam de Betânia, que lhe dispensou um atendimento principesco por ser o homem que salvara seu irmão da morte. Lavou seus pés, deu-lhe água fresca de beber, uma bacia para que lavasse suas mãos e seu rosto e, finalmente, para deleite de todos, perfumou os cabelos e a barba de Yeshua com bálsamo de nardo puro. A casa recendeu com o delicioso e precioso perfume, pois era muito caro: uma libra custava mais de trezentos denários. Para se ter ideia da riqueza da família de Lázaro, basta dizer que um operário não especializado ganhava um denário por dia de trabalho. O que foi usado nos cabelos do mestre representava um ano inteiro de trabalho de um operário. Na época, Yehudá Iscariotes comentou a respeito do desperdício de dinheiro, mas Yeshua o repreendeu docemente para não vexar Míriam que teve tal gesto de doçura e amor.

À noite, houve um banquete patrocinado por Lázaro, e muitos judeus de Ierushalaim, que distava cerca de três quilômetros, compareceram para ver o mestre. Ele manteve conversas com vários deles, falando de sua doutrina, mostrando as vantagens de terem enriquecido os pobres. Alguns discutiram se deviam ou não pagar os impostos aos romanos e perguntaram-lhe, sem nenhuma má-fé ou segundas intenções, e Yeshua, gentilmente, discorreu sobre a matéria, voltando a reafirmar a legitimidade de se pagar os impostos. Foi uma noite agradável entre amigos e correligionários.

Naquela noite, Tauma, aproveitando que Yeshua estava sozinho, fato raro, aproximou-se e manteve uma importante conversa com ele.

Jesus, o Divino Mestre | 221

– Yeshua, meu irmão, eu tenho muito receio sobre Ierushalaim. Será que vale a pena?

– Tauma, minha missão aqui em Yehudá é um fracasso.

O irmão o interrompeu, dizendo:

– Mas que é isso, Yeshua, sua missão...

Yeshua colocou a mão no ombro de seu amado irmão, aquele que ele mais amava, e o interrompeu:

– Escute, Tauma. A minha missão é de mudar o mundo. Precisamos de uma nova forma de relação entre os homens. A escravidão ou a servidão, tanto faz, não é uma relação correta entre dois filhos do mesmo Amantíssimo Deus. Precisamos explicar aos homens que a única forma de riqueza que Deus ama é aquela conseguida pelo trabalho correto e estabelecida por uma relação de justiça.

Tauma ia falar qualquer coisa, mas Yeshua não permitiu, tornando-se mais enfático em suas afirmações.

– Temos que modificar também as próprias pessoas. Elas devem aprender a ser fraternas e amorosas. Todos devem se ver como irmãos, como iguais e não como romanos, judeus, árabes, como se fossem constituídos de famílias diferentes.

– Mas, Yeshua, você tem conseguido isto com grande sucesso.

– Não, Tauma, você sabe que não. Na Galileia, nós conseguimos passar as nossas ideias, colocando-as em prática. Aqui não temos apoio dos nobres. Apenas Yozheph de Arimateia e Lázaro nos permitiram alguma coisa. Minha mensagem tem sido desvirtuada pelos zelotes, que aproveitaram algumas das minhas idas para revoltar o povo contra os nobres e os romanos. Isto tem trazido desgraça a estes lugares e má reputação para meu nome. Na Galileia, eu era um político, um homem de estado, recebido como um inovador. Aqui na Judeia, eu não passo de mais um curandeiro, um taumaturgo.

Tauma sabia que o irmão estava certo. Na Galileia, ele tinha sido um reformador e na Judeia estava reduzido a simples feiticeiro.

– Você não tem culpa de sua mensagem ter sido mal interpretada.

– Tenho, sim. Sou culpado porque não fui bastante claro e é por isso que quero ir a Ierushalaim, falar no Templo, fazendo **com**

222 | A Saga dos Capelinos

que os membros do Sanhedrin me ouçam e entendam minhas ideias. Eu preciso que eles me apoiem, pois, fazendo isto, os nobres me darão crédito. O Sanhedrin terá que me aceitar como o Messias. Somente sendo aceito como tal, poderei fazer as reformas sociais e humanas que desejo tanto fazer.

– Você acha que terá sucesso?

Yeshua pensou um instante e respondeu com tranquilidade:

– Sim, mas creio que tudo que os homens fazem, em última instância, depende da vontade de Deus. Façamos o que há de melhor e deixemos o resto nas mãos do Pai.

Tauma, sempre sábio, perguntou:

– Você não crê que o seu trabalho de cura já não é um testemunho de que Deus está do seu lado?

– Sim, mas eu não posso curar todos. Cada homem deve encontrar a cura em sua alma, em seus sentimentos e em sua atividade. Não estarei aqui para sempre para impor as mãos sobre os desvalidos, e é por isso que minha doutrina de justiça deve prevalecer sobre todas as demais, pois é ela que manterá minhas mãos impostas sobre todos, com a multiplicação dos esforços dos ricos e bem-postos na vida.

CAPÍTULO 8

Caifás se reuniu com seus membros mais próximos. Discutiram o mais novo milagre de Yeshua: a ressurreição de Lázaro.

– Está mais que óbvio que este embusteiro preparou tudo com antecedência com o tal de Lázaro e ambos fizeram um grande espetáculo.

O comentário fora de Anás, sogro de Caifás e que já fora Kohen Gadol – sumo sacerdote. No entanto, Efraim, um dos membros proeminentes, rebateu a acusação de embuste feita por Anás:

– Eu não acredito nisto, Anás. Sei que este homem já trouxe do mundo dos mortos várias pessoas. Lázaro foi apenas mais um.

– Ora, Efraim, convenhamos que isto é impossível! –Retrucou Caifás, mas Efraim não se deu por vencido:

– Como sabê-lo? Será que este homem não é mesmo o Messias que ele preconiza?

Anás redarguiu:

– Efraim, você sabe quantos Messias nós já tivemos, desde que as profecias de Ishaiá foram feitas? Digo-lhe que mais de dez.

– Anás, eu vi este homem com meus próprios olhos. Ele devolveu a vista a um cego, fez um coxo andar e acalmou um endemonhiado.

Caifás ia retrucar, quando um dos homens mais velhos e respeitáveis da assembleia entrou na discussão. Era Faleg de Betel, ardoroso inimigo pessoal de Yeshua.

– Isto não tem o menor interesse. O que achamos ou não, é irrelevante. O que importa é em que o povo acredita. Pois saibam que os am-ha-arez acham que ele é o Messias e, mais do que isso, creem que ele tem direito ao trono de Israel.

Um silêncio se fez entre os membros presentes. Anás rompeu o obsidiante silêncio e perguntou a Faleg:

– Quem lhe disse isto?

– Há cerca de três dias recebemos, em Betel, dois enviados deste falso profeta egípcio. Eles falaram com o povo que Yeshua era o Messias e que ele estaria entrando em Ierushalaim no Pessach com grande triunfo. Os dois arautos convidaram todos a irem até a cidade santa e assistirem à entrada triunfal de Yeshua quando ele será coroado rei de Israel.

– Mas isto é um total absurdo! Exclamou Anás.

– Não, não é um absurdo, não! – exclamou Caifás – Pelo contrário, tem muita lógica. Este homem é extremamente sagaz. Ele se faz passar pelo ungido, faz seus pretensos milagres, demonstra com esses feitos extraordinários que é o enviado de Deus e, sendo o Messias, é o rei de Israel.

– Você acredita nisto, Caifás? Perguntou Efraim.

– Claro que não! Mas temos que entender o plano deste homem. Ele começou fazendo uma reforma econômica na Galileia que beneficiou os pobres. Portanto, agrupou em torno dele, não só discípulos, mas principalmente o povo. Com isto, ele se sente forte para pleitear a coroa. Para que isto aconteça, ele sabe que nós, do Templo e do Sanhedrin, temos que apoiá-lo. Ele é ladino! Um verdadeiro mandrião!

Anás observou a análise do genro, assim como sua exclamação de certa forma raivosa, e falou com muita calma:

– Assim como você o respeita, mesmo achando que ele é um espertalhão, o povo o ama achando que ele é o Messias. Isto, no entanto, representa várias coisas perigosas.

Anás fez uma pausa, captando a atenção de todos. Certo de estar sendo ouvido, arrematou:

– Se ele for feito rei, nós não faremos parte de seu governo. Perderemos nossa posição.

Efraim reagiu, dizendo:

– Não necessariamente. Ele vai precisar de nosso apoio e podemos negociar nossa posição. Ele precisa de nós.

– Ele precisa de nós, mas nós precisamos dele? – perguntou Anás, com certa irritação na voz.

– Não creio que ele seja um homem violento e nos expulse.

– Você acha, mas ninguém tem certeza. Quem não me diz que, assim que estiver no trono, não nos mande matar na calada da noite? Ele não seria o primeiro monarca a se livrar dos empecilhos pela força. Arquelau não o fez recentemente?

– Mas, Anás, este Yeshua é um homem de paz. – Retrucou Efraim.

– Efraim, você parece ser um crente. Diga-me, você o apoia?

Efraim se retratou com extrema rapidez.

– Quem?! Eu?! Claro que não! Mas advogo a possibilidade de ele ser o Messias. Já imaginaram esta possibilidade? Imaginem se realmente ele é, e nós formos contra ele. Entraremos para a história como os inimigos do Messias. Já pensaram nisto?!

Caifás, já perdendo a paciência, respondeu a Efraim:

– Escute bem o que vou lhes dizer. Estamos perdendo tempo. Os romanos não aceitarão Yeshua como rei de Israel. Muito menos os dois Herodes, tanto Antipas como Felipe, cederão seus tronos de bom grado. Você quer se indispor com o canalha do Pilatos? Ou prefere conversar com Herodes Antipas, pedindo que deixe o trono para um falso profeta egípcio, um impostor galileu? Reflita bem, Efraim. Se este homem for o Messias, qualquer coisa que nós venhamos a fazer será inútil, pois, conforme rezam as lendas e tradições, ele se tornará rei de Israel, trará as dez tribos perdidas e unirá todos em torno dele. Mas, se ele não for, morrerá tentando.

Efraim não era saduceu. Era um dos poucos fariseus que faziam parte do grupo íntimo de Caifás, mas não acreditava em

226 | A Saga dos Capelinos

Yeshua como o Messias; apenas aventava tal fato como uma possibilidade. Caifás abriu-lhe os olhos quanto ao perigo de terem que ceder a qualquer um que aparecesse e se anunciasse como o Messias. Os romanos não aceitariam alguém que não pudessem manejar com facilidade. Um Messias não cederia seu poder a ninguém, e isto traria as legiões romanas às portas de Ierushalaim. Muito ruim para os negócios. Efraim calou-se.

Faleg de Betel aproveitou a pausa e perguntou a Caifás:

– O que devemos fazer?

Caifás olhou para Anás com certo ar de triunfo. Os dois já haviam discutido o assunto e haviam concluído um plano de ação.

– Vamos denunciá-lo a Pilatos. Deixemos que os romanos cuidem dele. Iremos aparecer como bons cidadãos que não desejam baderneiros na Judeia. Para o povo, os romanos serão os vilões, e nós não teremos nada a ver com este fementido negócio.

O silêncio que se fez a seguir demonstrou patentemente que todos do grupo estavam de acordo. Chega de milagres e de revoltas populares! Nada de Messias no trono de Israel! O estado atual podia não ser o ideal, mas pelo menos havia paz, e isto era bom para os negócios.

Dois depois do Chanuká, Pôncio Pilatos voltou de Damasco, para onde fora chamado pelo seu comandante, o Governador da Síria. Ele estava particularmente azedo. Seu humor estava péssimo e suas costas latejavam da longa cavalgada que fizera de Damasco até Ierushalaim. Aquele miserável, na opinião de Pilatos, o havia repreendido por deixar que certas coisas passassem despercebidas de sua vigilância. Pilatos contestou as acusações, dizendo que sabia dos vários movimentos em andamento, inclusive dos zelotes e de um tal de Yeshua, um feiticeiro egípcio da pior reputação. O governador disse que ficou sabendo de um vasto movimento sedicioso programado para o Pessach, por Vologese, rei Partho. Pilatos estranhou a fonte, mas confirmou que sabia quem eram os líderes e que ele pretendia crucificá-los publicamente.

Gúbio, seu principal tribuno, chegou com importantes informações. O Pessach estava para começar e Gúbio havia recebido relatórios de seus espiões, especialmente de um infiltrado entre os discípulos de Yeshua, que o deixaram extremamente preocupado. Gúbio fez o reporte a Pilatos, que ficou ensandecido de ódio: aqueles malditos judeus sempre a lhe causar problemas! Daquela vez, ele estaria preparado para infligir-lhes uma derrota definitiva e mortal.

Caifás pediu uma audiência e foi atendido por um Pilatos irritado. Já era tarde da noite e no outro dia seria o domingo que viria a ser conhecido como o de Ramos. Após os cumprimentos de praxe e uma conversa amena sobre a viagem de Pilatos a Damasco, Caifás entrou no assunto:

— Prefeito Pilatos. — Pilatos logo se empertigou. Sabia que quando Caifás o tratava de prefeito era porque havia problemas. O que poderia ser daquela vez? — Mais uma vez estou aqui para lhe informar as atividades daquele insidioso Yeshua de Nazareth.

— Ele, outra vez? — O espertalhão do Pilatos já estava informado de tudo. Gúbio já lhe dera o serviço completo sobre os planos do mestre.

— Pois é! Eu não lhe disse que ele era um homem perigoso?! Agora, este egípcio cheio de artes mágicas pretende trazer uma imensa multidão para o Pessach e obrigar o Sanhedrin a aceitá-lo como rei de Israel. Ele deseja que uma comissão de notáveis judeus leve um pleito a Tibério para que lhe seja dado o trono de Israel.

— Não me diga! Quanta novidade! E o que eu tenho a ver com isto?

Caifás ficou desconcertado. Ora, como aquele pústula não tinha a ver com aquilo?! Se isto acontecesse, ele perderia sua posição de prefeito da Judeia. Será que ele não se importava com isto?

— Mas, se ele se tornar rei de Israel, você perderá a sua prefeitura.

— E você deixará de ser sumo sacerdote.

Caifás estava prensado. Ele queria que os romanos prendessem Yeshua, mas Pilatos se comportava como se ele não fosse um perigo. Restava-lhe, pois, tentar pressionar o prefeito com a ameaça de reportar a questão a Roma.

— Ora, prefeito Pilatos, se este Yeshua entrar em Ierushalaim com uma multidão a gritar que ele é o Messias, pedindo que ele seja coroado rei dos judeus, o tumulto que será gerado poderá ecoar nos corredores do palácio de Tibério.

Pilatos, mais do que depressa, respondeu-lhe:

– Onde meu amigo Sejano reina soberano, já que o nosso amado e sagrado príncipe Tibério vive doente.

– Mas, mesmo assim, não será interessante para você ter seu nome envolvido em mais um escândalo.

Pilatos cansou da brincadeira de gato e rato com Caifás; seu humor não estava mais para aturar aquela figura vestida de preto, que recendia a incensos e a uma acre fragrância de suor e outros perfumes indefiníveis.

– O que você espera que eu faça?

– Que o prenda assim que o vir.

– Sob que acusação?

– Conspiração para derrubar Roma.

Pilatos, matreiro e sagaz, sentiu que Caifás queria que a culpa ficasse toda sobre Roma. Que conveniente! O povo iria se revoltar contra suas legiões. O governador da Síria iria mandar legiões a um custo astronômico e ele, Pilatos, seria o culpado.

– Sua solicitação é ridícula. Não moverei um dedo para prender um profeta galileu que nada fez contra Roma. – Pilatos fez uma pequena pausa e depois, mudando de tom, disse: – Mas, se ele, por exemplo, tiver feito algo de terrível contra o Templo, eu poderei enviar minhas tropas, junto com os seus guardas do Templo, para prender um herege.

Caifás olhou para aquele homem bonito, quarentão, de feições bem romanas, sempre bem barbeado e cheirando a perfumes de rosa e outras flores. Era um bandido sagaz que o havia prensado contra a parede. Se ele queria tirar a sua responsabilidade e colocá-la sobre os ombros do Templo, que assim fosse. O Templo era uma instituição sagrada e nenhum judeu ficaria contra ele. Yeshua tinha que ser preso em nome do Templo e julgado por heresia. Nada mais fácil, mas seria morto por quem? Caifás não queria o sangue de ninguém em suas mãos. Pura hipocrisia! Mas sua consciência não queria que o sangue de Yeshua recaísse sobre ele e sua família. Os romanos deveriam executá-lo.

– Prefeito Pilatos, façamos o seguinte. Nós o prendemos por heresia e o Sanhedrin o julga. Ele será condenado à morte por heresia, mas a execução deve ser feita pelos romanos. Ele deve ser estrangulado numa das suas masmorras, na calada da noite, sem que ninguém saiba.

Pilatos meneou a cabeça em assentimento, mas pensou: "E me tirar o prazer de vê-lo pendurado na cruz? Nunca!"

O que Caifás desconhecia era o fato de que Pilatos, mais bem informado, sabia o que os zelotes haviam planejado para o Domingo de Ramos.

***

No outro dia, Yeshua e seu grupo partiram cedo para Ierushalaim, estando à uma hora de marcha. Cephas e alguns amigos haviam partido mais cedo para avisarem à população que o mestre estava para chegar. O clima era de euforia. Alguns dos discípulos discutiam a posição que cada um iria ocupar no futuro reino de Deus a ser estabelecido em Israel. A discussão beirava as raias da idiotice, pois cada um parecia querer ser mais importante do que o outro. Yeshua teve que intervir e disse-lhes, com certa energia:

– O que discutem? Quem será o maior no reino de Deus? Pois saibam que o maior será aquele que se fizer menor, servindo ao próximo com amor e devotamento. Aquele que se eleva, no reino de Deus, será rebaixado, enquanto que aquele que se humilha será exaltado.

A discussão parou e os discípulos que assim agiram sentiram vergonha de si mesmos. Yeshua se deu conta, mais uma vez, de que seus amigos eram apenas homens de boa vontade, e não anjos do Senhor, cheios de pureza e amor. Muito teriam que aprender e o fariam exatamente como Yeshua pregara: tornando-se pequenos e servindo ao próximo; só assim o homem seria elevado à categoria de anjo.

230 | A Saga dos Capelinos

Chegaram a Ierushalaim e montaram tendas no Jardim de Getsêmani, e as mulheres ficaram no acampamento preparando o jantar. Yeshua, ciente de que sua doutrina precisava do beneplácito final do Templo, queria que sua entrada em Ierushalaim fosse a mais triunfal possível, a mais espetacular que já se vira. Desta forma, o Sanhedrin saberia que ele estava com apoio popular formidável.

Às nove horas da manhã, Yeshua, mandou que levassem um burrico e o montou, entrou pela porta Dourada que dava para o Pórtico de Salomon. Uma multidão de mais de oitenta mil pessoas estava à sua espera. Elas carregavam palmas e o ovacionaram com real sinceridade. Muitas haviam sido curadas ou tiveram parentes e amigos sarados pelo poder de Yeshua. Outras o amavam porque conseguiram oportunidades de prosperidade e de justiça junto aos senhores das aldeias.

Os arautos de Yeshua haviam feito um bom trabalho e a multidão gritava palavras de ordem, aclamando Yeshua como rei de Israel, o novo David, o Messias. A aclamação era de tal ordem, que, imediatamente, o comandante da fortaleza Antônia colocou duas centúrias em alerta máximo, expedindo-as para as entradas já fortemente guardadas. Os sacerdotes do Templo ficaram fortemente apreensivos com os movimentos da tropa romana e enviaram um dos seus observadores para ver do que se tratava.

A balbúrdia se tornava maior na medida em que Yeshua, a pé, começou a entrar no Pátio dos Gentios, tendo passado pelo Pórtico de Salomon. Subitamente, como se tivesse sido perfeitamente orquestrado, e na realidade o foi, um grande grupo de homens, mais de cinco mil, atacou a fortaleza Antônia que ficava ao lado do Templo. A confusão que se seguiu destruiu completamente os planos de Yeshua, pois os zelotes, aproveitando-se de sua ida a Ierushalaim, atacaram os romanos. Agora sua missão havia azedado de fato. No meio do tumulto, das lutas que se seguiram e da chuva de flechas, Yeshua foi literalmente arrastado para fora do Átrio dos Gentios por Tauma e Cephas e levado para a segurança da casa de Yozheph de Arimateia.

Quando os arautos da boa nova chegaram a Betsur, Josafá de Betsur ficou empolgado. Conhecia Yeshua de nome, mas não via nele o Messias. Ele era por demais manso e milagreiro para ser o forte guerreiro que livraria Israel dos romanos. Josafá era zelote, um guerrilheiro de renome, procurado pelos romanos por dezenas de bem-sucedidos assaltos a postos de pagamento de impostos, de emboscadas a patrulhas romanas e de assassinatos de oficiais romanos e judeus que apoiavam os invasores. Ele e Helcias ben Chizkiá, assim como Matias Bar Rabbas, eram os mais procurados zelotes e suas cabeças estavam a prêmio.

Eles viram que uma entrada em Ierushalaim no Pessach seria fácil, pois a multidão de peregrinos iria camuflar bem seus guerrilheiros. Durante um mês, ele foi juntando seus guerreiros e os posicionou no meio da multidão para atacar a fortaleza romana. Se ela caísse, e haveria de cair na opinião deles, eles matariam todos os legionários, mas principalmente Pôncio Pilatos e sua corja de corruptos. Tomando a fortaleza, os demais postos cairiam facilmente por falta de comando.

Naquele mesmo mês, Josafá enviou um mensageiro ao rei partho Vologese, informando-o de que haveria uma grande rebelião em terras da Judeia e, se ele pudesse atacar a Síria, teria um grande triunfo, pois os romanos estariam enfraquecidos. Vologese recebeu o mensageiro de Josafá e aquiesceu em atacar os romanos na Síria; o estafeta voltou com a confirmação de que os parthos atacariam Damasco. Com isto, as legiões estacionadas em Damasco teriam que se defender do ataque partho, e não poderiam atacar os judeus, dando tempo de montar um grande exército. Helcias ganharia tempo e poderia atacar os romanos na Síria, ou, se preferisse, destruir os romanos no Egito para impedi-los de atacá-lo de surpresa. De qualquer forma, ele libertaria Israel e se tornaria, ele sim, o Messias. Ora, o que ele não sabia é que Vologese, o rei partho, havia feito uma aliança secreta com os romanos e avisou o governador da Síria, que, por sua vez, alertou Pôncio Pilatos.

232 | A Saga dos Capelinos

Mesmo que não o tivesse feito, os espiões de Pilatos já haviam reportado que uma tropa grande de zelotes iria atacá-lo na fortaleza Antônia, e ele havia se precavido, tendo levado uma legião, que chegara aos poucos para não alertar os zelotes. Indo pela Pereia e fazendo a volta pelo mar Morto, adentrou pela Idumeia, onde os habitantes eram adversários históricos dos judeus. Pilatos nunca estivera tão pronto e sanguissedento como naquele Pessach.

O ataque dos zelotes foi se esbarrar numa tartaruga romana. Rapidamente, foram cercados por uma eficiente cavalaria. A luta, no entanto, foi renhida e durou meia hora. No final, os romanos haviam triunfado, tendo capturado os principais líderes, além de mais duzentos homens que haviam ficado feridos no campo de batalha. Eles os mataram rapidamente enquanto a cavalaria perseguia mais de três mil homens que fugiam espavoridos pelos montes da região. Trinta homens, no entanto, foram mantidos vivos, pois Pôncio Pilatos os queria crucificados para seu deleite e como lembrança aos demais futuros revoltosos de que aquele era o fim de todo insidioso que tentasse se revoltar contra Roma.

Quando o ataque zelote começou, a multidão de peregrinos espremida entre o Átrio dos Gentios, a fortaleza Antônia e a piscina Bezata, vendo chover flechas romanas e a cavalaria subindo pelas ruas estreitas, desembestou e correu como louca para dentro do Átrio e para fora da cidade, passando pela Porta Dourada. Muitos dos peregrinos ainda estavam do lado de fora da cidade e pressionavam para entrar sem saber o que estava acontecendo no interior da cidade. Subitamente, o corre-corre, o empurra-empurra, transformou-se numa corrida pela vida desenfreada. Muitos caíam, sendo pisoteados pelos que vinham atrás, e morriam esmagados. Nisto estavam mulheres, crianças e velhos, além de homens de todas as idades. Mais de setenta pessoas ficaram no chão para sempre, enquanto que umas novecentas ficaram feridas com gravidade variada.

A multidão que estava fora recebeu as pessoas que corriam para fora e, em poucos minutos, ela mesma corria para todos os lados, tentando fugir do esmagamento. O pânico se estabeleceu de forma impressionante. Mais da metade dos peregrinos resolveu voltar para suas aldeias à procura de abrigo, pois Ierushalaim tornara-se um lugar perigoso, onde a vida não valia absolutamente nada.

Yeshua e seu grupo haviam conseguido sair do Átrio dos Gentios pela porta que dava para o Tiropeão e de lá, empurrado por seus discípulos, Yeshua foi levado às pressas para a casa de Yozheph de Arimateia, onde começou a receber as infaustas notícias. Naquele instante, ele sentiu que suas possibilidades caíram a quase nada, mas continuaria tentando, porquanto a esperança era a última que morria.

No combate para tomada da fortaleza Antônia, o espião de Pilatos que se fazia passar por discípulo foi flechado nas costas e expirou no campo de batalha. Não havia ninguém do lado romano que pudesse reconhecer o mestre. Pilatos teria que lançar mão de outro expediente para capturar Yeshua.

No outro dia, com a situação mais calma, Yeshua, contrariando todas as recomendações dos seus discípulos, saiu e foi até o Templo. Ao lado do Templo, havia uma piscina chamada de Bezata por ficar na colina de mesmo nome, onde ficavam os doentes, os cegos, os coxos, os que haviam sido expulsos da sociedade por terem marcas, estigmas ou doenças de pele confundidas com lepra. Os sacerdotes os haviam convencido, no passado, a ficarem na piscina de Siloé, no outro lado da cidade, dizendo que, de tempos em tempos, um anjo do Senhor iria mexer na água e, quando isso acontecesse, quem chegasse primeiro na piscina ficaria curado. No entanto, tanto a piscina de Siloé como a piscina Antiga, ao lado da primeira, eram pequenas demais para o número de doentes. Fizeram, portanto, uma piscina maior, a de Bezata, onde ficavam os doentes mais recentes, enquanto os mais velhos ficavam estacionados na de Siloé.

Ao saberem que Yeshua estava no Átrio dos Gentios, eles se dirigiram para lá, atravessando a Porta das Ovelhas. Em breve, uma multidão de aleijados, surdos-mudos, doentes de todas as espécies tomou conta do Átrio. Sua presença naquele lugar não era de todo permitida. Yeshua abdicou de falar sobre sua doutrina para se dedicar aos doentes, os quais acabavam por afastar alguns seguidores menos ardorosos e mais temerosos do contágio. Desta forma, Yeshua passou o resto da manhã e grande parte da tarde curando pessoas no Átrio dos Gentios.

No final da tarde, alguns sacerdotes de elevada hierarquia foram falar com ele. Em alguns, havia curiosidade e em outros, despeito. Deste modo, um deles, aproximando-se dele, indagou de forma brusca:

— Com que autoridade você faz essas curas?

— E é necessária a autorização de alguém para se fazer o bem?

— Não creio que você faça o bem. Alguns desses doentes não ficaram curados, e você infunde neles a falsa esperança de ficarem sadios. Quando descobrirem que continuam tão doentes quanto antes, ficarão desesperados e todo bem se transformará em mal.

— Não sou eu que os curo. Somente Deus pode realmente curar. No entanto, infundo neles mais do que falsas esperanças. Eu os certifico de que são pessoas íntegras, cidadãos como qualquer outro. Deste modo, eu abro o caminho para sua própria redenção.

Para os judeus daquela época, uma pessoa doente, especialmente os surdos-mudos — cheresh —, era legalmente incapacitada. Yeshua infundia-lhes a ideia de que não eram incapazes por serem ou estarem doentes. Ele lhes dava responsabilidades e trabalho adequado a cada caso. Esta atividade abria-lhes as portas da cura, transformando homens lesados em seres ativos e úteis.

— O que você diz é um absurdo. A Lei determina que são incapazes e assim o são.

— Mas isso não os impede de trabalharem, tornarem-se úteis e procurarem a cura por meio de um processo ativo, e não apenas passivo, como um milagre de um anjo tocando a piscina ou a imposição de mãos de um taumaturgo. Eu não faço nada mais do que afirmar que eles também são filhos muito queridos do Pai celestial.

Os sacerdotes tiveram que se calar; a multidão já se pronunciava a favor de Yeshua. Saíram do local enfurecidos; haviam sido vencidos numa discussão pública. Para Yeshua, isso não fora uma

JESUS, O DIVINO MESTRE | 235

vitória. Provavelmente, ele preferiria não ter sido chamado à atenção pelos sacerdotes. Como ele o fora em público, tivera que responder à altura. Só adquirira mais inimigos.

De noite, ele preferiu voltar para Betânia, já que era muito próxima de Ierushalaim. Deixou seus discípulos nas tendas armadas e foi com Lázaro e Cephas até a casa de Betânia. Lázaro estava muito enfraquecido, e Yeshua queria que ele descansasse em casa.

Novamente, na outra manhã, ele voltou para o Átrio dos Gentios, com Cephas, mas sem Lázaro, tendo uma multidão à sua espera. Ele havia estabelecido que faria um discurso na primeira parte da manhã. Iniciou contando parábolas e interpretando-as com calma.

Novamente, outros sacerdotes, alguns herodianos e seus seguidores, estavam presentes para questioná-lo quanto à sua doutrina. Por ordem de Caifás, eles procuravam brechas para depois acusá-lo formalmente. A maioria o detestava pelo sucesso que havia granjeado junto às multidões. Eles jamais haviam sido tratados com deferência e respeito; o povo os detestava pelos dízimos que cobravam. Já Yeshua não tomava um dipôndio ou um lepto sequer de ninguém, oferecendo muito mais aos camponeses, nas suas negociações com os senhores das terras e dos rebanhos. Eles sabiam que Yeshua já havia se manifestado a favor dos impostos romanos e o povo detestava pagar aos invasores um denário sequer. Se eles conseguissem que Yeshua atestasse publicamente sua disposição de pagar os impostos aos romanos, o povo, provavelmente, o repudiaria como sendo um colaboracionista dos romanos.

— Mestre, sabemos que você paga seus impostos, e que, até mesmo, incentiva todos a fazê-lo. Gostaríamos de saber se é legitimo que devemos pagar a Roma pelos impostos?

Yeshua gelou. Sabia que se dissesse sim, o povo não o entenderia e iria virar as costas para ele. Se dissesse não, estaria indo de encontro a uma lei romana, sujeitando-se a duras punições. Pior do que isso: estaria incentivando o povo a não pagar, podendo gerar consequências imprevisíveis. Yeshua irritou-se com esse questionamento que o colocava em situação embaraçosa perante os

236 | A Saga dos Capelinos

seus seguidores. Deste modo, com uma carranca, respondeu-lhe com voz soturna:

— Por que você me tenta? Não conhece a lei romana? Por acaso nas moedas que circulam na nossa terra não existe a efígie de César? Não há por acaso também impostos que devem ser pagos ao Templo? Se um imposto é justo, o outro também deve sê-lo. Se uma lei é cumprida porque pertence a Deus, a outra que pertence aos homens também deve ser. Por acaso você deseja revogar o dízimo que se paga aos sacerdotes? Claro que não! Então, que se continue pagando a César o que é devido a César e ao Templo o que é de Deus.

Para uma audiência composta de ignaros, a resposta confusa e longa de Yeshua deixou dúvidas, e o que lança sombras na mente dos simples é logo esquecido. Em hipótese alguma, Yeshua mandava separar as coisas da terra das coisas do céu. Ninguém melhor do que ele sabia que o mundo espiritual e o físico estavam enredados numa teia de causas e efeitos que não permitia dizer quando um terminava e o outro começava.

Um dos saduceus que estava próximo resolveu colocar um enigma para o mestre:

— Mestre, Moschê nos disse que, se um homem morrer sem filhos, seu irmão deve se casar com a viúva e gerar-lhe filhos que levarão o nome do falecido marido. Pergunto-lhe, então: quando chegar o dia da ressurreição, quem será o verdadeiro esposo da mulher?

— É preciso entender que, no mundo espiritual, as pessoas são como anjos do Céu. Não haverá nem marido, nem esposa. Todos serão irmãos e filhos de um mesmo Pai.

Um outro veio incomodá-lo com perguntas tolas e sem sentido. Yeshua resignava-se em responder, esforçando-se em não perder a compostura. Elevava os olhos aos Céus, procurando acalmar-se. Abominava este tipo de interrogatório imbecil, com o qual perdiam tempo questionando-o de forma ostensiva para ver se conseguiam marcar um ponto na discussão. Vã vitória, inútil contenda, construção de palavras levadas pelos ventos, sabedoria oca dos arrogantes!

Yeshua estava cansado daquelas sandices infantis. No meio de uma pergunta que já se pronunciava idiota, interrompeu, dizendo:

— Peço que me perdoem; os doentes da piscina de Siloé me esperam.

Deu as costas e foi embora com seus discípulos. Quando estava quase saindo, um dos sacerdotes gritou, desafiador:

— Diga-nos se você é ou não o Messias.

Yeshua parou. Esta era uma pergunta que precisava de uma resposta. Naquele momento, a multidão que o acompanhava estancou e um silêncio sepulcral se fez. Quem era aquele homem? Seria realmente o Messias?

Yeshua olhou-os e disse:

— O que é o Messias? Um homem ou um anjo? Deverá ser o escolhido para retirar da Terra os perversos, os criminosos, os tresloucados, os gananciosos, os corruptos? Deverá ser o que irá retirar a ietser rá – a inclinação para o mal? Deverá ser aquele que levará os demônios para o inferno de outro mundo? Então, ele será um anjo que ainda há de vir. Esse Messias deverá vir num futuro reservado por Deus. A vinda será precedida de grandes guerras, de cataclismos jamais vistos, de perseguições religiosas, de mortandade e de ignomínias jamais suportadas pelos homens. Haverá, nessa época, a separação dos bons e dos maus, assim como se separa o trigo do joio, lançando o que não presta no fogo do inferno, onde haverá choro e ranger de dentes.

Os ouvintes estavam com os olhos arregalados. Será que Yeshua estava prevendo sua segunda vinda?

— No entanto, se o Messias é um homem que fala da bondade, da providência e da justiça de Deus, incentivando os homens a se tornarem seres realmente humanos e a estabelecerem um reino de justiça na Terra, então, esse homem, sou eu. Se isso for ser o ungido, o escolhido, então eu sou o Messias.

Finalmente, ele havia confirmado que era o escolhido para ensinar aos homens uma nova moral – a do amor. Caberia, agora, aos homens aceitarem esses ensinamentos, ou repudiá-los.

238 | A Saga dos Capelinos

O sacerdote, então, perguntou-lhe:
– Quais são as provas que você apresenta?
– As minhas obras! Julgue um homem pelas suas obras. Observem que os coxos andam, os cegos veem, os insanos ficam livres dos seus demônios e os mortos ressuscitam. Que provas querem mais, ó homens de pouca fé?

Suas últimas palavras foram ditas num tom melancólico, quase tão baixo que só os que estavam mais perto escutaram. Deu as costas e saiu pela Basílica Real em direção à piscina de Siloé, passando por Ofel e Sião, bairros da velha Ierushalaim.

Yeshua passou parte da tarde atendendo aos doentes da piscina de Siloé. Cephas afastou-se e conversou com os demais discípulos, afirmando:
– Eu escutei quando ele falou que voltaria no final dos tempos para julgar os bons e os maus. Ele foi categórico, afirmando que o Messias voltaria no final dos tempos para destruir Satan. Ele irá retirar a inclinação do mal dos homens, transformando-os em anjos do Céu.

Tauma, que estava ao lado de Yeshua, retrucou dizendo que não fora isso que ele falara. Tentou explicar, mas Cephas cortou-lhe a palavra abruptamente, dizendo que ele escutara muito bem que Yeshua prometera voltar para julgar os bons e maus, destruindo o mundo com fogo e guerras jamais vista. Não fora isso que Yeshua falara. Ele se referiu ao segundo Messias, o ser espiritual que seria o coordenador do expurgo dos terrestres para outro planeta, em futuro distante, assim como Varuna Mandrekhan fora escolhido o Messias de Ahtilantê. No entanto, este conhecimento era por demais profundo para aqueles homens simples. Ficaria mais fácil entender que Yeshua voltaria no fim dos tempos para instituir o Olam Ha-bá. Ficaram esperando pela destruição da Terra e da segunda vinda de Yeshua por quase todas as suas vidas. Tauma calou-se; não adiantava discutir com Cephas: só ele entendia o irmão na sua totalidade.

Foi só Yeshua sair que um grupo de romanos adentrou o Átrio para prendê-lo. Isto aconteceria por duas vezes, pois até os espiões

avisarem os romanos, e o tribuno Gúbio dar a ordem para prendê-
-lo, organizarem o grupo de captura, saírem da fortaleza Antônia e
adentrarem o Átrio perdia-se quase quarenta minutos, o que dava
a oportunidade de Yeshua não ser preso. Mas ele sequer sabia que
o estavam perseguindo.

Naquela noite, na casa de Yozheph de Arimateia, o principal da
casa procurou-o para conversar. Fazia muitos anos que os dois não
ficavam a sós e que não trocavam impressões. Yeshua não estava particularmente feliz; via que seu plano fora arruinado. Em sua mente,
no entanto, ele já elaborava outras opções, mas que demandariam
mais tempo para serem executadas. Yozheph se aproximou e começou a conversar com Yeshua. Inicialmente falaram de coisas tolas e
vãs, como acontece quando se procura o repouso da mente. Poucos
minutos depois, o lorde de Arimateia entrou no assunto principal.

— Vejo que você está muito amuado. Será que foi por causa do
ataque dos zelotes à fortaleza Antônia?

— Em parte sim, pois achei aquele ataque extemporâneo e des-
necessário.

— Tenho muito receio da reação dos romanos. Saiba que estão atrás de você. Por enquanto, você está seguro, pois eles não
o conhecem e, no meio da multidão, você é mais um do nosso
povo. No entanto, você deveria partir para o Egito e ficar com os
terapeutas...

Yeshua o atalhou gentilmente.

— Não, o meu lugar é aqui. Ficarei aqui até atingir meu objetivo.

— Mas que mal lhe pergunte, qual é o seu objetivo?

— O trono de Israel.

A resposta de Yeshua foi tão desconcertante que o copo de
vinho batizado com água que Yozheph de Arimateia segurava caiu
de sua mão, tilintando no mármore da varanda interna da casa.
Yozheph levou alguns segundos para voltar a ser senhor de si e,
atoleimado, perguntar-lhe:

— O trono de Israel?

Yeshua, com ar tranquilo, lhe respondeu:

240 | A Saga dos Capelinos

– Eu sou o Messias e da família de David. Como tal, o trono de Israel cabe a mim.

Yeshua, vendo que seu amigo estava profundamente chocado e confuso, explicou-lhe:

– Desde o início de minha missão, eu me propus a trazer o reino de Deus à minha terra. Meu plano era mudar as relações de trabalho, trazer progresso aos desvalidos, mostrando outro caminho para os homens. Além disto, eu tratei de esclarecer aos meus irmãos que o reino de Deus também está dentro de nós. Para mudar uma sociedade, é preciso mudar os homens, mudar as leis, os costumes ainda bárbaros e os governantes ainda egoístas.

Yeshua tomou um longo hausto de ar e prosseguiu:

– Meu ideal era fundar um reino de paz e de justiça, com o império completo do amor. Não o amor piegas e sentimental, mas o amor na qualidade de sentimento nobre que faz todos os homens serem irmãos. Desta forma, um ajudando o outro, em mutirões, em searas de ajuda fraterna, todos iriam enriquecer. Não a ponto de a riqueza ser mais importante do que qualquer outra coisa na vida, mas que ela também se transformasse num instrumento de igualdade, de oportunidades e de fraternidade entre os homens.

Yeshua fez uma pequena pausa, como se desse tempo para Yozheph entender seu ponto de vista.

– Neste ponto, eu iniciei minha pregação e meu trabalho. Creio que os sucessos iniciais demonstram que eu tinha razão, mas as forças reacionárias são enormes. Isto também eu havia previsto. Só que acreditei que, a partir do momento em que o projeto estivesse em andamento e com completo êxito, não haveria mais o retorno à situação anterior. Neste ponto, eu me equivoquei, pois, assim que saí de Cafarnaum e outros lugares onde começamos nossa reforma, as forças do mal atacaram e todo nosso trabalho foi em vão.

– Eu entendo este seu ponto de vista, mas por que almejar o trono de Israel?

– Entenda que não desejo o poder pelo poder, pois vi como ele pode corroer a criatura. Lembra-se do rei Sparilizes, tão aferrado ao poder, que acabou por ser consumido por ele no final? Longe de mim tal poder. Mas, afinal, o que desejo?

Yozheph o olhava ainda com a surpresa estampada no rosto.

– Estou plenamente convencido de que a única forma de fazer as reformas que almejo para meu povo é sendo o governante desta terra. Depois de obter o poder, pretendo fazer uma reforma profunda com a ajuda de todos, desde o mais simples dos homens até os nobres do Sanhedrin e os maiorais do Templo. Todos estarão convidados a uma ampla reforma, com a reunião dos divididos reinos de Israel num só país, com seu engrandecimento e prosperidade. Traremos as tribos perdidas de Israel, pois sei que elas estão espalhadas pelo mundo. Instituiremos um regime no qual todos terão direito a falar, a dar sua opinião. Acataremos de bom grado as boas sugestões.

Yozheph sabia que Yeshua não era ambicioso por dinheiro, poder e fama. Ele o conhecia melhor do que ninguém, pois passou com ele grande parte dos anos em que ainda era desconhecido. Conhecia seu espírito idealista, mas também sabia que Yeshua era um agudo analista da realidade e não se perdia em elucubrações e devaneios alucinantes. Continuava, todavia, com dúvidas quanto ao plano de Yeshua; achava-o inexequível e externou-lhe sua preocupação:

– Você entende que para tal é fundamental ter o apoio de Roma? Ou você pretende lutar contra os romanos?

– Nunca quis levantar armas contra ninguém, quanto mais contra um poderoso exército, como o dos romanos. Seríamos trucidados! Meu plano original é que, com as reformas e o subsequente apoio do povo, o Sanhedrin e o Templo apoiariam minha pretensão ao trono. Com o apoio dos nobres do Kenesset, os romanos iriam me aceitar com facilidade. Que rei melhor do que aquele que traz paz à região, que promove a união dos judeus num único povo muito mais próspero que lhes pagaria os tributos em muito maior número? O que eles querem de nós, senão paz e tributos? Comigo eles os teriam.

242 | A Saga dos Capelinos

– Se você se tornar rei, você não os expulsará?

– Para quê? Todo império irá ruir sobre si próprio. Somente um reino construído sobre a justiça, a igualdade, a liberdade e o amor poderá subsistir. Roma, no tempo certo, irá se esfacelar por si só, sem necessidade de guerras e lutas fratricidas.

Yozheph não estava muito certo desta assertiva, mas já outra coisa lhe preocupava.

– E os Herodes? O que você vai fazer com eles?

– Nada. Eles sempre foram títeres dos romanos e continuarão sendo até o fim de suas vidas. Meu reino será de trabalho, de convencimento e não de pompas, luxos e ostentação. Eu e meus amigos, os doze que representam as doze tribos de Israel, comandaremos as grandes mudanças. Enquanto os Herodes forem vivos, nós os protegeremos e os apoiaremos, pois, mesmo não sendo reis legítimos, o são por força do destino. Nós seremos na essência, de fato, o comando da nação num amplo processo de reforma pacífica e justa.

Yozheph ficou na dúvida. Não tinha entendido completamente a que Yeshua se propunha. Na realidade, o que o mestre queria era uma forma de governo na qual o rei era o símbolo do poder, mas não governava. Uma espécie de monarquia parlamentarista, que naquela época não existia, mas Yeshua sabia que era possível.

Como ele não queria destronar os herodianos nem expulsar os romanos, e muito menos tomar o lugar de Gamaliel, o nassi do Sanhedrin, o filho de Hilel, só lhe restava compor uma governo suprapartidário, no qual ele de fato poderia fazer suas tão almejadas reformas, mas sem ser entronado como rei de Israel. Seria o rei de Israel, de direito, de fato, mas por título.

Para alguém entender o que Yeshua queria era preciso lembrar que para o mestre não havia distinção entre o mundo espiritual e o mundo físico. O que ele almejava era uma teocracia, onde Deus seria o verdadeiro governante, e os demais homens, apenas coadjuvantes e executores dos desígnios divinos. Num sistema teocrático, o chefe religioso é o verdadeiro poder, enquanto os demais homens, mesmo que possam participar, são os executores das or-

JESUS, O DIVINO MESTRE | 243

dens de Deus. Moschê havia sido o líder religioso dos hebreus, mesmo que cada tribo tivesse seu nassi – príncipe. Congregando o poder em suas mãos capazes e sem jamais ter sido entronado rei, Moschê o havia sido de direito e de fato.

Deus, o universo e o homem eram uma coisa só, parte de uma mesma realidade. Se ele era o Messias, o seu reino seria espiritual, mas, já que ele não fazia distinção entre o espiritual e o terreno, seu reino seria também físico. Nada mais justo que o governador da Terra também fosse o administrador de Israel. Era tudo uma coisa só: era o reino de Deus.

Yozheph pensou por um instante e perguntou:

– Seus amigos sabem disto?

– Desde o início. Cada um deles sabe que terá um lugar ao meu lado. Sozinho não é possível fazer a reforma que quero empreender.

Yozheph baixou a cabeça, em sinal de tristeza. Ficara melancólico pelo destino de Yeshua. Como era um homem escolado, conhecedor de seus pares, havia concluído que Yeshua não iria conseguir seu intento. O mestre o perscrutou e perguntou-lhe:

– Você acha que eu não conseguirei, não é?

– Sim. Acho que você caminha para a morte a passos rápidos. Ninguém aceitará você como rei, mesmo que seja de um reino espiritual, um reino acima dos do mundo. Nenhum monarca aceitará suas ideias.

– Saiba que outros tentaram e conseguiram bons resultados.

Yeshua lembrava-se de como Kon-fuzi havia conseguido convencer muitos governantes chineses a adotarem seu sistema de governo e como ele havia governado com excelente proficiência uma província chinesa e havia conseguido resultados notáveis, que fizeram com que a pobreza tivesse desaparecido e a criminalidade praticamente tivesse se tornado nula. Mas Yozheph lembrava-se de Platão e sua *República* e de como ele tentara a vida inteira convencer os governantes a adotarem seu sistema, sem obter o êxito de implantar o seu ideal em nenhum lugar.

244 | A Saga dos Capelinos

A conversa iria prosseguir, mas foi interrompida por Míriam de Magdala que estava à procura do mestre, para lhe oferecer acepipes, pois para ela seu amado espiritual sempre se alimentava mal: uma atitude típica de mãe judia, sempre a cuidar em excesso de sua prole.

No outro dia, décimo terceiro dia de Nissan, Ierushalaim estava em festa. Yeshua desfilou entre os pobres no Átrio dos Gentios, assim como no Átrio dos Sacerdotes. Havia sido convidado por um deles que acreditava ser Yeshua um grande profeta e queria sua opinião sobre um trecho da Lei. No entanto, seu espírito estava deprimido. Seu plano havia fracassado por conta daquele ataque à fortaleza Antônia, por conta dos quais seus ensinamentos foram herméticos e aparentemente duros.

Ele falou que o reino de Deus seria alcançado pelos solitários e que era preciso que se odiasse pai e mãe para ser seu discípulo. Disse às pessoas do povo que elas deviam ser transeuntes, e mais: falou que destruiria aquela casa e que ninguém seria capaz de reconstruí-la. Estranhas palavras de difícil interpretação. Somente Tauma entendeu o significado de cada frase.

O reino de Deus era tanto um estado de direito como um estado espiritual interno. Exigia grandes mudanças de atitude, forte vontade de decisão e uma ação permanente para que o espírito se modificasse. Por mais que houvesse estímulos da comunidade, era uma atividade individual, solitária, pessoal e intransferível; portanto, só o solitário ingressaria no reino de Deus.

Aquele que amava a tradição, que não desejava mudanças, apegado àquilo que era ensinado há milhares de anos pelos pais e mães, em atitude imobilista, não iria jamais se modificar. Era necessário repelir os velhos ensinamentos e colocar em sua mente novas atitudes, novos ensinamentos. Era uma atitude permanente, incessante, exaustiva de mudança interior.

Aquele que se aferrava às coisas do mundo, dando-lhes valor exagerado, querendo se locupletar com todas as coisas, objetos e situações, iria encontrar enorme dificuldade em se modificar e entrar no reino de Deus. Era preciso ser um transeunte, que passeasse pelas coisas do mundo, que as admirasse, mas não se apegasse a nada, pois sabia que estava de passagem, nada podendo levar consigo a não ser a beleza que suas retinas fixaram.

A sociedade devia estar em constante mudança, sempre oferecendo melhores condições aos seus membros. Uma sociedade estagnada não oferecia mudanças interiores importantes, nem permitia que seus membros a modificassem. Os ensinamentos de Yeshua derrubavam os velhos prédios de intolerância racial, de desigualdade de classes e de superioridade aparente de um sobre o outro. A partir do momento em que sua sociedade – casa – fosse derrubada, nada poderia reconstruí-la, pois o próprio movimento de mudança traria uma sinergia fantástica, alterando para sempre a estrutura arcaica anterior.

Os romanos o queriam preso, mas não sabiam reconhecê-lo no meio de uma multidão de judeus. Por mais que o tivessem descrito, no meio do populacho, ele não se destacava a ponto de ser facilmente reconhecido. Pilatos estava ficando impaciente. Ele já havia encarcerado os principais chefes zelotes, mas queria Yeshua. Para ele, mesmo sabendo que o mestre não liderara o ataque à fortaleza Antônia, Yeshua fora indiretamente responsável. Essa mania de ser Messias e querer o trono de Israel, para Pilatos, era intolerável.

O dia escoou lentamente até que o sol começou a se pôr. Era o dia do seder, décimo terceiro de Nissan. Yeshua reuniu seu grupo. Deslocaram-se em direção à casa de Yozheph de Arimateia, que os havia convidado para passarem a ceia do seder em sua casa.

Yeshua havia aceitado de bom grado; estava exausto. Betânia, naquela hora, parecia estar situada no outro lado do mundo enquanto que a mansão de Yozheph de Arimateia era logo ali perto. Dirigiram-se para lá, acrescidos de Yacob, irmão de Yeshua, que seria chamado mais tarde de Yacob o justo, pois agora ele também estava convencido de que seu irmão era o Messias.

Na véspera, as pessoas haviam feito a cerimônia do Bedikat Chamets, onde todos procuravam migalhas de pão levedado, já que não

246 | A Saga dos Capelinos

poderia haver uma única migalha deste tipo de alimento na casa. Naquela noite, iam comer o matsá – pão ázimo. Sem saber ainda, esta era a última ceia do mestre com seus amigos. Estavam sentados à mesa mais de vinte e duas pessoas, entre elas Yozheph de Arimateia.

***

Yehudá Iscariotes não era um discípulo qualquer. Ele fora admitido pelo mestre no seu seleto grupo, porque era um homem que entendia muito das finanças do reino, tendo trabalhado com os romanos e os homens do Templo. Era um homem refinado, que falava muito bem, expressando-se com facilidade em aramaico, grego e latim. Conhecia as Escrituras e fora um dos discípulos mais organizados de Yeshua. Trabalhava em conjunto com Tauma e administrava as viagens dos discípulos, do mestre e dos obreiros por toda a Galileia e Judeia. Ele fazia parte do grupo de Tauma; era também um dos poucos intelectuais do grupo que entendiam o mestre.

Além de ser um homem do mundo, Yehudá Iscariotes era também um político de mão-cheia. Sabia as intenções do mestre e apoiava a decisão, não só porque acreditava em que Yeshua fosse de fato o Messias, mas também porque sabia que ele próprio iria ocupar um lugar de proeminência na corte de Yeshua. Quando a fortaleza Antônia foi atacada, ele viu que as possibilidades de o Sanhedrin confirmar Yeshua como rei de Israel haviam se tornado quase nulas. No entanto, foi conversar com Yeshua em particular, mas o mestre não estava em casa. Ele resolveu, então, pôr em ação um plano, numa tentativa de reverter a situação.

Ele se propôs a ir conversar com alguns membros do Sanhedrin que eram seus conhecidos, e esclarecer que Yeshua não tivera participação no ataque à fortaleza Antônia. Além deste fato, ele queria enfatizar que a única forma de haver paz duradoura e progresso em Israel, unindo-o, trazendo as tribos perdidas e assegurando um lugar ao sol para aquela nação combalida, era entronizar Yeshua, pois ele tinha carisma, apoio popular e era o próprio Messias. Se eles não aceitassem tal fato, mais cedo ou mais tarde, haveria uma revolta popular que levaria Yeshua ao poder, pois, para Yehudá Iscariotes, aquele era um fato inelutável e insofismável.

Nos dias que se seguiram, segunda, terça e quarta-feira, Yehudá Iscariotes manteve vários contatos com membros proeminentes do Sanhedrin, recebendo apoio ostensivo de Nicodemos e de Yozheph de Arimateia, que lhe abriu portas, o que permitiu que realizasse entrevistas as mais variadas. Enquanto o mestre dedicava-se às curas, ele fazia seu trabalho de bastidor, tentando convencer um e outro.

Seu mais importante contato foi com Anás e Caifás, mas ele não sabia que nada do que falasse teria efeito, pois eles já haviam decidido a morte de Yeshua. Como Pilatos estava tendo dificuldades em prender Yeshua, Anás, muito matreiro, fez de conta que aceitava as explicações de Yehudá Iscariotes. Ele imaginou que o discípulo o levaria para o lugar onde estava o Mestre. Sugeriu, portanto, que Yehudá tivesse um encontro secreto com Pôncio Pilatos, no qual todos juntos poderiam definir um plano de ação para empossar Yeshua como rei de Israel.

Ele não poderia ter ficado mais satisfeito e aceitou. Anás, após falar com Pilatos, marcou o encontro com Yehudá Iscariotes para depois do seder, na calada da noite, sem serem vistos, encontro que, segundo ele, seria memorável.

O seder era uma refeição de profundo cunho religioso. Foi a última comida que os habirus fizeram antes de sair do Egito. Foi o último repasto de uma raça de escravos que seria libertada. A história contaria estranhas ocorrências que nunca aconteceram, mas que serviram para moldar a consciência de um povo como sendo o eleito de Deus. Era uma festa de humildade e o *seder* era a cerimônia que antecedia a véspera do Pessach – passar sobre, o que representava o fato de o anjo exterminador "passar sobre" os primogênitos do Egito.

Yozheph de Arimateia, sendo o dono da casa, deu a primazia a Yeshua, pois há muito que o considerava também o Messias. Deixaram uma cadeira livre para o profeta Elias, costume mais

248 | A Saga dos Capelinos

ou menos recente. Convidaram o falecido profeta a entrar e a se sentar em sua cadeira. Yeshua agradeceu a honra de liderar a cerimonia do seder e mandou buscar bacias de água. Lavou os pés de todos em sinal de humildade, como teriam feito os escravos judeus – uma novidade que ele introduziu para espanto dos presentes. Depois disso, como era costume, ele recitou o Hagadá, uma versão simplificada da história do Pessach, onde Moschê não aparecia, demonstrando que somente Deus é o agente de mudança do homem. Foram feitas as perguntas que normalmente eram feitas para representar adequadamente a Pessach.

Todos estavam reclinados para o lado esquerdo, maneira como os homens livres comiam. Os vários tipos de comida foram arrumados pelos serviçais da casa, sendo os mais importantes os quatro cálices – arba kossot –, que representavam a promessa que Deus fizera de levar os israelitas à Terra Prometida. O quinto cálice, para Elias, foi preenchido de vinho tinto. Não era costume beber deste cálice, mas Yeshua inovou novamente. Ele bebeu e disse que ali estava o sangue da vida.

Comeram o maror – ervas amargas, mergulhadas em charosset –, feito de frutas e nozes amassadas e misturadas para formar uma pasta, adoçada com vinho e tâmaras. No final da noite, Yeshua partiu o matsá – pão ázimo – em três partes e as distribuiu entre os presentes. Repetiu o gesto até que todos tivessem recebido sua parte. O pão representava o cordeiro pascal que devia ser comido. Novamente Yeshua inovou e disse que aquele era o pão da vida. Depois daquilo mais nada comeram. Cantaram o Halel, hinos e canções, terminando a noite de forma agradável.

Quase no final do seder, Yehudá Iscariotes aproveitou para falar com Yeshua sobre seu encontro com Pilatos e Anás. Yeshua achou uma imprudência. Não acreditava na boa vontade dos dois, mas Yehudá Iscariotes estava tão empolgado com o encontro e seus possíveis resultados, que o acabou convencendo. Yeshua se despediu dele com uma frase enigmática para aqueles que não haviam acompanhado a conversa desde o início:

– Apresse-se e seja feliz na sua empreitada.

No final do seder, Yozheph ofereceu a sua casa para que repousassem, mas Yeshua, intuitivo, achou melhor que ficassem nas tendas que haviam armado no Jardim de Getsêmani. Yozheph insistiu, mas Yeshua foi taxativo. Ele pressentia que haveria perigo para Yozheph de Arimateia, se ele ficasse naquela casa, naquela noite.

À noite alta, saíram da casa do nobre de Arimateia. Atravessaram o Tiropeão, circundando as muralhas do Templo. Saíram pela Porta das Águas, passaram pelo vale do Cedrão e chegaram, após vinte minutos de marcha, às colinas do Jardim de Getsêmani. Os discípulos, cansados, foram se abrigar em suas tendas. Yeshua, no entanto, estava preocupado com o encontro de Yehudá Iscariotes com Pilatos e os dois kohen gadols e não conseguiu pregar sono.

Saiu da tenda e ficou num canto vazio do jardim. Seus sentidos espirituais se aguçaram e ele viu Samangelaf. O anjo estava sério e Yeshua entendeu que o momento era grave. O guia falou-lhe:

– Seu tesoureiro foi preso pelos romanos e, em breve, você também será. Prepare-se, meu grande amigo, pois a sua agonia começará em breve.

Yeshua se ajoelhou lentamente, mortificado. Curvou-se sobre si mesmo e começou a orar demoradamente. Havia pensado nessa possibilidade, mas sempre a rechaçava da mente com um pensamento positivo. Agora que Samangelaf o havia avisado sobre sua iminente prisão, sentiu medo. Yeshua sabia suportar a dor, mas também era muito cônscio de que havia dores insuportáveis ao corpo humano, fazendo fraquejar o mais forte dos homens.

– Tenha coragem, meu doce Yeshua, pois amanhã você estará comigo no mundo resplandecente do espírito.

O jardim estava cheio de pessoas, todos peregrinos que haviam armado suas tendas. Não tinha espaço para quase mais nada. Yeshua havia encontrado um lugar entre as pedras, impróprio para armarem tendas e adequado para orar. Ele ficou pensativo, rememorando sua missão.

Não fazia sequer três anos que começara sua tarefa. Havia muito que fazer e ele achava que fizera pouco. Quantas cidades o haviam recusado! Betsaída e Corozaim eram apenas duas delas. Quantos discípulos largaram no meio do caminho a missão de curar, de modificar o mundo e as pessoas. Do grupo de mais de sessenta, somente vinte e três pessoas ficaram.

Yeshua estava mortalmente angustiado. Tinha tomado consciência de que seu tempo expirara e que não conseguira atingir seus objetivos. Surpreendeu-se chorando baixinho. Passou a mão nas têmporas; estavam suadas. Ele se encontrava em agonia extrema. Sentia o fim se aproximar. Passou por sua mente vontade de fugir, mas para onde? Ele devia passar por esta provação; que fosse, então, da forma mais rápida e mais digna.

No portão que dava saída para Jericó e Betânia, saiu um grupo de homens com tochas. Vinham serpenteando pelo jardim. Ouvia-se um vozerio baixo. Dirigiram-se para as tendas de Yeshua. Naquele momento, ele havia terminado suas preces e colocara-se em aprumo. Conseguira afastar o medo, substituindo-o por uma ilimitada confiança em Deus, e dirigiu-se para sua tenda. O grupo de sessenta homens chegou a uma distância próxima, até que um dos romanos bateu com força nas costas de um homem, perguntando-lhe:

– Quem é?

O homem olhou de um lado para outro e viu Yeshua de pé, chegando perto de sua tenda. Hesitou por um instante e, depois, com os olhos marejados de lágrimas, aproximou-se do mestre.

Era Yehudá Iscariotes com uma tropa mista de romanos e guardas do Templo. Abraçou-se ao mestre e, chorando, disse-lhe com voz embargada de emoção:

– Perdão, perdão, mestre; perdoe-me, pelo amor de Deus! Eu não tive outra opção senão isso.

Yeshua foi agarrado por mãos poderosas que torceram seu braço para trás das costas. Um soldado deu uma bofetada em Yehudá, mandando parar de chorar. O acampamento acordou. Estavam todos em polvorosa. Cephas viu quando o mestre foi preso e sentiu

JESUS, O DIVINO MESTRE | 251

grande medo. Mesmo assim, tirou da espada e quis defender o mestre. Yeshua gritou para ele:

– Basta! Não façam isso! Fujam!

Cephas largou a espada e correu para o meio do mato, seguido de vários discípulos. Yeshua não queria que seus amigos fossem presos também, pois quem iria continuar sua obra? Os romanos riram dos fujões. Não lhes interessavam; só havia ordens de prender Yeshua, o desordeiro, o baderneiro, o agitador político, o chefe do ataque à fortaleza Antônia, o pretenso rei dos judeus. Os soldados levaram-no junto com Yehudá Iscariotes até a fortaleza Antônia.

Começava a paixão final de Yeshua.

CAPÍTULO 9

Mal terminou o Seder, Yehudá Iscariotes chegou ao portão da casa de Anás. Foi recebido por um dos criados que o levou até a sala onde esperavam por ele Anás, Caifás e Pilatos. Após as apresentações, Pilatos, extremamente simpático e sorridente, quis saber a verdadeira posição de Yehudá Iscariotes dentro do grupo de Yeshua. O tesoureiro dos galileus não se fez de rogado e explicou que era o segundo em comando, com atribuições completas para negociar com o Templo, o Sanhedrin e os romanos. Pilatos ficou satisfeito em saber que falava com alguém de autoridade e perguntou se Yeshua sabia de sua missão, recebendo a confirmação de que sim, e que esperava grandes resultados.

Pilatos, sempre atencioso e prestativo, pediu que explicasse todos os detalhes do acordo que o grupo queria firmar. Yehudá Iscariotes por mais de uma hora, sem ser interrompido, explicou a sagrada missão de Yeshua, o que ele pretendia ao implantar o reino de Deus na Terra, e entrou no terreno perigoso, mostrando que a única forma de apaziguar os judeus era ter um rei descendente de David, com o apoio do Sanhedrin e dos romanos, que faria amplas reformas sociais e morais em Israel, tornando-se, portanto, o rei dos judeus.

254 | A Saga dos Capelinos

Pilatos começou a questionar sobre como iriam depor Herodes Antipas e Herodes Antipas Felipe, e Yehudá Iscariotes falou que ambos eram odiados pelos seus súditos, e que o povo ficaria imensamente feliz em ter como rei o Messias, um rei legitimo da casa de David. Na realidade, não era isto que Yeshua queria, mas Yehudá Iscariotes, levado pela emoção do momento, pensou que, desta forma, poderia se livrar dos dois Herodes, os quais ele pessoalmente abominava por terem matado seu querido mestre Yochanan o batista.

Pilatos ficou, nesta hora, convencido de que Yeshua era um perigo para todos, pois assim que assumisse o trono de Israel, após fortalecer-se, iria aproveitar a primeira oportunidade para se livrar dos romanos. Tibério e muito menos Sejano não iriam querer no trono de Israel um legitimo descendente dos míticos reis da casa de David. Além disso, ele perderia seu emprego e suas fontes de renda tão interessantes, que o haviam tornado, em quatro anos, um homem rico.

Após escutar tudo que desejava, Pilatos fez um gesto com a mão. Dois legionários acompanhados do tribuno Gúbio, que estavam atrás de um biombo, entraram e prenderam Yehudá Iscariotes, que ficou lívido de susto e medo. Naquele instante, viu como fora ingênuo de achar que poderia convencer todos quanto à nobreza de Yeshua e, com isto, ter um cargo proeminente, até mesmo ser uma eminência parda do governo de Yeshua no lugar de Tauma e de Cephas. Ficou tão estático, que o tribuno teve que sacudi-lo.

Pilatos perguntou, calmamente, com um sorriso no canto da boca:

– Onde está Yeshua agora?

Yehudá Iscariotes ainda tentou resistir, respondendo de forma altaneira:

– Não sei onde está o mestre. Ele muda de lugar diariamente.

Pilatos, com voz melíflua, disse-lhe:

– Há duas formas de você responder. A primeira é gentilmente e, assim, nós também o trataremos. A segunda é obrigando-o a falar. Para tal, iremos para a fortaleza Antônia, onde meus verdugos vão aquecer uma barra de ferro e queimá-lo vivo até que confesse. A escolha é sua.

Yehudá Iscariotes não era covarde, mas também não era talhado para ser herói. Não era um guerreiro e, por isto, não optara por lutar com os zelotes, e sim com Yochanan e depois com Yeshua. Não tinha grande resistência à dor e imaginou os indizíveis sofrimentos que uma barra incandescente poderia causar em seu sexo, nos seus olhos, nas suas finas e delicadas mãos e preferiu falar a morrer queimado aos poucos.

Deste modo, alguns minutos depois, os romanos, ajudados pelos guardas do Templo que Caifás liberou, lideraram o grupo de captura a Yeshua no Jardim do Gethsemani.

Yeshua foi preso sem alarde. Yehudá Iscariotes estava moralmente arrasado. Não imaginava que ele, Yehudá Iscariotes, fosse tão pusilânime! Aquilo o estava aniquilando.

O grupo se dirigiu primeiramente à casa de Anás, antigo kohen gadol. No caminho, um dos beleguins da guarda do Templo deu uma bastonada nas costas de Yeshua para que andasse mais rápido, deixando-o com um vergão levemente arroxeado no local.

Anás estava acordado e preocupado com todos os eventos, especialmente as consequências, que se prenunciavam funestas. Caifás os esperava. Haviam chamado alguns membros do Sanhedrin para que houvesse uma sessão rápida assim que o dia clareasse.

Anás perguntou-lhe:

– Você sabe por que está sendo preso?

– Ignoro-o. Estive diariamente no Templo e tudo que falei o fiz às claras para que todos ouvissem. Por que não me prenderam em público?

Um dos guardas, por sua própria deliberação, deu uma bofetada na boca de Yeshua. Ele se virou para o guarda e lhe disse, calmamente:

– Se falei a verdade, por que me bate?

Caifás interveio, dizendo-lhe:

– Você é acusado de sedição por querer ser rei, de blasfêmia contra o Templo e de ser um perigo à nação.

256 | A Saga dos Capelinos

– Não entendo como fazer os pobres serem mais felizes pode ser considerado como sedição contra Roma. Não é minha intenção expulsar os romanos, nem derrubar ninguém do poder, mas apenas ocupar o lugar que, por direito, é meu, pois sou legitimo descendente da casa de David. Além disto, as reformas que pretendo implementar são benéficas para todos, não só para o povo, como para o Templo e para os romanos.

Caifás ia responder-lhe, mas Anás, mais velho e astuto, interferiu:

– Deixemos de discussões inúteis. Amanhã de manhã, você será julgado pelo Sanhedrin e terá tempo para se defender das graves acusações que pesam sobre você.

Colocaram-no no celeiro com dois guardas a vigiá-lo. Durante o tempo em que Yeshua ficou jogado no celeiro, Samangelaf lhe apareceu, dizendo que tivesse confiança e determinação; seu martírio iria começar.

De manhã, na primeira hora – seis horas –, levaram-no para o Templo, sempre escoltado pelo tribuno Gúbio e os dois soldados. O tribuno entregou-o a Selum, chefe dos guardas do Templo, na Porta das Ovelhas, e voltou para a fortaleza Antônia, para descansar um pouco.

Cephas que fugira do Jardim de Getsêmani, na hora da prisão, conseguiu um passe do nobre de Arimateia e entrou na antessala da assembleia para escutar a peça acusatória contra Yeshua. Cephas estava apavorado e, quando lhe perguntaram se era um seguidor do mestre de Nazareth, negou. Quem não negaria naquelas circunstâncias?

Caifás não havia perdido tempo. Chamara o número mínimo de vinte e três, e submeteram Yeshua a um julgamento rápido.

– Yeshua de Nazareth, você é acusado de blasfêmia contra Deus e o Templo. Você é um herege, acusado de se dizer igual a Deus, sendo Seu filho unigênito. Como responde a estas acusações?

Yeshua olhou-os com um ar interrogativo. Que blasfêmia? Que heresia? Será que Caifás não iria falar de sua intenção de se tornar rei? De onde tinha tirado estas pretensas heresias?

JESUS, O DIVINO MESTRE | 257

– Sou inocente. Jamais blasfemei contra Deus e o Templo, e nunca disse que era filho unigênito de Deus.

– Temos testemunhas contra você, que escutaram quando você, em segredo, falou estas coisas.

– Nunca falei em segredo nada que não repetisse em voz alta, no meio do povo. No entanto, as palavras podem ter sido mal interpretadas. Desejo...

– Você, aqui, não deseja nada. Responda apenas ao que for interrogado.

Caifás, que vinha conduzindo o questionamento, mandou entrar a primeira testemunha. O homem começou a desfiar uma série de mentiras; era a sua palavra contra a de Yeshua. O mesmo aconteceu com o segundo e terceiro. Foram testemunhas arranjadas e bem treinadas. Caifás, no final, virou-se para a assembleia e perguntou:

– Qual é o veredicto?

Caifás fora inteligente o suficiente para chamar os nobres de seu clã. Não iria se arriscar com os setenta e um membros completos. O presidente do Sanhedrin, Gamaliel, que não estava presente, iria desejar outras provas, muito mais cabais do que o testemunho de guardas do Templo arranjados às pressas. No entanto, até mesmo os seus próprios parentes queriam discutir, questionar o acusado, queriam saber detalhes de sua doutrina.

Caifás não tinha tempo a perder. Era preciso entregar o homem à morte, pois em menos de doze horas iria começar o Pessach e não poderia haver sangue derramado naquela festividade santa. A discussão iria se prolongar, se não fosse Caifás interromper e dizer de forma imperativa:

– Senhores, a discussão é inócua. Temos aqui uma situação perigosa e deteriorável. Vocês não parecem entender que é melhor que um homem pereça do que uma nação inteira.

Este era o argumento definitivo. Houve um silêncio aflitivo no Sanhedrin e o veredicto foi passado. Ainda na hora segunda, oito horas da manhã, levaram Yeshua de volta para a fortaleza Antônia.

258 | A Saga dos Capelinos

Naquele momento, o espião de Almadon o avisava da prisão do mestre. Herodes Antipas havia ido para Ierushalaim para participar do Pessach, e estavam todos no Palácio dos Asmoneus, que ficava a quatrocentos metros do Templo. Herodes Antipas foi avisado por Almadon e quis ver o prisioneiro. Enviou Almadon com ordens de levá-lo. Afinal, o homem era um galileu e estava sob sua jurisdição.

Almadon teve dificuldades em convencer Pôncio Pilatos e só conseguiu levar Yeshua com forte guarda romana. O prefeito romano queria o prisioneiro de volta dentro de uma hora, no máximo.

Yeshua chegou ao Palácio dos Asmoneus e foi levado apressadamente à presença de Herodes Antipas. O tetrarca o chamou de ingênuo por achar que Roma cederia à pressão popular e aceitaria em fazê-lo rei. Roma nem sequer sabia da existência daquele pedaço sujo de terra, onde para eles só existia arruaceiros e pessoas de má índole. Herodes Antipas estava especialmente alegre com a prisão daquele homem que ambicionava seu trono. Começou a ridicularizá-lo e pediu que ele fizesse alguns truques. Yeshua ficou impassível. Herodes mandou buscar uma túnica branca e um manto púrpura, surrado e velho. Mandou o serviçal vesti-lo em Yeshua e, com ar de deboche no rosto, o chamou de rei dos Iehudis – judeus.

Levaram-no de volta para a fortaleza Antônia. Pôncio Pilatos queria todo mundo crucificado ainda naquele dia. Eram mais de trinta pessoas que haviam sido feitas prisioneiras no tumulto, e Gúbio disse-lhe que aquilo não seria possível; não havia madeireiro suficiente e levariam muito tempo para providenciarem tudo. Só havia a possibilidade de crucificarem quatro pessoas. Pôncio Pilatos deu ordens, então, de garrotearem todos e crucificarem quatro, principalmente Yeshua.

Mandou chamar o mais velho dos centuriões, pois não queria surpresas durante a crucificação. Nada de tentativas de fuga ou de salvamento. Aquele centurião saberia o que fazer; conhecia os judeus melhor do que qualquer um.

Pilatos mandou buscar Yeshua, pois queria interrogá-lo pessoalmente. Estava ácido naquela manhã. Dormira pouco e bebera vinho demais. Não estava com humor agradável. Havia nele um gosto de vingança. Havia sido bem trabalhado mentalmente pelos obsessores e dragões. Ele era o instrumento perfeito.

Yeshua entrou no salão onde Pôncio Pilatos e alguns de seus oficiais estavam. Seus braços haviam sido amarrados nas costas e ele tinha um hematoma pequeno na boca, proveniente do golpe que levara do beleguim na casa de Anás.

– Ah, chegou o rei dos judeus! – disse Pôncio, sarcástico.

– Então, o que foi que Herodes Antipas achou dele?

O centurião que os acompanhava respondeu:

– Nada demais. Repreendeu-o por tentar depô-lo, chamando-o de falso profeta e arruaceiro.

Pilatos deu uma risada de galhofa. Virou-se para Yeshua e perguntou-lhe num aramaico estropiado:

– É verdade que você deseja instituir um reino na Judeia?

Yeshua respondeu-lhe em excelente latim:

– Sim, trata-se do reino de Deus.

Pôncio se admirou com o perfeito latim com leve sotaque grego. O homem não era ignorante como ele pensara.

– E o que é este reino? Por acaso, você quer expulsar os romanos de sua terra?

– Nunca disse isso. Não é preciso que Roma seja derrotada para que este reino seja implantado. Trata-se de um estado de direito do qual Roma já tem a base com suas leis e seu código. No entanto, o que falta a Roma é ser equânime e aplicar a lei corretamente, a todos os seres.

Pilatos olhou-o com certo desdém. Quem era aquele homem que falava de igual para igual com ele? Um destemido, um louco ou um inconsciente? O prefeito romano não tinha tempo para discussões filosóficas e, com um aceno, mandou que calassem o prisioneiro. Um soldado romano deu uma bastonada nas costelas de Yeshua, que soltou um grunhido rouco e dobrou-se lateralmente.

260 | A Saga dos Capelinos

Pilatos estava na fortaleza Antônia e do lado de fora estavam os seguidores do Templo, os vendedores das barracas e suas famílias. O prefeito romano ouviu os gritos e as palavras de ordem da malta. Perguntou a Gúbio, que lhe informou quem eram. Pilatos era histriônico e desejava demonstrar que os romanos nada teriam a ver com a morte. Aquele era um fato importante, sem o que ele poderia ter que enfrentar uma possível sublevação dos incontáveis discípulos de Yeshua. Se fosse o Sanhedrin o responsável, nenhum judeu iria se revoltar, tomando armas contra o seu próprio Templo.

Pilatos foi até a murada que dava para um largo pátio, onde as pessoas estavam esperando pela confirmação do veredicto e perguntou:

– Iehudis de Ierushalaim, querem que eu confirme a morte de Yeshua de Nazareth, o rei dos iehudis?

A multidão de duzentas e poucas pessoas começou a gritar:

– Confirme a morte. Confirme a morte.

– Ouça-me, ó povo de Ierushalaim. Este homem não cometeu nenhum crime contra as leis romanas. Mesmo assim vocês querem que eu crucifique Yeshua de Nazareth?

– Sim, queremos!

Virou-se para Gúbio e mandou buscar água para se lavar, pois era costume que, após uma sentença de morte, o juiz lavasse as mãos, para confirmar que sua decisão não era pessoal, mas sim parte de um processo de justiça. Subitamente, alguém no meio da multidão, gritou:

– Libertem Matias Bar Rabbas. Libertem Matias Bar Rabbas.

Pilatos não sabia quem era e perguntou a Gúbio, que também não sabia. Um dos soldados disse que ele estava na lista dos que iam morrer por estrangulamento. Fora preso no tumulto. Pilatos fez um gesto de magnanimidade e ordenou, com empáfia:

– Libertem Matias Bar Rabbas.

Gúbio, com ar surpreso, disse-lhe baixinho:

– Trata-se de um dos chefes zelotes. Vai querer que eu o solte?

Pilatos se deu conta que dera ordem de soltar um inimigo de Roma e respondeu baixinho:

– Solte-o, mas mande um sicário segui-lo e mate-o na calada da noite. Nenhum zelote há de me escapar.

Gúbio sorriu. Ele gostava daquele homem, prático e objetivo, político e sagaz, que também participava das falcatruas do reino.

Naquela hora, um dos serventes levou a água e um pano. Pilatos, teatral, colocou as mãos por baixo da jarra, mandou que derramassem água sobre elas e falou alto para que todos ouvissem:

– Sou inocente do sangue deste homem. Ele foi condenado por vocês que o repudiaram. Que o sangue deste homem recaía sobre vocês!

Virando-se para o centurião, disse-lhe:

– Gúbio, mande lhe dar uma dúzia de chibatadas. Quero-o desgastado na cruz.

Era raro que o romano desejasse isso, pois apressaria a morte. No entanto, isso fazia parte dos planos dos espíritos superiores para diminuir o martírio de Yeshua. Gúbio deu vários safanões nas costas de Yeshua e, com os dois guardas que o vigiavam de perto, levou-o para o pátio. Chamou três homens abrutalhados e disse-lhes:

– Amarrem-no ao tronco, tirem sua túnica e vergastem-no. Deem-lhe doze chibatadas. Quero ver este rei insignificante estropiado.

Um dos homens perguntou, rindo:

– Ah, ele é um rei? Então, temos que fazer uma coroa para ele.

Ele saiu do pátio e voltou, alguns minutos depois, com um capacete de espinhos. Não era uma coroa, e sim um verdadeiro capacete. Os espinhos eram de médio tamanho, apresentando cerca de um a dois centímetros de extensão.

Enquanto este homem estivera preparando a coroa de espinhos, os dois brutamontes tinham desamarrado Yeshua e o haviam prendido com força ao tronco. Tinham tirado sua túnica, deixando-o completamente nu. O terceiro homem estava com um látego – flagra – na mão, composto de seis correntes finas de ferro com pequenas bolas de metal na ponta. O comprimento das correntes de ferro variava de quarenta a cinquenta centímetros.

Yeshua preparou-se para o primeiro golpe. Ele se retesou todo e ouviu um pequeno assobio – era a corrente cortando o ar em sua direção – e, depois, uma dor lancinante nas costas. O azorrague havia atingido suas omoplatas com toda a força possível ao soldado. Ele não pôde deixar de soltar um grito surdo, abafado, de dor. Imediatamente, aquele sofrimento se espalhou pelo corpo e ele sentiu como se sua mente fosse arrebentar. Fechou os olhos com força e sentiu lágrimas correrem em suas faces. Era um reflexo da tribulação excruciante que sentira. O padecimento o fez se crispar ainda mais e, novamente, o látego o atingiu com força. A aflição foi ainda maior porque o chicote havia atingido uma área anteriormente ferida.

Yeshua sentiu, além da pena, um desespero enorme. "Meu Deus, não vou aguentar mais dez. Só essas duas já estão me levando à loucura." Mas, naquele momento, ele se lembrou das técnicas que aprendera com os yogues para controlar a dor. Não era aquela sensação uma tomada de consciência? Então, era preciso abafar o nível de consciência. De que forma? Concentrando-se em coisas boas e imaginando que o tempo passava mais rápido. Era preciso também fazer o corpo ficar menos retesado, menos crispado. Era fundamental que sua respiração fosse pausada e cadenciada. Ele estava tão contraído que não estava respirando. Estava tonto.

O chicote viajou e o atingiu nas costas, um pouco abaixo de onde houvera atingido antes. O sofrimento foi tenebrosamente grande. O corpo ainda não estava reagindo. Ele respirou fundo e relaxou o corpo. O chicote atingiu novamente no mesmo lugar. O homem era sistemático. Ele começara de cima e descia, dando duas chibatadas em cada local. A quarta lategada foi tão intensa quanto a outra, mas Yeshua sentiu-a menos. Estava ficando embotado com pensamentos maviosos e bloqueava a passagem da dor pelos nervos. Ele sentia a aflição, mas já não achava que não poderia aguentar. Dominara o desespero.

JESUS, O DIVINO MESTRE | 263

A chibata caminhou de cima para baixo, atingindo-o no alto das costas, na cintura, nas nádegas, nas pernas, nas dobras traseiras do joelho e nas panturrilhas. O açoitador era um técnico competente. Sua força era igual da primeira à ultima vergastada. A parte traseira de Yeshua era uma pasta de sangue, onde o flagelador, assim que terminou, jogou um pó que ele trazia numa sacola.

O pó, feito de rocha e sal, estancou o sangue que estava jorrando forte, mas ardeu horrivelmente por mais de meia hora. Desamarraram o prisioneiro. Naquele instante, o soldado chegou com o capacete de espinhos e colocou-o na cabeça de Yeshua, dando algumas pancadas para encaixá-lo, vindo a se ferir com um dos espinhos. Soltou uma imprecação e chupou o dedo onde o espinho havia ferido, dando uma bastonada forte na cabeça de Yeshua, derrubando-o. A pancada dada no capacete de espinhos o fez entrar até encontrar a caixa craniana.

Os demais homens, espalhados pelo pátio, riram da dor de Yeshua, e dois homens agarraram-no e puxaram-no pelos braços até perto de uma das torres, em cuja sombra ele ficou, nu e estirado no chão. Procurou se ajeitar para não magoar ainda mais as costas ardidas. Ficou deitado meio de lado, quando Gúbio reapareceu no pátio; vendo-o nu, jogou sobre ele o manto de cor púrpura que Herodes Antipas lhe havia dado. O manto velho e puído permitiu que cobrisse com dignidade sua nudez. Procurou ficar o mais calmo possível. Enquanto isso, desenrolavam-se outros dramas da vida.

Yozheph de Arimateia, já ciente de que Yeshua não iria sobreviver – conhecia muito bem a crueza do prefeito –, partiu célere para obter duas providências. Uma era o direito de sepultá-lo, não tendo problemas de consegui-lo, já que era bem relacionado com romanos e judeus. Por volta da hora nona – três da tarde –, quando Yeshua já estava preso ao madeireiro, ele conseguiu ser atendido por Pilatos e, mediante um presente para sua mulher – um lindo e caríssimo colar –, conseguiu o seu intento: ter o corpo de Yeshua, assim que morresse.

O outro era descobrir quem seria o centurião que iria comandar o ato. Descobriu com facilidade, após pagar pequena propina a um dos soldados da guarda. Às dez horas da manhã, partiu para contactá-lo, pois ele morava perto dali. Quinze minutos depois, ele estava falando com Gabínio Publius, que já havia recebido a ordem de se apresentar na hora sexta – meio-dia – para proceder à crucificação de quatro pessoas.

Recebeu a visita de Yozheph de Arimateia, que conhecia de vista. O nobre foi logo lhe explicando sua missão. Disse quem era o homem a ser crucificado, para horror de Gabínio, que lhe contou em detalhes que conhecia o mestre, já tendo recorrido a ele com sucesso no tratamento de um parente. Achava-se impotente para crucificá-lo e pediria baixa, alegando motivos de saúde. Yozheph disse-lhe:

– Não faça isso. Nada pode salvar Yeshua. Pelo menos com você, ele não será brutalizado. O que desejo é que consiga matá-lo o mais rápido possível. Não o deixe naquele tormento por muito tempo.

Gabínio estava literalmente arrasado. O homem salvara um parente querido de sua mulher da morte iminente e ele pagaria a sua dívida com a morte daquele mesmo homem. Maldita era a sua vida de soldado! Yozheph disse-lhe que Deus escrevia o destino das pessoas por modos insondáveis e que ele visse o lado bom da história: ele poderia abreviar o sofrimento do mestre. Gabínio meneou a cabeça como quem dissesse: "Sim, claro, mas não era isso que eu queria". Yozheph iria deixar-lhe uma propina excelente, mas ele recusou no mesmo instante. Faria aquilo contrafeito, mas por amor àquele homem de paz. Yozheph deixou-lhe um poção de vinho com mirra, que devia ser ministrada aos crucificados e, assim, ele morreria sem grandes dores. A quantidade de mirra era excessiva, além de estar misturada a uma dose brutal de ópio, o que iria provocar uma parada cardíaca.

Caifás procurou por Pilatos e lhe disse que o povo estava sob controle. Eles haviam impedido a entrada dos galileus, dos peregrinos, havendo somente pessoas de sua confiança nas ruas de Ierushalaim, evitando, portanto, confusões e conflitos. No entanto, suplicou-lhe que os crucificados fossem retirados da cruz até a hora doze – seis horas da tarde –, quando iria começar o Shabat. Não poderia haver sangue no Shabat. Pôncio Pilatos concordou, contrariado; por ele, ficariam dias pendurados, servindo de exemplo aos futuros sediciosos. Mandaria quebrar as pernas dos infelizes para que tivessem morte mais rápida.

Na hora cinco, onze horas da manhã, Gabínio reuniu seus guardas e foi ver quem eram os homens a serem crucificados. Dois guardas romanos apareceram das masmorras, com cara de quem havia cometido algum erro. Gabínio, conhecedor das artimanhas dos homens, perguntou-lhes o motivo daquela cara de pena. Um deles respondeu-lhe:

– Centurião Gabínio, aconteceu um pequeno problema.

– Diga logo do que se trata, Septimus.

O legionário olhou para seu colega e foi falando um tanto preocupado:

– Deram-nos ordens para garrotear cerca de trinta homens, mas só temos duas cadeiras próprias para isto. Ia tomar o dia inteiro. Além do que o senhor sabe como isto demora e é cansativo, não é?

Gabínio começou a demonstrar sinais de irritação, e Septimus foi direto ao assunto:

– Portanto, resolvemos enforcar o maior número possível de prisioneiros, aproveitando um travessão que tem na prisão.

– E daí? Qual é o problema, tanto faz garrotear ou enforcar? Os dois métodos matam. Qual é o problema que vocês estão com medo de falar?

Septimus baixou a cabeça, procurando palavras, mas o outro, o legionário Marcus, foi mais objetivo:

– O caso, centurião, é que um dos que iam ser crucificados acabou morrendo. Nós preparamos uma das cordas para enforcar um dos prisioneiros e, quando fomos pegá-lo, ele começou a se debater feito louco. Com isto, não vimos que um deles saiu de onde estava e subiu no pequeno tamborete, passou o laço pelo pescoço, empurrou o tamborete com o pé e se suicidou.

266 | A Saga dos Capelinos

– Mas que filho de uma porca! – exclamou surpreso Gabínio, para logo a seguir perguntar: – Quem era?

Septimus retomou a conversa e respondeu-lhe, já mais seguro de que o centurião não os puniria:

– Um tal de Yehudá Iscariotes. Ele estava marcado para ser crucificado. Desta forma, nós já o havíamos separado do lote a ser morto e ele estava de pé, solto...

– Como solto?

– Ele parecia estar tão atordoado, tão abestalhado, que nós não nos preocupamos com ele. Fugir, ele não ia. Para onde, não é, chefe?

Gabínio achou que já tinha perdido muito tempo com aquela história. Não estava com humor para repreender os legionários, só porque haviam sido relapsos. Tanto fazia morrer na cruz como enforcado. Deu um basta na história:

– O bastardo deve ter ficado com medo de morrer na cruz e preferiu se matar. Dane-se! Vamos começar logo este assunto, porque estou com pressa. Eles devem ser retirados ainda hoje da cruz. Quem são os que devem ser crucificados?

Gabínio estava errado. Yehudá Iscariotes não havia se matado com medo da cruz, mas porque estava completamente fora de si por ter, na sua opinião, traído a confiança do mestre.

Septimus puxou um papel enrolado e leu com dificuldade os nomes:

– Yeshua de Nazareth, Josafá de Betsur, Helcias ben Chizkiá e aquele tal de Yehudá Iscariotes. Mas este já morreu. Faltam só os três primeiros.

Gabínio deu com os ombros e disse:

– Vamos acabar logo com isto. Tragam os prisioneiros e reforcem a guarda. Hoje não quero surpresas.

Numa época tão violenta, um morto a mais ou a menos, tanto fazia. O tal de Yehudá Iscariotes não lhe era importante. Sua mente estava preocupada com Yeshua. O mestre estava desfalecido num canto. Dormia, procurando recuperar suas forças. O legionário

Marcus acordou-o com um pontapé nas costas, que doeu muito porque a região estava em carne viva.

Gabínio viu o mestre e seu coração se confrangeu. Não podia fazer nada. Ele havia montado no seu cavalo e, de cima, viu como a coroa de espinhos estava incrustada na cabeça do homem. Havia riscos de sangue estagnado por todos os lados. Era melhor não mexer na coroa; senão, poderia sangrar abundantemente. Mandou vesti-lo com a túnica branca que havia sido dada por Herodes Antipas e cobri-lo com o manto púrpura; as moscas estavam atacando-o e azucrinando-o demais.

Um dos soldados trazia uma inscrição – titulus – mandada fazer por Pôncio Pilatos, que devia ser afixada sobre a cabeça de Yeshua. Gabínio leu a inscrição em latim na placa de madeira: "*Iesus Nazaretius Rex Iudeorum*" - INRI: Jesus de Nazaré, rei dos Judeus.

Os dois homens foram retirados do interior das masmorras. Tinham apanhado tanto, que um deles mal conseguia andar; haviam estourado um dos seus testículos a chutes. Ele andava curvado. O outro havia sido tão torturado, que todos os seus dedos estavam quebrados.

Gabínio deu ordem de amarrar o travessão – patibulum – nos ombros dos homens. Colocaram as traves nos ombros, levantaram os braços, para que eles o pudessem segurar, e amarraram cordas na altura do bíceps, que envolvia os braços e o travessão, e, finalmente, na ponta, amarraram os punhos à trave. Fizeram isso com os três.

Saíram pelo portão da fortaleza Antônia por volta de meio-dia e iniciaram a caminhada para o Gólgota, que ficava a menos de seiscentos metros dali. Yeshua tropeçou e caiu com a trave. Um dos soldados açoitou-o duramente por sobre a roupa, rasgando alguns pedaços do pano. Gabínio estava na frente do cortejo e viu quando o soldado desceu o açoite, e chamou um homenzarrão enorme que andava poucos metros atrás dele. Disse-lhe algo numa língua desconhecida e o titã voltou. Andou em direção a Yeshua, que estava apanhando impiedosamente, pois o legionário voltara a lhe dar chicotadas. O gigante grunhiu qualquer coisa e o chicoteador deu dois passos para trás.

Yeshua foi levantado com a ajuda do soldado enorme que Gabínio havia destacado para ajudá-lo. Olhou para o homem, que lhe pareceu figura familiar. Era Godorevix. O gaulês o reconheceu, mas sua expressão quase bovina demonstrava que aquilo era, para ele, um evento como outro qualquer.

Yeshua andou mais trinta metros e caiu novamente. Um soldado ia surrá-lo novamente, mas Gabínio deu ordens para que não o fizesse. Falou com Godorevix para desamarrá-lo, o que foi feito num instante. O gaulês levantou a trave com facilidade e caminhou com ela, até que Gabínio chamou um homenzarrão que estava na multidão acompanhando o cortejo e disse-lhe para levar o travessão. Godorevix livrou-se do peso com alegria e continuou sua marcha calmamente. O novo convocado para carregar o patibulum era um judeu, peregrino da África do Norte, da cidade de Cirene, chamado de Shymon.

Por uma dessas felizes coincidências da vida, Shymon era terapeuta, tendo sido colega de Yeshua, em Alexandria. Havia ido para lá para encontrá-lo e acabou por ajudá-lo a carregar sua cruz. No entanto, iria permanecer na Judeia, tornando-se um dos mais sólidos baluartes da igreja primitiva depois que foi convertido.

No caminho, havia pessoas que Yeshua havia curado e outras que tinham sido beneficiadas com seus planos de alteração das relações de trabalho. Muitos choravam e tentavam chegar perto dele, mas a guarda romana era firme, dando bastonadas em qualquer um que se aventurasse a chegar muito perto. O caminho de seiscentos metros estava coalhado de pessoas. Havia, entretanto, alguns que riam de sua desgraça, achincalhando-o com nomes e solicitações descabidas.

– Se você é o Messias, chame as coortes celestes e liberte-se!

E por que não? O que impedia Yeshua de pedir ajuda aos espíritos? Será que eles não tinham força para libertá-lo? Tinham e podiam, como fariam anos mais tarde com Cephas, ajudando-o a fugir da prisão, provocando um terremoto e destruindo a cadeia que o prendia. No entanto, naquele instante, a ordem dos espíritos administradores do planeta era de não se intrometerem. Yeshua tinha que passar por seu calvário sem a ajuda de ninguém. Isso seria sua iniciação angélica e, com ela, o caminho de salvação de capelinos e terrestres.

A morte é apenas a continuação da vida. Yeshua havia sido instruído por Samangelaf, que estava sempre por perto, que evitasse que a sua tragédia pessoal se espalhasse, inadvertidamente, sobre seus discípulos. O futuro de parte da doutrina ensinada por Yeshua dependeria dos seus discípulos. Ele agora teria que cumprir o último ato de sua vida, mas os seus amigos deviam permanecer vivos para espalhar a boa nova. No entanto, para os espíritos superiores, o último ato ainda não seria a sua morte no Gólgota. Havia mais: era preciso dar uma demonstração patente de que existia vida depois da morte, sem o que o mundo seria ridículo e o universo, ilógico.

Yeshua não aguentou andar os quinhentos metros que faltavam. Caiu prostrado e desmaiou. Godorevix, por ordem de Gabínio, levantou-o como se fosse uma criança e levou-o no colo. Yeshua para este homem gigantesco parecia uma pluma. Carregou-o até chegar ao local da execução. Os outros dois estavam tão feridos, que desmaiaram no caminho. Gabínio teve que dar ordens aos soldados para carregá-los. Eles desamarraram os travessões e os prisioneiros, ladeados por legionários que seguravam seus braços, foram arrastados até o local da crucificação, sem nenhuma comiseração.

Chegaram ao Gólgota, onde quatro estacas estavam fincadas. Haviam sido enterradas mais cedo pela guarda romana. No entanto, iriam precisar somente de três. Gabínio mandou os guardas empurrarem a multidão a uma distância segura, já que não queria correr o risco de que algum parente atacasse um dos sentenciados, na tentativa de matá-lo, e, com isso, evitar o sofrimento na cruz.

Godorevix era um técnico competente. Devido a sua grande força, era o encarregado de plantar os pregos nos crucificados. Ele

270 | A Saga dos Capelinos

o fazia com tranquilidade. Já havia feito aquilo tantas vezes, que não sentia mais nenhuma emoção.

Deitaram o primeiro, Helcias ben Chizkiá, e tiraram toda a sua roupa. Levaram uma infusão feita com vinho e mirra, dando-lhe de beber, pois isso o acalmaria e o faria sentir menos dor. Não era a infusão venenosa que Yozheph de Arimateia dera ao centurião. Godorevix pegou um prego que tinha pouco mais de dez centímetros de cumprimento, procurou com os dedos o lugar certo no pulso, entre os ossos ulna e rádio, três dedos antes da articulação do punho. Colocou o prego no lugar azado e deu uma pancada forte e firme com o martelo, afundando-a até encontrar o travessão. O infeliz urrou de dor, mas Godorevix não se perturbou. O sangue espirrou, sujando a trave e molhando a mão do verdugo. Depois deu mais dois golpes bem dados, cravando o prego na trave. Jogou um pouco de pó feito de rochas e sal para impedir que o sangue saísse em abundância.

Fez o mesmo com o braço direito, já que começara com o esquerdo. Quando o prego entrou na carne, o prisioneiro urrou de dor, agitou-se completamente, necessitando de três homens para segurá-lo. No caso de Helcias, ele estava ainda bastante desperto, o que obrigou Godorevix a dar um golpe com o cabo do martelo na sua testa, afundando levemente o crânio, desacordando-o por segundos. O verdugo fazia seu trabalho com tamanha tranquilidade, pois já o fizera tantas vezes que se tornara insensível à dor alheia.

Terminada esta parte da operação, três homens levantaram o travessão com o homem pregado, elevando-o por meio de duas cordas até colocar a trave no topo do poste de menos de dois metros. Encimando-o, ou, em alguns casos, no meio da estaca, havia uma cunha onde a trave se encaixava razoavelmente. Não era incomum o prisioneiro ficar torto e a trave ter que ser colocada outras vezes. Normalmente, um travessão servia para três ou quatro execuções.

Quando a trave foi colocada no topo da estaca e bem amarrada com cordas para não cair, as pernas do homem foram amarradas na altura dos joelhos. Havia casos em que era colocada uma espécie de sela – sedula – para que o infeliz pudesse apoiar as nádegas, que, além de cortá-las, também prolongava o sofrimento do crucificado. Naquela crucificação específica, havia pressa de que morressem; portanto, a sela foi dispensada por ordem de Gabínio.

Godorevix, com muita calma e rapidez, juntou os dois pés e os amarrou com uma corda grossa à trave. Feito isso, procurou com os dedos o tarso, colocou um prego de vinte e três centímetros e, com um único golpe, varou os dois pés. Era uma operação complicada que exigia força, equilíbrio e precisão. Muitas vezes, conseguia furar um pé e o outro escapava, seja porque o preso se mexia, seja porque o prego entrava torto e não encontrava o caminho entre os ossos do tarso, caso em que a operação era repetida ou outro prego era introduzido na perna que não conseguira se fixar de primeira.

Levaram Josafá de Betsur, e a operação se repetiu com maestria. Dependuraram-no na cruz, enquanto que Helcias, já crucificado, urrava de dor. O sofrimento de Josafá, ao ser crucificado, foi tão intenso, que ele estava crispado, com todo o corpo retesado. Sua mente havia sofrido um duro golpe. Não tinha como falar nada; estava em choque. Tremia violentamente e babava na cruz de forma terrível.

Um dos soldados pegou uma esponja, embebeu na beberagem feita de mirra e colocou na boca de Helcias que a sugou avidamente. Ficou com a esponja na boca durante mais de um minuto, enquanto o romano o estimulava com palavras de baixo talão e os demais riam-se dele. Gabínio havia escolhido seus homens a dedo; eram todos tão acostumados à crucificação que, para eles, aquilo não passava de um passeio numa tarde que ameaçava temporal, com nuvens violáceas formando-se no horizonte.

Enquanto Yeshua esperava a sua vez de ser crucificado, os seus detratores riam-se dele, gritando impropérios e fazendo chacotas. Qualquer outro seria possuído de ódio e os amaldiçoaria. Mas Yeshua, de estofo superior, repleto de amor ao próximo, falou, com extrema dificuldade, só sendo escutado pelos mais próximos:

272 | A Saga dos Capelinos

– Pai, perdoai-os, pois não sabem o que fazem.

Sua mente estava tomada de inúmeros pensamentos. Ele refletia sobre seus acertos e seus equívocos, pois acreditava que, se não havia obtido completo êxito, não o fora por culpa de outros ou de circunstâncias adversas, mas por seus próprios erros de julgamento. Estava também com medo. Suava frio; via o sofrimento dos outros dois e imaginava o que o aguardava. No entanto, controlava-se, dizendo para si mesmo que sua aflição terminaria logo e que, em breve, estaria no mundo espiritual, onde a dor e a insânia dos homens não poderiam mais alcançá-lo.

Chegou a vez de Yeshua. Gabínio chamou Godorevix e mandou dar-lhe a beberagem especial que lhe fora entregue pelo nobre de Arimateia. O legionário não discutiu e, pegando do frasco, virou-o num copo e deu de beber a Yeshua. Ele trancou a boca como se previsse que era um veneno. Não o aceitou. Godorevix olhou para Gabínio que observava tudo, como a lhe perguntar o que devia fazer. O centurião deu de ombros, impotente. Que fazer se o homem não queria sorver o doce veneno da morte? Ele beberia mais tarde, quando estivesse quase inconsciente. Sua experiência lhe dizia que todos acabavam aceitando a bebida oferecida. A sede se tornava insuportável e a dor dominava de tal forma a vontade, que a maioria entrava em estado de choque ou caía em profundo coma, de onde só saía para a morte. Em estado de choque, entrando e saindo da inconsciência, Yeshua haveria de beber, e sua agonia cessaria.

O gaulês mirou o primeiro prego e deu uma tacada forte. Varou o pulso e cravou-o no travessão. A dor foi lancinante. Yeshua já estava extenuado com as chicotadas que levara, com a dor na cabeça devido aos espinhos e à cacetada que levara do soldado. Agora aquela dor, pontiaguda, era terrível. Sua mente estava cheia de pensamentos os mais difusos possíveis. Pensava na sua mãe, na Índia, na Pérsia e se viu em palácios distantes. Queria estar perto de sua mãe.

Sentiu outra dor no outro pulso. Mas algo saíra errado. Sentiu que o prego tocara o osso e que Godorevix o retirava, praguejando numa língua estranha. Abriu os olhos. As lágrimas involuntárias tapavam sua visão. Os olhos ardiam com o suor que entrava em suas órbitas. Conseguiu ver Godorevix enquanto procurava outro prego numa bolsa imunda. Encontrou e, olhando para ele, deu-se por satisfeito. Os pregos eram usados várias vezes e ficavam tão enferrujados que, se alguém sobrevivesse, morreria de gangrena e de septicemia.

Godorevix tomou mais cuidado e, daquela vez, conseguiu cravar o prego corretamente. O simples fato de ter furado o lugar errado, tornara aquele braço ainda mais dolorido. O prego entrou e Yeshua sentiu sua cabeça rodar. Estava a ponto de desmaiar. Nunca sentira nada tão fulminante quanto aquele sofrimento.

Ele foi levantado até um poste mais alto. A trave encaixou-se numa ranhura larga, onde os soldados pregaram-na para maior firmeza, além de terem amarrado com grossas cordas, pois Yeshua era um homem grande e pesado, e eles ficaram com medo de que caísse de lá. Colocaram seus pés juntos e, num único golpe, Godorevix traspassou os dois pés. Naquele instante, a dor foi excruciante, desacordando Yeshua por alguns minutos. Sua cabeça pendeu para a frente, após ter soltado um grunhido que tinha muito pouco de humano.

Gabínio sabia que não ele não havia morrido. Já havia visto pessoas terem paradas cardíacas na cruz, o que era um alívio para seus sofrimentos. Por outro lado, também vira um jovem viver por três dias na cruz, proferindo do alto todos os vitupérios que um homem podia pronunciar. Tiveram que furar seu peito com uma lança para que parasse de amaldiçoar todos que o haviam pendurado na cruz, vindo a morrer somente meio dia depois.

Os soldados jogaram dados para ver quem ficaria com as roupas dos condenados, e Godorevix ganhou o manto púrpura de Yeshua. Gabínio, no entanto, o compraria do indiferente gaulês por três asses, ficando com ele. Era costume dos romanos ficarem com as roupas dos crucificados. Eram as pannicularias.

Alguns minutos depois, Yeshua despertou. Antes tivesse morrido naquela hora. Seu corpo era uma massa de dor imprecisa, que flutuava em sua mente, de um lado para outro. Numa hora, as pontadas dilacerantes eram nos músculos do peitoral, noutro minuto eram cãibras abomináveis nas coxas, no bíceps femoral. Depois advinha uma falta de ar angustiante, além de uma sede abrasadora. Em outro momento, sentia suas costas se distenderem a tal ponto que os músculos pareciam estar se rompendo. Qualquer movimento gerava uma torrente de dor impressionante.

Enquanto Yeshua sofria na cruz, sua mãe, seus três irmãos e mais alguns de seus discípulos assistiam à cena de uma distância segura. Todos tinham medo de se aproximar e serem reconhecidos pelos romanos que continuavam a caçar pretensos revoltosos. Míriam estava com os olhos marejados de lágrimas, mas estava, a par disto, impassível. Yochanan Boanerges chorava desconsoladamente a ponto de Tauma repreendê-lo. Cephas estava com um enorme complexo de culpa, que carregaria para o resto de sua vida, achando que poderia ter feito mais do que fez para salvar o mestre da prisão.

Tauma era invadido de um sentimento completamente estranho. Na medida em que Yeshua sofria, ele também ia sentindo as mesmas dores, mas em proporções menores. Subitamente, Tauma foi tomado de uma angústia excruciante a ponto de gritar, chamando a atenção para si. Míriam de Magdala retirou-o, levando-o para longe. Saiu do Gólgota em estado de estupor, só recuperando a lucidez algumas horas depois. O fenômeno da simbiose entre pessoas afins o levara a sentir as mesmas dores. Ele, como gêmeo, sentia o mesmo que Yeshua sentia.

O mestre, novamente, desmaiou na cruz e, naquele momento, teve uma visão clara, sucinta e esclarecedora de toda a sua missão e de quem ele era.

Ele se viu tendo uma forma diferente. Não era um homem, mas um espírito. Ele via um outro espírito ainda embrutecido clamando por ajuda e, como ele era o chefe daquele quadrante, se apresentou. O espírito embrutecido, chamado Washogan, pedia que ele ajudasse seu povo, do qual era o guardião. Ele os ajudou, desviando seus perseguidores para as montanhas Taurus, enquanto o grupo de Washogan ia para a Alta Mesopotâmia.

JESUS, O DIVINO MESTRE | 275

Depois disto, ele viu quando Washogan passou a se chamar Yahveh, sendo cultuado pelos hurritas como deus da guerra, da vingança e dos trovões. Acompanhou aquele que se intitulava de "Eu sou" e norteou-o para que fosse menos rude e mais brando.

Passaram-se centenas de anos. Ele se viu aconselhando Washogan/Yahveh a renascer. O culto a Yahveh estava para desaparecer, quando grandes mudanças começaram a ser estabelecidas pelos espíritos coordenadores terrestres. Seus auxiliares lhes falaram de um homem jovem, de características fortes, que só adorava um único deus, e que esta deidade era Yahveh, deus dos hurritas. O nome deste homem era Avram, e os coordenadores deram-lhe a missão de desenvolver uma religião monoteísta junto ao jovem.

Ele reuniu uma equipe de operadores sob o comando de um belo espírito chamado Sansavi, que, a partir daquele momento, passou a personificar Yahveh, mas um Yahveh diferente, que não aceitava mais sacrifícios humanos, que impunha uma moral cada vez mais rígida e ilibada.

Avram transformou-se em Avraham e seus filhos nasceram. Vieram Ytzhak e depois os filhos de Cetura. De Ytzhak vieram Esaú e Yacob. E Yacob transformou-se em Israel. De Yacob nasceram as doze tribos de Israel. Mas uma terrível ignomínia seria praticada por alguns filhos de Israel com o assassinato dos habitantes de Siquém durante a festa de casamento da filha mais jovem de Yacob. Com isto, ele recebeu ordens diretas de Mitraton, o excelso coordenador da evolução terrestre, que naquele tempo ainda não havia alcançado os cumes da administração planetária, de retirar sua tropa de obreiros de perto dos assassinos, deixando apenas os guias espirituais normais. Yahveh, protagonizado por Sansavi, abandonou seu povo no Egito.

Passaram-se centenas de anos e ele, no seu sonho quase instantâneo, reviu quando Mitraton e Mykael desejaram instituir uma nação monoteísta, e ele fora escolhido para ser o novo protagonista de Yahveh. Era muito difícil instituir um novo nome para

276 | A Saga dos Capelinos

um deus, portanto os espíritos tomaram emprestado o nome dos espíritos anteriores que se notabilizaram, muitos tendo sido homens deificados, e os usaram para alterarem o comportamento e a cultura do povo.

Agora a missão era retirar o povo escolhido, os habirus, do Egito e levá-lo para Canaan. Ele ofereceu o nome do mensageiro que iria renascer, enquanto recebia a notícia de que ele fora escolhido para coordenar o vasto movimento, protagonizando Yahveh. Ele, portanto, assumiria a personalidade de Yahveh. Mas foi um Yahveh diferente, menos duro, mais brando, mais voltado para a confecção de leis e de suas aplicações.

Washogan, o Yahveh original, renasceu várias vezes e se transformou num espírito de caráter reto e moral severa. Renasceu para se transformar em Ahmose, o Moschê dos hebreus. Durante muitos anos, ele, como Yahveh, ajudou a instituir uma nação forte e monoteísta, combatendo a idolatria e os costumes inadequados dos habirus, os hebreus. Durante este longo processo, vários dos seus subordinados o ajudaram, sendo Yahvehs em várias ocasiões, destacando-se cada vez mais Sansavi, Sanvi e o belo Samangelaf, um operador especializado em Egito, pois fora espírito protetor daquela bela terra desde os tempos do primeiro faraó.

Finalmente, com a morte de Moschê, os hebreus entraram em Canaan, tendo lutado inúmeras vezes contra seus vizinhos, tendo levado algumas vezes vantagens e tendo sido derrotados em outras. Ele acompanhava tudo, supervisionando este largo quadrante do mundo, que englobava as terras do norte da África até os distantes rincões da Transoxônia, de onde saíram os arianos para conquistarem a Índia.

Ele acompanhou o desenvolvimento do Estado de Israel com crescente preocupação. Sentia-se até certo ponto responsável pela belicosidade daquele povo, que destruiria os maobitas e moanitas, arrasando suas terras e salgando-a para que nada mais crescesse naquele lugar. Foi um dos que deram apoio à ideia de Mykael

JESUS, O DIVINO MESTRE | 277

de deportar aquele povo para a Babilônia e, como coordenador daquele quadrante, estabeleceu a dispersão daquele povo pelo império babilônico. Ele foi vendo que algumas tribos de judeus se mantiveram intactas e outras foram assimiladas por outros povos e outros costumes, enquanto algumas outras foram completamente dizimadas, sumindo de vez da História.

Finalmente, após séculos de conquistas e de violências inauditas, teve que enfrentar a revolta dos demônios terrestres no seu amado quadrante, tendo conduzido a batalha do bem contra o mal com grande proficiência. No entanto, seu coração se confrangia cada vez mais com a atitude negativa, xenófoba e excessivamente dura daquele povo, por cuja criação e desenvolvimento fora um dos responsáveis. Tinha amor por eles e ao mesmo tempo desejava fazer algo para redimi-los.

Veio o tempo em que iriam escolher um mensageiro e sua vasta equipe de obreiros físicos e espirituais. Ele se candidatou ao renascimento, sendo imediatamente aceito. Naquele tempo, Mitraton passou a ser o principal administrador da Terra, tendo sido guindado logo depois da derrota dos demônios terrestres revoltosos. Mitraton foi rebatizado como Metatron, o grande sacerdote de Deus, o que está por trás do Trono. O futuro mensageiro era, naquela época, o coordenador do quadrante denominado oriental, que englobava o Oriente Próximo e o Oriente Médio, que incluía o Egito, todas as terras judaicas, a Síria, a Arábia, a Ásia Menor, a Pérsia e a Índia. Seu nome logo se projetou do mundo angélico para a Terra e tornou-se mais conhecido como Mithra, pois fora também rebatizado e adotara o cognome de seu adorado chefe imediato, Mitraton. Ele, portanto, não era Mitraton, mas em homenagem àquele que o havia apoiado, conduzido e esclarecido, adotou o nome abreviado de Mithra, sendo conhecido na Índia e entre os arianos como Mitra.

Havia razões poderosas para que adotasse o cognome de Mithra. Primeiramente, porque já existia um culto estabelecido a este deus pelos arianos e todos os seus povos relacionados com os indo-

278 | A Saga dos Capelinos

-iranianos. Em segundo lugar, porque o nome Mithra era quase um título. Portanto, o "deus" daquela região devia adotar este nome, pois as preces eram dirigidas àquele ser. Em terceiro lugar, porque os espíritos têm seus nomes próprios mas, por serem quase sempre desconhecidos dos renascidos, adotam nomes públicos conhecidos. E, finalmente, porque havia uma enorme afinidade entre Metatron, cujo nome secreto e pessoal era Inshantra, e o futuro mensageiro.

Ambos tinham vindo do mesmo planeta chamado Tarandat, que ficava localizado num dos bilhões de sistemas solares da galáxia de Leo A, que distava dois milhões de anos-luz da Via Láctea, sendo também parte do grupo local constituído de vinte e quatro aglomerados gigantescos. A estrela que iluminava Tarandat era levemente maior do que o nosso sol, sendo que seu cortejo planetário tinha vinte e dois planetas e cerca de oitenta e duas luas que orbitavam em volta deles. Tarandat era, na realidade, uma lua de um planeta extremamente agreste, gigantesco, inabitável, do tamanho de Júpiter e que influenciava a vida em seu satélite natural de forma violenta.

Dezessete mil anos antes dos capelinos chegarem à Terra, o divino mensageiro havia sido filho físico de Mitraton, que naquele tempo tinha outro nome. Naquela época, o mensageiro tivera uma existência complexa, cheia de altos e baixos, tendo cometido desatinos próprios de sua fase evolutiva, preocupando enormemente seu pai. Sua existência havia terminado de modo trágico, tendo sido morto em batalha. Tal fim serviu para alicerçar ainda mais os laços que uniam pai e filho. No decorrer dos próximos séculos, o mensageiro evoluiria sempre sob a égide de seu pai espiritual que já havia alcançado níveis muito altos de espiritualidade.

Tanto o pai como o filho, o futuro mensageiro, que já havia alcançado um nível espiritual elevado, foram deslocados para outro planeta, onde prosseguiram sua evolução espiritual. Naquele planeta, no conglomerado de galáxias de Virgo, havia uma humanidade em nível superior que havia alcançado formas de vida maravilhosa, estando no plano humano superior.

Pessoas como Yeshua, que aqui na Terra foram uma exceção, naquele planeta eram a regra geral. A inteligência altamente desenvolvida aliada a um sentimento superior fazia daquele lugar um dos planetas de maior prestigio espiritual no enorme conglomerado de Virgo, constituído de mais de duzentos milhões de galáxias.

Este planeta fazia parte de uma confederação enorme de planetas com seres de várias procedências que trocavam entre si não só a sua enorme e vasta tecnologia física, como também seus conhecimentos espirituais, sendo capazes de manter a vida em dois planos, convivendo com os espíritos e tendo com eles uma simbiose extraordinária. Este modelo de sociedade jamais saiu da mente do mensageiro, pois era a mais lídima representante do reino de Deus num planeta. Ele usaria o mesmo modelo para tentar moldar a Terra num mundo glorioso, constituído de espíritos da fase humana superior.

Mitraton, que havia alcançado o mundo mental naquele planeta na distante Virgo, foi deslocado para o planeta Terra, aonde chegou como especialista em diversas ciências e, aos poucos, galgou o posto de coordenador da evolução espiritual terrestre, subordinado ao belíssimo espírito de Himalda, um dos governadores terrestres daqueles tempos ainda primitivos.

O divino mensageiro alcançou também a sua maioridade espiritual naquele planeta do conglomerado de Virgo e, por uma das razões que só o amor pode explicar, ele se sentiu, após ter alcançado as luzes plenas do desenvolvimento espiritual, uma enorme atração pela Terra. A magnífica vibração de Mitraton, seu pai em várias existências em Tarandat e em Virgo, o havia atraído para aquele longínquo planeta.

Tendo recebido permissão de seus superiores, o mensageiro foi trazido até a Terra, poucos séculos antes dos capelinos aportarem vindos de Ahtilantê. Ele se subordinou a Mitraton como obreiro especializado e rapidamente adquiriu o conhecimento para operar em atmosfera psíquica tão diferente quanto era a

280 | A Saga dos Capelinos

Terra naqueles idos tempos. Com a chegada dos capelinos, ele encontrou em Varuna um grande companheiro e muito aprendeu com aquele magnífico espírito, já que os dois estavam na mesma faixa vibratória espiritual. Finalmente, foi sendo conduzido, aos poucos, por Mitraton para assumir cada vez mais a responsabilidade de certas atividades, até que, finalmente, estava amplamente capacitado para sair do mundo mental para alcançar os cumes luminosos do reino angélico, faltando-lhe apenas uma iniciação espiritual, para dali, assumir, no momento correto, a administração do planeta.

A Terra estava passando por várias transformações culturais, com um esforço de desenvolvimento espiritual e social na Mesoamérica, na Europa e na Ásia. Multidões de espíritos eram levadas de um lado para outro para renascerem e fertilizarem novas culturas com novos valores. Bilhões de espíritos primitivos haviam sido levados de vários planetas, em sucessivas levas, para continuarem sua evolução espiritual na Terra, e era preciso novos corpos e, para tal, paz e progresso social, tecnológico e econômico.

Mais uma vez, os hebreus, agora transformados em Judeus, deviam oferecer uma cultura monoteísta mais adequada aos novos tempos. A Terra estava passando de um planeta de expiação para um planeta de regeneração, passagem lenta e gradativa, mas que exigia novos valores, nova cultura e nova forma de estruturação social; portanto, era também um movimento social, econômico e político, além de filosófico e religioso. Era uma época de grandes deportações espirituais internas, pois existia muito espaço e era preciso criar condições para bilhões de espíritos evoluírem. A Terra havia alcançado um grau médio inferior, precisando preparar-se para se tornar um planeta de evolução acelerada de nível médio superior, dentro de dois mil anos.

Naquele instante, Yeshua, na cruz, entendeu toda a extensão de seu calvário. Ele havia sido Orofiel, o braço-direito de Mitraton, que agora se chamava Metatron. Orofiel havia adotado o nome de Mithra sob a imposição amorosa de seu pai espiritual e assim passara a ser conhecido há mais de mil anos. Sua missão como Yeshua era religiosa, cultural, econômica, social e política, sendo responsável pela introdução de novos conceitos de bondade, justiça e providência divina. Cabia a ele demonstrar que Deus não era o terrível Yahveh que os homens mais primitivos haviam entendido, mas um Pai de excelsa bondade e de amor inexcedível, um formulador justo de leis eternas, entre as quais a mais importante: o amor fraterno e universal.

Como Mithra, ele havia copatrocinado o renascimento de Zarathustra, Gautama Sidarta o Budha e Mahavira o Jain (vitorioso). Ele, em conjunto com Raphael, o antigo Gerbrandom que também fazia parte dos administradores planetários, havia tentado trabalhar a ideia de um Deus único na Índia, mas havia esbarrado num politeísmo arraigado. Raphael, agora mais conhecido como Surya, havia, pessoalmente, assumido a missão de alterar os ensinamentos védicos para se tornarem menos severos para as castas inferiores, permitindo uma maior equanimidade, fraternidade e mobilidade entre as várias classes. Os indianos não conheciam Raphael e já não o chamavam mais de Surya, mas de Vishnu.

Orofiel, Yeshua naquele instante, viu que todo o seu sacrifício também tinha uma razão de ser, pois ele se tornaria agora um ser angélico, passando do mundo mental para uma esfera superior, vindo a se tornar em alguns séculos ele também um dos administradores planetários, sendo esta mais uma etapa do caminho para a amálgama final com Deus.

Yeshua entendeu que fora protegido por Samangelaf, mas que fora também fortemente intuído por Metatron. No momento de seu batismo, Metatron lhe havia aparecido não como um ser angélico, cujas formas são tão diferentes da dos humanos, mas como a representação de Deus, o "deus menor", como ele era conhecido. Durante sua pregação, nos momentos inspirados, a enorme vibração de Metatron, o administrador planetário, o havia permeado; misturando-se com sua própria essência, permitiu que ele transmitisse a mensagem de amor, de um Deus único, de absoluta jus-

282 | A Saga dos Capelinos

tiça e amor inexcedível, e de que, com a modificação interior, da força de vontade, da motivação irrefreável, era possível que todos os seres humanos, desde o mais vil e desprezível até o mais espiritualizado, pudessem alcançar os cumes da espiritualidade com a felicidade plena e imorredoura.

Ele entendeu que seu martírio na cruz se tratava de uma iniciação dolorosa, não obrigatoriamente necessária, mas escolhida livremente por ele, devido a sua atitude de afrontar os poderosos da Terra, para redimir o mundo de falsos conceitos. Ele não estava retirando os pecados do mundo por algum meio mágico ou sobrenatural, mas apontando um caminho seguro para o aprisco do Senhor. Por outro lado, compreendeu, amargurado, que sua missão fracassara em parte, pois os judeus, seu amado povo, não o haviam aceitado. Restava, então, que o mundo o aceitasse aos poucos, gradativamente, junto com os outros vários mestres que também tinham sofrido decepções, derrotas e mal-entendidos.

Naquele instante de imensa amargura e dor, ele se lembrou de que seu gêmeo, seu irmão tão adorado, que sempre estava ao seu lado, um dos poucos a entendê-lo, também havia sido um Yahveh, pois não era ninguém menos do que Sansavi, o Yahveh de Avraham. Ele também havia vindo de Tarandat, mas ainda era um obreiro a caminho da redenção pessoal e também iria alcançar naquela existência, em terras distantes, seu próprio martírio, numa morte horrível, fazendo também seu ingresso no mundo mental superior.

Tauma iria continuar sua missão, pois havia compilado centenas de páginas de seus ensinamentos. Aqueles manuscritos em aramaico seriam a fonte para as demais obras que viriam. Agora, em seu momento final, com o espírito quase liberto, ele antevia o futuro com clareza. Haveria lutas contra o mal, contra a perversão dos costumes e contra a incompreensão de suas palavras, muitas vezes herméticas demais. Mas ele iria continuar sua obra. A cruz não era a última etapa, mas sim o grande marco de sua obra a se iniciar: a catequese do mundo.

Jesus, o Divino Mestre | 283

Yeshua despertou na cruz com a imagem ainda viva na sua mente, entendendo todas as razões que o levaram àquele sofrimento. Naquele momento, lembrou-se do salmo 21 e falou alto:

Meu Deus, Meu Deus, por que me abandonastes?
E permaneceis longe de minhas súplicas e de meus gemidos?
Meu Deus, clamo de noite e não me respondeis;
Imploro de noite e não me atendeis.
Entretanto, vós habitais em vosso santuário,
Vós que sois a glória de Israel.
Nossos pais puseram sua confiança em vós;
Esperaram em vós e os livrastes.
A vós clamaram e foram salvos;
Confiaram em vós e não foram confundidos.
Eu, porém, sou um verme, não sou um homem,
O opróbrio de todos e a abjeção da plebe.
Todos os que me veem zombam de mim;
Dizem, meneando a cabeça:
'Esperou no Senhor, pois que Ele o livre,
que o salve, se o ama'.
Sim, fostes vós que me tirastes das entranhas de minha mãe
E, seguro, me fizestes repousar em seu seio.
Eu vos fui entregue desde o meu nascer,
Desde o ventre de minha mãe vós sois o meu Deus.
Não fiqueis longe de mim, pois estou atribulado;
Vinde para perto de mim, porque não há quem me ajude.
Cercam-me touros numerosos,
Rodeiam-me touros de Basã.
Contra mim eles abrem suas fauces,
Como o leão que ruge e arrebata.
Derramo-me como água,
Todos os meus ossos se desconjuntam.
Meu coração tornou-se como cera,
E derrete-se nas minhas entranhas.

284 | A Saga dos Capelinos

Minha garganta está seca qual barro cozido,
Pega-se no paladar a minha língua:
Vós me reduzistes ao pó da morte.
Sim, rodeia-me uma malta de cães,
Cerca-me um bando de malfeitores.
Traspassaram minhas mãos e meus pés,
Poderia contar todos os meus ossos.
Eles me olham e me observam com alegria.
Repartem entre si as minhas vestes,
E lançam sorte sobre a minha túnica.
Porém, vós, Senhor, não vos afasteis de mim;
Ó meu auxílio, bem depressa me ajudai.
Livrai da espada a minha alma,
E das garras dos cães a minha vida.
Salvai-me a mim, mísero, das fauces do leão
E dos chifres dos búfalos.
Então, anunciarei vosso nome a meus irmãos
E vos louvarei no meio da assembleia.
Vós que temeis o Senhor, Louvai-o;
Vós todos, descendentes de Yacob, aclamai-o;
Temei-o, todos vós, estirpe de Israel,
Pois ele não rejeitou nem desprezou a miséria do infeliz;
Nem dele desviou a sua face;
Mas o ouviu, quando lhe suplicava.
De vós procede o meu louvor na grande assembleia,
Cumprirei meus votos na presença dos que vos temem.
Os pobres comerão e serão saciados;
Louvarão o Senhor aqueles que o procuram:
'Vivam para sempre os nossos corações'.
Hão de se lembrar do Senhor e a ele se converter
Todos os povos da Terra.
E diante dele se prostrarão
Todas as famílias das nações.
Porque a realeza pertence ao Senhor,

E ele impera sobre as nações.
Todos os que dormem no seio da terra o adorarão,
Diante dele se prostrarão os que retornam ao pó.
Para ele viverá a minha alma,
Há de servi-lo minha descendência.
Ela falará do Senhor às gerações futuras
E proclamará sua justiça ao povo que vai nascer:
'Eis o que fez o Senhor'.

Entretanto, somente a primeira linha ele falou alto o suficiente para ser ouvido. As demais, ele rezou contritamente.

Algumas pessoas ouviram-no falar: Eli, Eli, pois Eli era Deus em aramaico, mas pensaram que ele chamava o profeta Eliahu. Os seus adversários, alguns rabugentos saduceus, disseram:

— Ele clama por Elias, como se o profeta pudesse ajudá-lo. Pobre idiota! Morra sua morte inglória! Em alguns dias, ninguém se lembrara de você.

Como os homens são néscios em suas afirmações! De cima de sua empáfia, falam como se fossem capazes de tudo saber e tudo ver. Yeshua sofria na cruz, mas não os escutava. Estava em agonia final.

Gabínio chamou Godorevix e mandou dar-lhe novamente a beberagem. Yeshua estava semidesperto e, naquele momento, sem saber o que fazia, quando encostaram a esponja embebida no líquido, ele não titubeou e bebeu. A sede era alucinante. Não bebia desde a ultima ceia e, agora, quando perdia sangue e líquidos, estava ficando cada vez mais fraco. Sorveu com avidez a beberagem que continha uma fatal combinação de tranquilizantes. Em alguns minutos, sentiu uma forte sensação de bem-estar. Naquele momento, tomou consciência de que estava morrendo. Reunindo suas últimas forças, bradou em voz alta, rouquenha e sofrida, com as palavras a brotar da boca em catadupas:

— Tudo está consumado! Foi feita a Sua vontade! Pai, em Suas mãos eu Lhe entrego o meu espírito.

286 | A Saga dos Capelinos

Seu coração disparou numa taquicardia exagerada. Subitamente, o coração começou a falhar, parando por alguns instantes e voltando a funcionar. Ele começou a ter uma série sucessiva de desmaios rápidos, até que levantou a cabeça, abriu a boca desmesuradamente à procura de ar. Debateu-se por alguns segundos e, finalmente, fechou os olhos e deixou a cabeça cair para frente.

Yeshua acabava de morrer.

Uma tempestade terrível se prenunciava. Já era a hora nona – três horas da tarde – e o vento soprava forte, com rajadas intermitentes que levantavam poeira e arbustos. Em breve, cairia uma chuva torrencial. Gabínio mandou quebrar as pernas de todos. Godorevix pegou de sua marreta e deu firmes cacetadas na tíbia e perônio dos infelizes, que imediatamente reagiram aos gritos. No entanto, a falta de apoio amplificava o esforço sobre os músculos do peitoral, impedindo-os de respirar. Helcias morreria em dez minutos e Josaf, levaria um pouco mais tempo.

Yeshua não estava no meio dos dois zelotes; era o terceiro após os dois supliciados. Godorevix, ao se aproximar, viu pela expressão facial que ele estava morto. Falou com Gabínio, que mandou testá-lo. Godorevix pegou uma lança e cravou no peito de Yeshua que não reagiu. O gaulês confirmou a morte de Yeshua.

Naquele momento, relâmpagos começaram a cortar o céu, que havia se tornando extremamente violáceo. As nuvens taparam o sol e escureceu o local de forma impressionante. A tempestade chegou com toda a força. Chovia torrencialmente. Os relâmpagos cruzavam o céu com estrondos de meter medo. Muitos dos coriscos caíram perto de onde estava a multidão que assistia à crucificação; o cavalo de Gabínio, que estava amarrado, soltou-se e fugiu em direção à cidade. As pessoas que estavam por perto já tinham começado a se retirar; já haviam visto a chuva se aproximando de longe. Naquele instante, só ficaram os soldados que tinham que retirar os crucificados.

Como Yeshua havia morrido primeiro, eles o baixaram da cruz e permitiram que seus familiares se aproximassem: Yozheph de

Arimateia, Nicodemos, Míriam, sua mãe, Míriam de Magdala, Míriam de Betânia, Yochanan, seu irmão mais moço, e mais dois servos de Arimateia, que o levaram embrulhado no meio da chuva e do vento. Em breve, começou a cair granizo do céu, o que era raro, e Gabínio deu ordens para que retirassem todos da cruz e quem estivesse vivo que fosse garroteado. Somente Josafá ainda estava vivo, mesmo que em estado de profundo coma. Os soldados o garrotearam por dois minutos e, quando sentiram que seu coração parara, eles também cessaram seu mórbido afazer.

Yozheph de Arimateia esperou para que os outros dois homens fossem descidos da cruz e, vendo que algumas mulheres reclamaram seus corpos, afastou-se para cuidar do enterro de Yeshua. Naquele momento, a tempestade chegou ao seu ápice. Até mesmo os homens temeram; jamais haviam visto tal vento. Era pouco antes das seis horas da tarde, quando começava o Shabat do Pessach. Era preciso enterrar logo a vítima dos romanos. A tempestade foi passando, levando para longe seu rugir e sua fúria. A natureza parecia haver ficado furiosa com o assassinato de um justo.

CAPÍTULO 10

Os parentes e amigos de Yeshua que estavam levando o seu corpo tinham andado apenas alguns metros quando foram cercados pela guarda do Templo, que levava uma ordem do Sanhedrin, assinada por Caifás e Pilatos, de que os soldados deveriam acompanhá-los e montar guarda permanente. Yozheph, que ficara mais atrás esperando pelo desfecho dos dois outros corpos, vendo que sua comitiva estava cercada por dez beleguins do Templo, correu para saber do que se tratava. O chefe do esquadrão repetiu a ordem que recebera e mostrou o documento. O nobre de Arimateia teve que se curvar ao comando e mandou que o seguissem.

Chegaram ao jardim da casa de Arimateia na hora em que a tempestade estava muito forte. Além de chover torrencialmente, começara a cair granizo, machucando os que estavam ao relento. Havia, no meio do jardim, um sepulcro que fora cavado, alguns anos antes, para acomodar o corpo do dono da casa quando falecesse. A sepultura havia sido escavada na rocha, apresentando uma entrada de oitenta centímetros de largura por um metro e vinte de altura. A gruta interna tinha um metro e oitenta de altura por dois metros de comprimento e largura de um metro e vinte centímetros. Havia um lugar, quarenta centímetros mais alto, que servia de leito mortuário, onde seria depositado o corpo

290 | A SAGA DOS CAPELINOS

de Yeshua. Os servos, por ordem de Yozheph, haviam limpado a gruta, naquele mesmo dia.

Alguns minutos depois que chegaram ao jardim, quando Yozheph e mais um dos servos estavam cuidando de Yeshua, a chuva parou. A água que havia caído copiosamente do céu havia molhado Yeshua e o servo aproveitou para lavá-lo com água que havia levado, antes de colocá-lo no interior da tumba. Seus ferimentos estavam empapados de sangue coagulado e algum sangue dissolvido em água escorreu dos principais ferimentos dos pés e punhos. Levaram-no para dentro com dificuldade; ele era pesado, uns oitenta quilos. Passaram mirra em goma-resina com aloés por todo o seu corpo e depois o enfaixaram com linhão grosso. Terminado o ato demorado de enfaixá-lo, cobriram-no com um sudário de linho que ia da cabeça aos pés.

Todas as pessoas entraram, revezando-se três a três, e choraram copiosamente. Míriam, sua mãe, no entanto, não vertera mais nenhuma lágrima pelo filho, após sua morte. Ela estava tão firme quanto uma rocha. Seu coração estava despedaçado. Vendo em que estado deplorável estava, seguira o filho desde a hora em que saíra da fortaleza Antônia em absoluto silêncio. Ela observou como ele saíra maltrapilho, andando com enorme dificuldade. Viu quando desmaiara e quando um homem gigantesco o levantara, carregando-o como se fosse uma criança. Naquele momento, ela, que sentira vontade de chorar, tornou-se exteriormente insensível e acompanhou o martírio de seu filho a distância.

Terminaram as operações de sepultamento, que levaram mais de quarenta minutos, e, finalmente, depois da última visita de todos ao corpo de Yeshua, os dois servos e mais um soldado empurraram a pedra que cobria a entrada. Ela tinha um metro e trinta de diâmetro, sendo que rolava numa via escavada na rocha. Caía numa ranhura especialmente feita para abrigá-la, que tornava a entrada bem lacrada. Em volta dela, jogaram barro para tapar as entradas minúsculas de forma a proteger o cadáver contra insetos que podiam se infiltrar no local. A tempestade amainou assim que rolaram a pedra que fechava o sepulcro.

Yozheph convidou todos, menos os soldados, para irem à sua casa. Aceitaram; estavam todos sob o choque da terrível morte; andavam como fantasmas. Enquanto isto, o chefe dos guardas mandou os homens armarem uma fogueira, duas tendas e prepararem o repasto. Estavam todos enfurecidos por terem que passar o Pessach longe da família. Yozheph destacou alguns servos para ajudar as mulheres a se instalarem em sua casa. Era tarde demais para cruzarem a cidade, indo até onde estavam os demais membros, no Jardim de Getsêmani.

Nicodemos, algumas horas depois, descobriu, por intermédio de seus contatos, que a razão de a guarda estar presente fora uma trama urdida por alguns membros do Sanhedrin, especialmente um tal de Faleg de Betel. Este homem, inimigo declarado de Yeshua, havia convencido Caifás a colocar uma guarda armada por três dias no sepulcro de Yeshua. Ele havia dito que o galileu vivia se gabando de que ressuscitaria três dias depois de morto. Obviamente, Faleg não acreditava nisso, mas dissera que os discípulos do galileu poderiam muito bem roubar o corpo e depois apregoar que o mestre deles teria ressurgido dos mortos como predissera.

Caifás achou aquilo tudo uma sandice sem igual; era um saduceu que não acreditava em nada. No entanto, pela pressão que alguns membros fizeram, acabou solicitando permissão de Pilatos para que um destacamento dos guardas do Templo ficasse de prontidão no sepulcro do galileu por três dias, sendo revezado a cada dia por um novo grupo. Pilatos achara aquilo um despropósito, mas já estava acostumado a todas aquelas idiossincrasias dos judeus, e acabou concordando.

Nicodemos trazia mais notícias ruins. Diziam que, quando terminassem os três dias, alguns membros iriam propor que Yeshua fosse removido para uma tumba secreta e que nenhum dos seus apóstolos jamais saberia onde ele estaria enterrado. Desta forma, evitariam que o seu sepulcro se tornasse um lugar de peregrinação, idolatria e fanatismo.

— E o que se pode fazer para evitar essa profanação?

292 | A Saga dos Capelinos

– Não tenho a menor ideia. Pensei em subornar a guarda, mas são pessoas demais. Basta um abrir a boca e estaremos em situação difícil.

Eram quatro horas da manhã, os dois homens não haviam pregado o olho de tão tensos que estavam. Haviam ficado revoltados com Pilatos e com os membros do Sanhedrin por não defenderem o mestre. Nicodemos, que havia voltado para sua casa e descoberto a trama, voltara às pressas para encontrar-se com Yozheph, contando-lhe tudo.

Subitamente, uma terrível algazarra os levou até a varanda para verem o que estava acontecendo. Olharam em direção à pequena fogueira dos soldados brilhando a uns sessenta metros, no meio das folhagens, e viram que os guardas estavam correndo de um lado para outro. Gritavam enlouquecidos como se estivessem possuídos por demônios. Yozheph resolveu aproximar-se. Havia dois soldados caídos no chão, quietos como se estivessem desmaiados, e três estavam com cassetetes na mão – os romanos não os deixavam usar espadas ou lanças –, defendendo a entrada do sepulcro. Os demais haviam debandado, às carreiras.

Naquele momento, houve um tremor de terra, com intensidade forte e localizado. Yozheph sentiu a terra tremer e estancou, esperando que o chão abrisse. No entanto, o que abriu foi a gruta onde estava enterrado Yeshua. A pedra que fechava o acesso, subitamente, rompeu, como se fosse feita de papel. Além de rasgar de alto a baixo, saiu de sua ranhura, vindo a projetar-se a mais de três metros em diagonal, como se tivesse havido uma explosão no interior da gruta.

Nicodemos e Yozheph estavam a vinte metros do lugar e viram quando os dois soldados caíram ao chão, levantaram-se e saíram correndo. O terceiro e último a ficar era o chefe do agrupamento. Subitamente, ele se voltou para a entrada do sepulcro, deixou cair o cassetete, ajoelhou-se e ficou estático. Passaram-se menos de trinta segundos e o homem se levantou, saiu andando, lentamente, completamente trêmulo, em direção ao centro da cidade. Ele passou por Yozheph e Nicodemos que estavam parados, olhando-

-o. Estava lívido, com expressão apalermada, mas, ao mesmo tempo, beatificada, como se tivesse visto a glória de Deus em pessoa.

Yozheph precipitou-se para dentro da tumba enquanto Nicodemos pegava um archote dos guardas que estava caído perto da fogueira. Ele entrou logo depois de Yozheph e iluminou profusamente a pequena gruta. Os dois olharam em volta e viram as faixas no lugar onde deviam estar, com o sudário que cobria o corpo do mestre levemente fora de onde devia estar a face. As grossas faixas estavam enroladas, só que desinchadas, pois o corpo havia se volatilizado. As faixas e o sudário estavam onde deviam estar, mas o corpo havia evaporado. Yozheph não acreditou no que via e retirou o sudário com certo nervosismo, largando-o ao lado do leito mortuário. Nicodemos riu nervosamente e disse:

– Onde está ele?

Yozheph apertou as faixas na altura do peito e elas cederam gentilmente, já que não havia corpo para lhes dar substância. Ele olhou para Nicodemos, aterrorizado, e perguntou, quase histérico:

– O que fizeram com ele?

Nicodemos foi taxativo:

– Nada! Ninguém mexeu nele! Nós estávamos perto e vimos quando os soldados saíram correndo alucinados. Ninguém entrou aqui. Nós fomos os primeiros.

– Sim, mas onde está o corpo?

Nicodemos deu de ombro e respondeu, meio enigmático:

– Será que os anjos o levaram?

Yozheph saiu da tumba, seguido do amigo. Voltaram para casa. Não puderam dormir. Mas estavam com receio das consequências do desaparecimento do corpo. Quem acreditaria neles? Resolveram ficar calados, nada comentando com os discípulos do mestre, e esperar pelo desenrolar dos eventos.

De manhã, bem cedo, Selum, o chefe dos guardas do Templo, escutou a história mais esdrúxula que ouvira em toda a sua vida. Chamou todos os guardas que estavam de serviço naquela noite no jardim de Yozheph, e a versão de todos, menos de um que estava desaparecido, era igual. Todos contaram que, por volta de quatro horas da manhã, havia somente três homens de guarda, enquanto os outros dormiam.

De repente, um dos guardas que estava em serviço, viu quando o céu se fendeu e de lá apareceram centenas de soldados luminosos armados com espadas, lanças e bandeiras. Havia todo tipo de pavilhões, lábaros e estandartes. Além desses soldados, começaram a aparecer centenas de pessoas luminosas que voavam na direção deles. Um deles deu o alarme e todos acordaram sobressaltados, vendo a mesma aparição. Eram milhares de pessoas que, em segundos, encheram o céu em volta deles.

Alguns foram possuídos de terror e saíram correndo. Outros desmaiaram e três resolveram proteger o sepulcro. Ficaram com a tumba às costas, esperando o ataque a qualquer momento. No entanto, os seres luminosos estavam apenas parados em volta deles. Um deles, o mais próximo, que estava há uns vinte metros, levantou a destra e tudo começou a tremer. A terra moveu-se e, de repente, a pedra que fechava a sepultura rompeu, saindo de seu lugar.

O chefe do grupo ficou sozinho e viu uma luz fortíssima pelas suas costas. Virou-se e viu Yeshua em pessoa, numa roupa alva, tão branca e luminosa, que não dava para fixar o olhar por muito tempo. Ele estava perfeito, sem nenhum arranhão, parecendo mais alto do que era. Já tinha saído da tumba e olhava para cima, como se estivesse vendo os milhares de amigos que haviam ido buscá-lo. Naquele momento, ele se viu ajoelhado e, quando Yeshua começou a subir rapidamente, como se estivesse levitando, em direção aos seus amigos, ouviu um coro de vozes tão alto, que o assustou. Ele saiu andando sem olhar para trás.

O chefe-geral dos guardas sentiu dificuldade de contar a história para Caifás que, matreiramente, chamou os guardas, dizendo:

– Não creio numa única palavra que vocês me disseram. Nem acho que Pôncio Pilatos e seus romanos irão acreditar. No entanto, faremos uma coisa. Vocês dirão que adormeceram profundamente e que, quando acordaram, o sepulcro havia sido profanado pelos

JESUS, O DIVINO MESTRE | 295

discípulos daquele egípcio embusteiro metido a galileu. Se vocês contarem essa história por aí, diremos que vocês se venderam aos seguidores do galileu e a pena será igual à deles. Daremos três denários para cada um para sacramentarem esta história e se calarem.

Os homens saíram aniquilados com isso. A história era por demais legítima para que não fosse verdadeira. Muitos acabariam por confidenciar às mulheres e estas aos demais. Pilatos recebeu a versão oficial e não se importou muito com o caso. Afinal, os galileus que haviam ido para o Pessach iriam embora em breve para suas casas e, se tentassem algum levante, ele os crucificaria a todos.

Caifás resolveu investigar o caso e mandou dois homens irem até o jardim de Arimateia verem por si o que estava acontecendo. Eles chegaram por volta da hora terceira, entrando pelo jardim, vindos da cidade. Míriam de Magdala que não dormira de noite, pensando na tragédia que se abatera sobre Yeshua, viu quando os dois homens entraram. Ela saiu de seu quarto, atravessou o pátio e foi até o jardim.

Os investigadores enviados por Caifás chegaram ao jardim e procuraram pelo sepulcro. Não sabiam onde era e não queriam interrogar Yozheph de Arimateia, que era um nobre importante no Sanhedrin. Vasculharam o lugar até o momento em que viram a jovem mulher caminhando em sua direção. Naquele momento, viram as tendas dos soldados, o local da fogueira e o sepulcro. Dirigiram-se para lá e entraram, constatando que estava vazio, confirmando as suspeitas de Caifás de que os discípulos haviam feito alguma bruxaria para ludibriarem os guardas e roubado o cadáver.

Saíram da sepultura e se depararam com Míriam de Magdala, que estava lívida e assustada. Ela perguntou:

– Que fazem aqui? Onde estão os guardas?

Era óbvio que a mulher era sincera e nada sabia da profanação ocorrida naquele lugar. Responderam-lhe:

– Não se atormente; o sepulcro está vazio.

Para uma devota como Míriam de Magdala dizer que o sepulcro estava vazio era o mesmo que dizer que Yeshua havia ressuscitado. Ela passou pelos homens e entrou na tumba, constatando que seu adorado Yeshua não estava mais lá. Não passou sequer por sua cabeça que seu túmulo podia ter sido violado.

Os discípulos lhe haviam dito que ele dissera que ressuscitaria no terceiro dia e era verdade. No entanto, nem sequer notou que não era o terceiro dia. Era manhã de Shabat. Não havia sequer um dia inteiro que Yeshua havia morrido e já cumpria a promessa.

Ela saiu de dentro do abafado túmulo e partiu em disparada para dentro de casa. Os dois espiões de Caifás aproveitaram aquele instante para saírem daquele lugar.

No interior da casa, Míriam de Magdala falava a todos que Yeshua havia ressuscitado. Contou a história de forma tão atropelada, que ninguém a entendeu direito. Ela falou que vira uma pessoa que pensou ser o jardineiro, e foi a seu encontro, mas que, ao invés, encontrou dois homens que lhe disseram que o mestre não estava mais lá.

Ela foi com Míriam de Betânia até onde estava o agrupamento principal, no Jardim de Getsêmani, e contou a história para Cephas e os demais. Eles não acreditaram, mas partiram como flechas para verem se era verdade. O sepulcro estava vazio. Havia sinais de pressa. As faixas estavam ainda com o formato do corpo e o sudário estava jogado num canto. Yochanan o apanhou com cuidado, levando-o consigo. Míriam, a mãe, chegou e olhou para dentro. Seria crível que seu filho houvesse ressuscitado?

Míriam conversou com Yozheph, pedindo-lhe que averiguasse o motivo de os soldados não estarem tomando conta da tumba. Haviam violado o sepulcro? Yozheph concordou com a teoria materna e informou que iria ao Templo para descobrir o que havia sido contado. Ao chegar lá, já corria a versão de que os discípulos de Yeshua haviam roubado o corpo do mestre e sepultado em lugar ignoto. Yozheph falou com Selum, o chefe dos guardas, que era seu conhecido de longo tempo, e, por um pequeno presente, ele contou a versão dos soldados do Templo, sem mencionar que ele também apreciara o fenômeno, mas sem vê-lo como os guardas.

Agora aquela mímica estranha que os guardas estavam fazendo passava a ter lógica, e Yozheph entendeu que aquele fora o momento em que o mundo espiritual fora encontrar-se com o liberto e divinizado Yeshua. Mas onde estava o corpo físico?

Yozheph voltou e deu um conselho para os galileus. Eles deviam partir; o Sanhedrin os queria preso por crime de profanação de túmulo. Naquela noite, às cinco horas da manhã, o grupo partia para Cafarnaum. Havia dúvidas e tristezas, mescladas com alegria e esperança. Se eles não vissem Yeshua, nunca teriam confiança em si próprios para articularem o que seria um dos maiores movimentos de fé do mundo.

Levaram quatro dias para chegarem a Cafarnaum e cada um foi para sua casa. Em dois dias, faria uma semana que Yeshua havia perecido na cruz. Resolveram se reunir na casa que fora do mestre, onde agora morava Míriam e Tauma. Naquela noite, num cômodo apertado, estavam todos os seus discípulos para recitarem o hazkarat neshamot – relembrar as almas. Cephas, por ser o homem mais velho de todos os presentes, recitou as orações e, quando estavam emocionados, relembrando o mestre, uma luz forte se fez presente naquela penumbra. Foi com tal velocidade, que quem estava com os olhos abertos, olhou para o ponto luminoso e, no outro instante, viu que lá estava ele. Para aqueles que estavam com os olhos fechados em atitude meditativa, foi necessário que os que estavam com os olhos abertos os alertassem para o aparecimento.

– Meu Deus, é o mestre! É o mestre!

Eles olharam e não acreditaram. Como, subitamente, do nada, lá estava Yeshua, o mestre dos mestres? Por qual mágica ele aparecera do nada? Alguns estavam assustados. Pensavam que era um fantasma ou um demônio. Yeshua, no entanto, era um espírito materializado, tendo utilizado um pouco de fluido vital de todos os presentes, assistido por espíritos especializados, que o ajudaram na operação de materialização.

– Nada temam, meus amigos! Sou eu, Yeshua, tão vivo quanto quando estava entre vocês.

298 | A SAGA DOS CAPELINOS

Cephas adiantou-se para abraçá-lo e o fez com energia. Seus braços não atravessaram o mestre como se fosse fumaça. Yeshua estava perfeitamente visível e maleável como convém a um corpo. É verdade que tal fenômeno é raro, mas também, no caso de Yeshua, era vital que houvesse esta manifestação, sem a qual seu movimento iria se esvair totalmente, não restando mais nada do que uma bela lenda que o tempo se encarregaria de fazê-la esquecida pelos homens. Era preciso dar ânimo e provas àqueles seres que tinham dúvida de si próprios, da doutrina do mestre e de como difundi-la.

Yeshua, que sabia que não poderia ficar materializado por muitas horas, foi objetivo e direto:

– Amigos, todo nosso trabalho agora depende de vocês. Devem prosseguir na expansão de nossas ideias, sem o que tudo o que fizemos, nestes últimos três anos, irá por água abaixo. Vocês devem continuar a pregação do reino de Deus, assim como estabelecer centros de curas, pois isto irá atrair as pessoas e convencê-las de que estamos falando a verdade.

Cephas, pragmático como ele só, tinha dúvidas, que ele manifestou de imediato ao mestre:

– Mas como faremos isto? Não temos a sua habilidade. Não sabemos falar tão bem, nem tudo o que você falou nós nos lembramos!

Yeshua respondeu-lhe com voz tranquila:

– Não se preocupem com isto. Eu enviarei meus santos espíritos que se manifestarão por vocês, e vocês ficarão repletos de sabedoria e de conhecimento. Darei a vocês também o poder de curar, profetizar e de expulsar os demônios. Deste modo, estarei sempre com vocês, acompanhando cada passo e estimulando-os. Nada temam, pois estou no reino de meu Pai, e estarei preparando um lugar de honra para cada um que se dedicar a esta missão de grande importância para os homens.

Yochanan Boanerges, que sempre fora amado pelo mestre e, portanto, acreditava ter mais direitos do que os demais pela afeição e carinho que o mestre lhe dedicava, perguntou:

JESUS, O DIVINO MESTRE | 299

– Amado mestre, acredito em você e sei que não irá nos abandonar, mas como faremos tudo isto em Cafarnaum?

– Vocês não podem ficar aqui. Devem partir para Ierushalaim o mais rápido possível. Terminem a temporada de pesca e retornem à cidade santa e iniciem sua pregação em espaço aberto.

– Seremos trucidados pela malta enfurecida ou crucificados pelos romanos!

A exclamação veio de Yacob ben Cleophas.

– Isto poderá vir a acontecer, mas feliz daquele que morrer em martírio divulgando as nossas ideias de amor e fraternidade! No entanto, com minha morte, teremos que mudar um pouco nosso discurso, pois de nada adianta falarem que o Messias irá instituir o reino de Deus na Terra e que ocupará o trono de David. Não há mais necessidade disto.

– Mas Tauma poderá sucedê-lo como legitimo herdeiro! – Exclamou Boanerges.

– Não! Definitivamente não! Tauma deverá ser protegido e, de preferência, escondido; senão, terá o mesmo destino que tive. Desejo que ele seja enviado ao amigo Vindapharna; lá ele será resguardado de toda a insânia dos romanos. Falem com Yozheph de Arimateia, e ele saberá como enviá-lo até Takshasila.

Yeshua, mudando de tom, sabendo que seu tempo estava se tornando curto e que a materialização não podia continuar indefinidamente, concluiu sua alocução:

– Não se preocupem com que irão falar, pois estarão repletos dos santos espíritos, do espírito de santidade e terão poderes para fazer tudo que fiz. Nada temam, pois cada um receberá a sua cota do reino de Deus de acordo com seus atos. Eu estarei com vocês o tempo todo.

Yeshua abraçou os discípulos presentes, despedindo-se, e, subitamente, para espanto de todos, desapareceu completamente.

As notícias do ressurgimento de Yeshua espalharam-se celeremente entre os demais discípulos. A aparição de Yeshua trouxera um novo alento ao movimento.

300 | A Saga dos Capelinos

Cephas conversou com Tauma e juntos concluíram que Yeshua tinha razão. Não havia mais a necessidade de perseguirem o objetivo de entronizarem um descendente de David, pois isto só acarretaria graves prejuízos ao movimento. Por outro lado, Tauma sugeriu que Yacob, seu irmão, assumisse a chefia da missão e Cephas aceitou de bom grado, pois Yacob, mesmo não sendo um dos discípulos mais próximos, fazia parte do grupo e se destacava pela sua firmeza, severidade e objetividade. Yacob, denominado o Justo, portanto, passou a ser o chefe do movimento.

Naquele momento, era apenas um movimento, pois ninguém pensara em romper com o Templo; portanto, continuavam bons judeus e, principalmente, fariseus. Com o decorrer dos anos, o movimento tornar-se-ia uma seita do judaísmo, para finalmente desabrochar como igreja independente.

Nos dias que se seguiram, Yeshua apareceu por seis vezes, até que, finalmente, ele disse que faria a sua última aparição, marcando hora e lugar, perto de Cafarnaum. Depois desse dia, ele não apareceu mais. Subira aos Céus. Ele havia plantado a semente da salvação. Agora cabia a cada um se salvar de sua própria inferioridade, modificando-se e alterando o mundo para torná-lo mais livre, fraterno e igualitário.

O grupo aproveitou a festa de Shavuot – Pentecostes – para ir para Ierushalaim. Esta festa caía no sexto dia do mês de Sivan, por volta do final de maio, início de junho, cerca de sete semanas depois do Pessach. Yeshua havia feito sua última aparição na véspera da viagem do grupo para Ierushalaim, tendo se elevado dos planos astrais, entrando nos planos mentais. Ele havia decomposto o material astral com sua crescente vibração espiritual e, em poucos meses, também o material mental seria dissolvido, e ele ingressaria esplendoroso no mundo angélico. No entanto, havia muito a ser feito. Se os seus apóstolos não continuassem seu proselitismo, a vitória final seria das forças trevosas, pois elas haviam agido fortemente, tendo obtido vários sucessos parciais durante a vida de Yeshua.

Os discípulos se reuniram na casa de Yozheph de Arimateia que, como sempre, fez questão de abrigá-los. Cephas e Tauma conversaram em particular com Yozheph sobre a ida de Tauma para Takshasila. O lorde de Arimateia não viu nenhum problema em providenciar tudo até Hagmatana. Lá ele deveria procurar Balthazar, que providenciaria tudo para enviá-lo a Vindapharna. A caravana partiria dentro de seis meses e, durante aquele período, Tauma ficaria escondido na casa de Yozheph.

A história de que Tauma só acreditara que Yeshua havia "ressuscitado" se o visse e tocasse seria uma interpolação posterior, pois corria o boato de que Yeshua não havia de fato ressuscitado, mas que fora seu gêmeo que o personificara. Deste modo, foi necessário desenvolver uma história de que Yeshua apareceu para Tauma, mostrando-lhe as chagas, mas, na realidade, quando o mestre apareceu para seus discípulos, ele não tinha chagas, nem marcas de vergastadas, nem as feridas da coroa de espinho, pois nada disto marcara sua mente e, portanto, não se manifestara no corpo espiritual.

Shavuot – Pentecostes – era originalmente uma festividade para louvar a colheita do trigo. Após a Diáspora, seria festejada no sétimo dia do mês de Sivan, mas, naquela época, ainda caía no sexto dia. Naquele tempo, os fariseus – os discípulos eram fariseus, para todos os efeitos – comemoravam a revelação do decálogo a Moisés. Deste modo, após passarem a noite inteira em vigílias estudando a Torah, fato este que era chamado de tikun leil Shavuot, os discípulos se reuniram de manhã cedo para louvarem o shacharit – a aurora. Após tal cerimônia, imbuídos de espírito positivo, eles se reuniram para o desjejum. Antes de comerem qualquer coisa, um fato maravilhoso aconteceu, que iria dar substância e coragem a todos os presentes, transformando-os em guerreiros de Yeshua.

Subitamente, um dos discípulos sentiu uma estranha tonteira e seu coração acelerou. Ele fechou os olhos pensando que devia ser cansaço, quando começou a tremer levemente. Os demais olharam para Yacob ben Zebedeu, sabendo que ele era dado a possessões, e

302 | A Saga dos Capelinos

ficaram apreensivos. No entanto, Yacob mantinha-se calmo e, sob uma força dominante, levantou-se de sua cadeira e, levantando os dois braços para o alto, falou com voz tonitruante, que não era sua:

– Filhos do Altíssimo, levantem-se e fechem os olhos para receberem o santo espírito.

Sob o comando deste espírito manifestado em Yacob, os demais discípulos se levantaram. Na medida em que ficavam de pé, os espíritos da falange de Samangelaf iam atuando sobre suas mentes. Um após o outro, eles foram sendo tomados de um poder comandante que os fazia falar com convicção e determinação.

Várias pessoas da casa acorreram para ver que algazarra era aquela e ficaram surpresas em ver todos de pé, falando e gesticulando com altivez num estranho ritual. Como alguns discípulos jamais haviam sentido alguma influência espiritual, a primeira manifestação foi falha, e eles cambaleavam sob o domínio ainda parcial do espírito. Muitos achavam que eles estavam bêbedos, mas estavam em fase de desenvolvimento acelerado de suas potencialidades de comunicação entre um plano existencial e outro.

Uma das moças, servas de Yozheph, com vidência espiritual ainda em formação, viu luzes brilhantes passeando sobre a sala e sobre a cabeça dos discípulos em transe, que pareciam fogo. Na realidade, era o local de maior contato de energias entre o espírito que se manifestava e o discípulo, fazendo com que, sob a vidência parcial da serva, parecessem línguas de fogo. Uns escutavam um barulho ensurdecedor como se fosse vento forte soprando entre altas árvores, e isto também era um princípio de audição espiritual ainda incipiente, que fazia com que as manifestações parecessem ser vento forte.

Aquela sessão espiritual inicial durou mais de uma hora. Os espíritos começaram a se retirar aos poucos, deixando os discípulos cansados e felizes. Eles se lembravam de tudo, mas como se fossem apenas espectadores; escutavam as coisas maravilhosas que falavam, mas não acreditavam que tivessem aquele dom. A partir daquele instante, eles não eram mais discípulos, mas apóstolos.

JESUS, O DIVINO MESTRE | 303

Aquela foi a primeira das manifestações dos espíritos. Eles iriam se tornar lugares-comuns nas congregações primitivas por mais de cento e oitenta anos, tendo se manifestado em todos os lugares, até que, com o advento da Igreja e dos clérigos profissionais, esta maravilhosa dádiva divina foi sendo relegada a segundo plano, sendo substituída por fórmulas mágicas de uma missa cada vez mais hermética. O que era para ser um forte poder entre os renascidos e os espíritos, por meio do qual se profetizava, se curava e muitos milagres eram realizados, tornou-se motivo de perseguição, bruxaria e fogueira. Mais uma vez, os poderes das trevas iriam obter uma vitória importante contra as forças da luz.

***

Yeshua de Nazareth havia sido imolado na cruz em 14 de Nissan do ano 30 d.C., o que corresponde ao dia 7 de abril, com pouco mais de trinta e seis anos. Seus seguidores haviam se escondido com medo da perseguição romana. Depois da Pentecostes e das primeiras manifestações espirituais, eles saíram de seus esconderijos e revelaram-se ao mundo. No decorrer dos primeiros meses, foi-se formando uma nova seita, a dos nazarenos. Não havia grande distinção entre esta seita e as demais existentes a não ser pelo fato de que seus membros eram mais impetuosos do que os demais. Mas não deixava de ser uma seita judaica.

Os futuros cristãos, como seriam chamados, originaram-se das revelações apocalípticas e esotéricas do advento do reino de Deus, nascidas da força da personalidade magnética de Yeshua, adquirindo élan com a notícia da ressurreição e com a promessa de vida eterna, que depois viria a se fortalecer com outros fatores sociais e históricos.

Todos os apóstolos, com exceção de Tauma, acreditavam num breve retorno de Yeshua que viria estabelecer o reino de Deus na Terra. Eles acreditavam que tinham recebido de Deus os poderes miraculosos que tantas vezes haviam visto se manifestar nele e, de

304 | A Saga dos Capelinos

fato, após os eventos da Pentecostes, esses poderes foram se revelando cada vez mais poderosos.

Os apóstolos faziam um feroz proselitismo, tendo muitas vezes pregado nos pátios dos templos, sendo tolerados pelo Sanhedrin, já que seguiam à risca todas as normas das cerimônias judaicas. Desta forma, o número de prosélitos aumentou grandemente e os apóstolos ordenaram sete diáconos para tomarem conta dos bens comuns da seita. Por algum tempo não houve maiores consequências; o pequeno grupo inicial de cento e vinte pessoas passava imperceptível. No entanto, em poucos anos, o número de nazarenos pulou para mais de oito mil pessoas, e os sacerdotes ficaram sobressaltados.

Cephas e outros foram detidos para serem interpelados pelo Sanhedrin, sendo salvos por Gamaliel, filho e sucessor de Hilel como Presidente do Sanhedrin, que propôs suspensão de julgamento. Eles foram apenas flagelados e depois soltos.

Estevão, um dos sete diáconos ordenados, foi preso e levado a julgamento; como sua defesa foi excessivamente impetuosa, foi condenado ao apedrejamento. Saul, que ainda não tinha se convertido, foi um dos apedrejadores e, depois deste fato, tornou-se um incansável perseguidor da seita. Em Jerusalém, sua atuação foi esmerada e levou para a prisão inúmeros seguidores do Nazareno Yeshua.

A primeira perseguição aos nazarenos fora de Jerusalém levaria Saul a Damasco, capital da Síria. No entanto, no caminho para Damasco, Saul teve um "encontro" que mudaria sua vida. Não foi o próprio Yeshua que lhe apareceu, mas o fulgurante Samangelaf. Enquanto isso acontecia, os convertidos judeus e gregos que tinham Estevão como chefe de sua igreja fugiram para a região da Samaria e para a cidade de Antioquia, onde continuaram seu proselitismo, vindo a fundar fortes comunidades que, aos poucos, iam se chamando de cristãs. A palavra grega para ungido era Christos e, por isso, os gregos passaram a chamar Yeshua de Iesous Christos e seus seguidores foram denominados de Christianoi.

Por onze anos, os cristãos que haviam escapado da primeira perseguição viveram tranquilamente na Judeia. Cephas levava a boa nova – a chegada do reino de Deus – às cidades da Judeia, enquanto Yacob, irmão carnal de Yeshua, tornava-se o chefe da empobrecida igreja de Jerusalém. Viria a ser morto no ano 62. Era um homem reto e puro, apelidado de O Justo, obedecendo com absoluto rigor às leis judaicas, sendo asceta, vegetariano, rigoroso abstêmio, mas sem o entusiasmo de seu irmão. Em 41, outro Yacob, filho de Zebedeu, foi decapitado e Cephas, detido. Começaria a segunda perseguição aos cristãos pelos judeus.

Logo após a morte de Yeshua, Tauma foi enviado para Kashmir, junto ao rei Vindapharna. Tauma seria confundido com Yeshua, devido à imensa semelhança com ele, e ficaria lá por alguns anos. Tauma também seria chamado pelos árabes, persas e indianos de Issa, uma corruptela de Yeshua. Recebeu a incumbência de construir um novo pavilhão para o rei, mas desviou parte deste dinheiro para construir abrigos para os pobres. Vindapharna, irado, mandou prendê-lo e só foi libertado porque o rei sonhou com seu falecido irmão que lhe dizia que graças às obras de caridade de Tauma, o novo Issa, ele fora para o Céu. Tauma ficaria alguns anos com Vindapharna, terminando seu pavilhão, e depois iria continuar a pregação de Yeshua na Índia, onde viria a morrer martirizado.

Em 66, os judeus se revoltaram contra o jugo romano, e os cristãos da cidade foram para a cidade pagã de Pela, às margens do rio Jordão, e nada sofreram, enquanto Tito destruía o Templo. Eles viam na destruição do Templo o que Yeshua havia preconizado. O ódio mútuo entre cristãos e judeus acabou por separar definitivamente as duas correntes.

Houve a Diáspora – dispersão – dos judeus pelos romanos. Os apóstolos e seus seguidores espalhavam o Evangelho entre os judeus de Damasco a Roma. Felipe converteu pessoas na Samaria e em Cesareia. Yochanan Boanerges fundou uma excelente igreja em Efeso, na Ásia Menor, e passou a tomar conta de Míriam, mãe de Yeshua e sua tia por parte de mãe. Cephas continuou a con-

306 | A Saga dos Capelinos

quistar adeptos entre os judeus espalhados no Ponto, Capadócia, Bitínia, Galácia e quase toda Ásia Menor, tendo visitado Roma por diversas vezes. Por volta do ano de 64, Cephas seria morto, tendo sido crucificado de cabeça para baixo, pois pleiteara morrer diferentemente de seu mestre; achava-se indigno de tal comparação.

De Cephas e outros apóstolos, o cristianismo nascente reteve muitos elementos do judaísmo, tendo herdado o seu monoteísmo, o puritanismo e a escatologia – doutrina sobre a consumação dos tempos. Até o ano 70, o cristianismo foi pregado basicamente nas sinagogas e entre os judeus. As formas, as cerimônias e as vestes da adoração hebraica passaram para os rituais cristãos. A nomeação de anciãos para governar as igrejas foi reproduzida dos métodos judaicos de administrar a sinagoga. Algumas festas judaicas, tais como a Pessach e a Pentecostes, foram copiadas dos judeus, só alterando os dias, muitos anos depois da morte dos apóstolos.

A Diáspora facilitou o desenvolvimento do cristianismo. O movimento dos judeus de um lugar para outro, suas ligações com o Império, especialmente financeiras, o comércio, as estradas e a paz romanas aceleraram a expansão do novo credo. No entanto, em Yeshua e em Cephas, o cristianismo era judeu; já em Saul metamorfoseou-se em grego e no catolicismo tornou-se romano.

Por volta do ano 70 e em diante, os evangelhos chamados de sinópticos (Mateus, Marcos e Lucas) foram escritos, baseados nos rolos que Tauma havia compilado com as principais frases de Yeshua, modificados e interpolados de acordo com a necessidade da época. O evangelho de Mateus voltava-se para os judeus na tentativa de demonstrar que Yeshua era o Messias preconizado por Isaías. Para tanto, ele cita o nascimento dele em Belém – Beit Lechem, que significa em hebraico "casa do pão" –, a sua descendência da família de David e todos os sinais estabelecidos pelas Escrituras. Os evangelhos de Marcos e Lucas, de certa forma, basearam-se em Mateus e, com isto, tornam-se quase cópias do dele.

Já o evangelho de Yochanan é tipicamente voltado para os gregos, falando de Logos – uma ideia grega – e filosofando como um

JESUS, O DIVINO MESTRE | 307

grego. Parece até pouco crível que Yochanan tenha escrito o evangelho e o livro das Revelações; o estilo dos dois é radicalmente diferente. Deve-se, portanto, tomar um grande cuidado na citação de palavras atribuídas a Jesus e aos fatos expostos, pois tudo foi feito por meio de lembranças e narrações de pelo menos 40 anos antes.

Muitos dos evangelhos foram atribuídos a um ou a outro apóstolo, mas a verdade é que foram compilados a partir do evangelho-fonte, chamado modernamente de Q, palavra derivada do alemão Quelle – fonte –, compilado por Tauma. O evangelho segundo Yochanan teria sido escrito entre o ano 90 e 100, portanto 60 anos depois dos fatos presenciados pelo irmão mais novo de Yeshua. Foi na realidade compilado por um dos discípulos mais chegados de Yochanan Boanerges, que o escreveu baseando-se nas memórias, nem sempre exatas e cronológicas, de seu mestre.

Saul foi criado na Lei judaica pelo seu pai, um fariseu. Tornou-se discípulo de Gamaliel, filho de Hilel, e aprendeu com este erudito doutor das Leis o conhecimento indispensável a um bom mestre. No entanto, conhecia os gregos; era de Tarso, cidade de influência grega na Cilícia, na atual Turquia. Após sua conversão no caminho para Damasco, onde viu uma luz que o cegou por alguns dias, Saul foi pregar em pequenas aldeias da Arábia, sem nenhum sucesso. Retornou a Jerusalém e obteve o perdão de Cephas, mas os demais o olhavam com desconfiança.

Barnabé, recém-converso, o recebeu bem e saíram juntos para pregar a boa nova. Quase foram mortos pelo excesso de ardor de Saul e pelo fato de conhecerem sua disposição anterior em ter apedrejado Estevão e perseguir os cristãos. Saul foi enviado para Tarso, sua cidade natal, e por oito longos anos ficou no ostracismo.

Após este longo período, Barnabé reapareceu e convidou-o para ir até a igreja de Antioquia. O sucesso, finalmente, sorriu para Saul. Ele converteu tantos, que chamou a atenção para si. Os convertidos de Antioquia eram ricos e financiaram a primeira missão de Saul: os dois viajaram para a ilha de Chipre, onde foram recebidos pelos judeus do lugar; de Pafos foram de embarcação

308 | A Saga dos Capelinos

para Perga, na Panfília, e pelas perigosas estradas rumo à Pisídia. Foram bem recebidos pelos judeus locais; no entanto, quando começaram a pregar para os gentios, os judeus ortodoxos induziram as autoridades locais a expulsá-los.

Enfrentaram as mesmas dificuldades em Icônio e Listra, onde Saul chegou a ser apedrejado e deixado como morto na entrada da cidade. Recuperou-se e foi pregar em Derbe. Voltaram pelo mesmo caminho até Perga e, de lá, para Antioquia, na Síria.

Apareceu, então, naquele tempo o primeiro sinal de perigosa dissensão. O cristianismo tinha alguma relação com o judaísmo? Os principais de Jerusalém eram contra aceitarem gentios sem a circuncisão e foram até Antioquia ensinar aos novos adeptos que, se não se submetessem à postectomia, não poderiam ser salvos. Ora, isso impunha aos não circuncidados um grave problema. Saul e Barnabé foram até Jerusalém, sabendo levar as discussões de forma muito clara. Eles argumentaram que, se os gentios fossem expulsos, o cristianismo iria morrer em menos de cem anos como uma seita herética do judaísmo.

Cephas apoiou Saul e foi decidido que os gentios podiam ser aceitos, bastando para tal que se abstivessem da imoralidade e de comerem animais sacrificiais ou estrangulados. Por conta, o sagaz Saul ofereceu ajuda econômica à empobrecida igreja de Jerusalém. Mas o assunto não morreu aí, pois os judeus ortodoxos cristãos foram de Jerusalém até Antioquia e repreenderam Cephas por estar comendo em companhia de não circuncidados. Houve um sério enfrentamento entre Cephas e Saul, sendo que este o acusou de hipocrisia.

Saul continuou seu ministério e rompeu com Barnabé, tomando um novo discípulo chamado Timóteo. Juntos seguiram para a Frigia e Galácia até alcançarem a cidade de Alexandria Tróade. Neste lugar, ele conheceu Lucas, um prosélito circunciso, autor do terceiro evangelho e do *Ato dos Apóstolos*. Após discutirem longamente sobre Yeshua e sua missão para todos os seres do mundo, eles se apartaram.

Saul, junto com Timóteo e outro rapaz chamado Silas, foi para a Macedônia. Em Filipos, Saul e Silas foram presos e flagelados, sendo

JESUS, O DIVINO MESTRE | 309

soltos depois de descobrirem que eram cidadãos romanos. Em Tessalônica, Saul pregou por três sábados na sinagoga local. Alguns se convenceram a fundar uma igreja e outros o rechaçaram e o procuraram para matá-lo. Saul fugiu para Bereia, onde foi bem recebido, mas, depois que descobriram o que aconteceu em Tessalônica, viu-se forçado a fugir num navio para Atenas, só e desanimado.

Em Atenas tentou se fazer ouvir e foi à praça pública, onde os poucos ouvidos eram disputados por vários oradores. Falou à toa, pois ninguém lhe deu a menor atenção. Foi para Corinto, onde a atividade comercial aglutinava forte colônia judaica. Ficou dezoito meses ganhando a vida como fabricante de tendas e pregando na sinagoga aos sábados. Converteu vários e criou confusão com um outro tanto, envolvendo Gálio, o representante romano que se aborreceu por discutir assuntos de somenos importância.

De Corinto foi a Jerusalém por volta de 53 e de lá iniciou sua terceira viagem. Passou dois anos em Efeso, onde sua taumaturgia tornou-se notável. Houve protestos contra Saul e, finalmente, ele partiu para a Macedônia, onde visitou novamente as igrejas que fundara em Felipos, Tessalônica e Bereia. Foi até Corinto para repreender os participantes da igreja que se haviam permitido perigosas licenciosidades. Corinto o havia acusado de apropriação indébita e Saul se defendeu dizendo que materialmente ganhara oito sovas, um apedrejamento, três naufrágios e mil perigos entre salteadores e rios que atravessara.

Os gálatas foram repreendidos pelos cristãos judaizantes que desejavam que eles se submetessem à circuncisão. Saul enviou uma violenta epístola aos gálatas, na qual afirmava que os homens justos seriam salvos pela fé em Cristo e não pela Lei de Moisés. Viajou para Jerusalém e foi repreendido pelos mais velhos e resolveu submeter-se aos ritos de purificação para não aborrecer ainda mais os apóstolos. Dirigiu-se ao Templo, e lá os judeus o reconheceram e o aprisionaram, surrando-o e tentando matá-lo; no tumulto, ao ser levado para fora do recinto para ser apedrejado ou degolado, foi salvo e preso por uma guarnição romana.

310 | A Saga dos Capelinos

Foi levado para a torre romana e seria açoitado se não fosse cidadão romano, título adquirido pelo seu pai e herdado por ele. Foi encaminhado ao Sanhedrin e proclamou seu farisaísmo; convenceu alguns. Criou-se um desvairado tumulto entre os membros do Sanhedrin, e o chefe da guarnição romana o enviou para o procurador Félix, que o prendeu por dois anos de forma a tentar receber substancial suborno que nunca chegou.

Festo substituiu Félix e decidiu julgá-lo em Jerusalém. Saul, com receio do ambiente francamente hostil, pediu para ser julgado pelo próprio imperador. O rei Agripa o ouviu e o julgou um louco erudito, que poderia ser solto se já não houvesse apelado ao imperador. Foi enviado para Roma e tratado com leniência. Aguardou a chegada de seus acusadores da Judeia e a boa vontade de Nero. Foi-lhe permitido morar em casa com um soldado a guardá-lo, podendo movimentar-se livremente e receber quem desejasse.

Durante alguns anos, Saul ficou nesta doce gaiola. Continuou sua pregação e entrou em conflito com Cephas e seus discípulos; queria pregar a todos, judeus e pagãos. Os judeus ortodoxos de Roma o abominavam, enquanto Saul se dirigia aos gentios e conseguia converter vários romanos, inclusive de nobre estirpe. Passou longos anos escrevendo epístolas - algumas, atribuídas a ele, sequer foram escritas por ele ou por ele ditadas; outras receberam um simples *post-scriptum* de próprio punho; ainda outras que lhe foram imputadas desapareceram sem deixar vestígios.

Saul morreu em Roma. Não se sabe em que condições. Uns falam em decapitação; outros em terríveis garras de leões; alguns falam que teria sobrevivido e partido para terras distantes. Não importa. O período que Saul passou em Roma deu-lhe tempo para formular a teologia cristã, levemente desassociada das palavras de Yeshua de Nazareth.

Foi das palavras de Saul que nasceu a teologia cristã, mas este fato não aconteceu de imediato. Um século depois de morto, Saul havia sido esquecido. Somente quando as primeiras gerações de cristãos haviam passado, a tradição oral dos apóstolos havia desa-

JESUS, O DIVINO MESTRE | 311

parecido e as heresias haviam começado a desorientar o espírito cristão, as epístolas de Saul foram ressuscitadas. Passaram a servir de arcabouço para um sistema de fé que uniu as esparsas congregações em uma poderosa igreja central.

Saul havia criado um novo mistério, uma nova forma do drama da ressurreição que iria sobreviver a todas as demais versões. Ele mesclou a ética utilitária dos judeus com a metafísica dos gregos e transformou o Jesus dos Evangelhos no Cristo da Teologia. Para Saul, Cristo havia morrido na cruz para a redenção do mundo, pois, com sua morte, ele retirou o pecado original do orbe e oferecia, com sua paixão na cruz, a salvação.

Saul continuaria, entretanto, obscuro e esquecido até que a reforma protestante de Lutero levantou-o das cinzas do passado, e Calvino também encontrasse nele os textos da crença na predestinação. Os dois não entenderam que Saul havia preconizado que o homem justo seria salvo pela fé, e não que todos seriam salvos pela fé. Para ser salvo, no entender de Saul, era preciso ser justo, portanto, uma pessoa de bem, de comportamento correto e de julgamento preciso. Com o desvirtuamento das palavras de Saul, qualquer um que aceitasse Jesus estaria imediatamente salvo.

O protestantismo foi o triunfo de Saul sobre Cephas, e o fundamentalismo é o triunfo de Saul sobre Cristo e ambos só atestam que a doutrina de Yeshua foi parcialmente esquecida. Yeshua queria que a maior prova do homem fosse a virtude, que acabou sendo substituída pela fé preconizada por Saul. Para Yeshua, o reino de Deus era uma nova atitude perante a vida, que desembocaria numa sociedade mais justa e fraterna, e para Saul era apenas adesão.

Yochanan Boanerges havia se tornado o chefe das igrejas de Efeso, Esmirna, Pérgamo, Sardes e outras cidades da Ásia Menor. Foi atribuída a ele a escrita do evangelho segundo Yochanan e o Apocalipse. O livro da Revelação lembra os de Daniel e o apócrifo livro de Enoque, podendo ter sido escrito provavelmente perto do ano 70, dirigido às igrejas do Oriente e de Roma.

312 | A Saga dos Capelinos

Yochanan precisava mandar uma mensagem de esperança aos cristãos perseguidos. Desta forma, escreveu uma peça de fogo, que, com visões terrificantes, mostrava a luta do bem e do mal. O imperador Nero era o anticristo, aquele que se opunha ao Cristo, e, como Yochanan estava convencido de que antes do retorno do Cristo – a segunda vinda – era necessário que Satan dominasse o mundo, ele via no Império Romano o domínio do mal e no seu imperador, o filho do demônio. Seu livro repleto de imagens e visões descrevia o fim de Roma, o império de Satan por mil anos, e, finalmente, a vitória final das forças do bem. Não era, no entanto, uma peça literária prevendo o futuro, mas apenas um documento para transmitir aquela atualidade aos fieis e dar novo alento à combatida igreja primitiva. Seria, no entanto, transformado, no futuro, em profecias que levariam muita gente boa prematuramente ao túmulo com medo dos terríveis últimos dias da Terra.

A teoria do milênio consolou os que se lamentavam da grande demora da segunda vinda do Cristo, uma interpretação completamente equivocada dos ensinamentos do Mestre. Por outro lado, Yochanan, ou quem tenha escrito o evangelho que leva seu nome, conseguiu atingir ainda mais os gregos e romanos do que os demais evangelhos, separando ainda mais o cristianismo emergente do judaísmo.

O cristianismo não iria destruir o paganismo. Pelo contrário, o novo cristianismo, que nada tinha a ver com Yeshua de Nazareth, iria adotar os ritos e ideias dos pagãos, assim como de outras religiões existentes na época. Substituiria a profusão de deuses subordinados a um distante Deus criador por uma multidão de santos subalternos a Jesus Cristo. O espírito grego ressurgiu na teologia e liturgia da Igreja. A língua clássica grega foi usada durante séculos na liturgia para depois ser substituída pelo latim, mas mesmo assim tornou-se o veículo da literatura e ritual cristão.

Muitas outras culturas da época incorporaram-se ao cristianismo, tais como a divina trindade, o juízo final e a imortalidade pessoal, que eram conceitos egípcios. O Egito ainda contribuiu com a ideia da mãe e do filho santificados – Ísis e Horus. A adoração da Grande Mãe veio da Frígia. O drama da ressurreição veio diretamente da Síria pelo mesmo mito relativo a Adónis. Dionísio, o deus que morre para salvar os homens dos seus pecados, era um mito conhecido na Trácia.

As ideias de um dualismo entre o bem e o mal, de Deus e de Satan, as idades do mundo, de Milênio, de um redentor mágico e da conflagração final vieram da Pérsia. Os ritos de Mithra eram tão parecidos com os da igreja iniciante, que a comparação entre as duas igrejas gerava desconforto e mal-estar. Até a data de nascimento de Jesus Cristo foi adaptada para coincidir com a data de nascimento de Mithra – 25 de dezembro. O cristianismo foi, portanto, a última obra do mundo pagão, do velho mundo estabelecido pelos exilados capelinos.

A história dos primeiros séculos de cristianismo é a luta da absorção do mundo pagão no corpo da Igreja. As lutas com o Estado romano e a sua associação foram pontilhadas de heresias, de conceitos novos e antigos que se misturaram. Era natural que assim fosse; as várias igrejas espalhadas como ilhas no meio de um oceano pagão desenvolviam-se quase sem contato entre si. Os bispos tinham a função de manterem os conceitos cristãos os mais puros possíveis. Desta forma, sem os meios de comunicação apropriados, sem as facilidades das grandes viagens e sem a imprensa e os livros produzidos industrialmente que só iriam aparecer séculos mais tarde, o trabalho desses homens tornava-se muito difícil ou quase impossível.

A Igreja teve que deificar Jesus Cristo; do contrário, suas ideias não teriam o peso da autoridade incontest e. Quem seria louco de contestar as palavras de Deus? Se Jesus Cristo não fosse o próprio Deus, suas palavras teriam a força de uma opinião e esta podia ser contestada e com ela toda a Igreja. Não era possível que a Igreja fosse contrariada; todo o poder residia na sua aceitação tácita por parte de todos, desde o mais simples até o mais poderoso. Nasciam os dogmas. Como explicar que Deus era três pessoas em uma só

314 | A SAGA DOS CAPELINOS

- o Pai, que estava no Céu; o Filho, que veio à Terra; e o Espirito Santo, que estava em todos os lugares?

Deificar Jesus teve uma aceitação rápida por parte dos fiéis, devido à ignorância e à arrogância. Ignorância do conhecimento de Deus, ainda visto como um homem velho, de barba branca e carranca amedrontadora, e das leis que regem o universo e o espírito. Arrogância por se acharem tão importantes que somente Deus em pessoa, e mais ninguém, teria que se fazer carne para salvá-los. Além do que era muito prático, pois, se Jesus morrera na cruz redimindo os pecados do mundo, ninguém teria que fazer muita força para se aprimorar, pois a salvação era apenas uma questão de aceitação, uma adesão pura e simples.

A dificuldade acentuou-se quando Ário, um padre de Báucalis, uma cidade do Egito, no ano 318, espantou o mundo com uma perigosa heresia que, finalmente, o levaria à excomunhão no famoso Concílio de Niceia, em 325. Ário dizia que, sendo Deus incriado e Jesus Cristo criado por Deus, ele não podia ser o próprio. Jesus Cristo era um Logos, o primeiro e mais alto dos seres criados – uma espécie de Arcanjo ou de hierarquia ainda mais elevada –, mas, em nenhuma hipótese, poderia ser o próprio Deus.

Ora, o que Ário dizia tinha lógica, só que, em termos práticos, aceitar tal retórica seria a morte da Igreja. Ela se orientava pela doutrina de que o grande e único Deus se havia feito carne – homem –, que, pessoalmente, havia dado uma mensagem e uma prova da sobrevivência da alma, ressurgindo dos mortos. Isto era irrefutável. Para completar, com sua morte ele livrara o pecado do mundo. Ele eliminou o Pecado Original, cometido por Adão e Eva, que expulsara a humanidade do jardim do Éden, jogando-a para o mundo.

A igreja não podia aceitar tal heresia e, no Concílio de Niceia, patrocinado pelo imperador romano Constantino, acabou rejeitando o arianismo, e seu autor foi excluído do seio da congregação. Para a Igreja, que agora tinha o apoio oficial do Estado, Jesus Cristo era feito da mesma substância que Deus, portanto sendo uno com Ele.

Este raciocínio não deixa de ser verdadeiro, mas o que ele não leva em consideração é o fato de que todas as coisas e seres de todos os universos têm a mesma substância de Deus, mas se diferenciam dEle por graus vibratórios de suas energias. A substância divina é a base de toda a criação. Nosso espírito tem, potencialmente, as mesmas características de Deus, o que atesta a ideia de que somos deuses. No entanto, o fato de sermos constituídos da mesma substância de Deus não nos transforma no próprio. Jesus Cristo, portanto, não era o próprio Deus renascido entre nós, sendo criatura como todos nós o somos.

Não foi a primeira vez que a história foi deturpada para benefício de grupos sociais ou de pessoas. Nârmer, o primeiro faraó egípcio, reescreveu a história egípcia para poder tornar-se um deus e, desta forma, nem ele nem seus sucessores jamais virem a ser destronados. Ezra, sacerdote judeu, em 444 a.C., rescreveu a Torah, contando com suas palavras e sua forma a história dos patriarcas, o êxodo comandado por Moschê Rabenu e a conquista de Canaã. E, agora, toda a bela história de Yeshua de Nazareth havia sido reescrita, recontada de maneira que ele pudesse se tornar útil para a implantação da mais poderosa igreja do mundo associada com um Estado autoritário e ditatorial, o romano.

O grande esforço de Yeshua em implantar sua doutrina iria persistir por séculos, chegando mudada e quase esquecida, finalmente, no final do século XX. Vários foram os profetas que vieram para soerguer a mensagem original, mas alguns se desviaram do caminho, formando novas religiões; outros gritaram em vão, sendo esquecidos; e outros foram santificados, mas o principal, recuperar a mensagem de Yeshua de Nazareth, acabou por cair no esquecimento.

Entretanto, neste mesmo século, de luzes e trevas, de conflitos jamais vistos pelo homem, de terrores e fatos fascinantes e maravilhosos, aconteceria uma das grandes guinadas da história do homem, a qual começaria com o grande conclave angélico de 1932, congregação comandada pelos administradores solares.

EPÍLOGO

ASTRAL SUPERIOR DA TERRA

1932 D.C.

– As informações são ainda confidenciais, mas, em breve, tornar-se-ão de uso comum em nossa esfera.

O interlocutor de Ghandria o escutava com atenção. Ele estivera com um espírito do mundo mental que fora convocado para o grande conclave angélico de 1932. Neste egrégio concilio angelical fora escolhido o coordenador do grande expurgo terrestre, que iria se iniciar em poucos anos. Kylbran havia sido convidado pelo Coordenador – o Messias espiritual – para ser um dos muitos planejadores do grande expurgo. Dera-lhe permissão de ter os assistentes de que necessitasse. Era por isso que Kylbran estava explanando para Ghandria que o assunto ainda era confidencial, já que o estava convidando para ser seu assessor.

– Assim como os capelinos foram os aceleradores evolutivos da Terra há cerca de cinco mil e setecentos anos, o mesmo acontecerá com os terrestres que forem expurgados. Eles também serão os aceleradores evolutivos de um outro planeta ainda muito primitivo.

– E quando começará este expurgo?

– Já começou com a nomeação do Coordenador!

– Sim, claro! Mas digo de fato.

318 | A Saga dos Capelinos

– As primeiras levas deverão ser deportadas dentro de três a quatro anos, no máximo.

– Não temos muito tempo!

– É verdade! Os administradores planetários determinaram que o processo deve ser lento e gradativo. Como sempre, querem dar todas as chances de evolução aos que estão renascidos, assim como aos que estão em erraticidade.

– Como se processarão estas chances aos renascidos?

– Pelo sofrimento com guerras, cataclismos e barbáries jamais vistos. Eles querem que todas as pendengas raciais, religiosas e geográficas sejam resolvidas por bem ou por mal nos próximos cento e cinquenta anos. Mas também ajudarão com ondas de espiritualismo nunca vistas antes. É verdade que aparecerão religiões estranhas e de pensamentos esdrúxulos; mesmo assim, servirão para modificar as religiões atualmente constituídas. Haverá, como nunca se viu, liberdade de expressão, beirando a permissividade. Assim como o seu antagonismo: a ditadura e a censura.

Fazendo uma breve pausa, Kylbran prosseguiu explanando outros tópicos de relevante importância:

– Em breve, os espíritos-guias dos humanos renascidos os estarão levando a novos exames de consciência, a uma nova forma de espiritualidade, e toda a mensagem de transformação interior, de aperfeiçoamento espiritual e de aprimoramento social que Yeshua ben Yozheph pregou durante a sua estada na Terra. Estará eclodindo também uma emergência espiritual jamais vista, ou seja, estará emergindo de dentro de cada ser uma necessidade de transformação jamais sentida. Muitos passarão por este processo de maneira calma e serena, encontrando em si próprios forças para a necessária renovação. Outros, como trazem inúmeros problemas de ordem emocional ainda não completamente resolvidos de outras existências, terão um despertar mais conturbado. Irão aparecer fobias as mais esdrúxulas, como a claustrofobia, a fobia do pânico e outras ainda desconhecidas da ciência atual dos homens, que os levarão a tratamentos psíquicos e espirituais jamais presenciados no passado, sendo utilizadas, para tal, técnicas de regressão e de autoajuda que serão introduzidas pelos amoráveis espíritos-guias da humanidade. Tudo isto visa a resolver pendências do passado de forma a proporcionar condições adequadas para o futuro espiritual do Homem. Aos que fugirem deste forte apelo, encastelando-se em posições de ódio e revolta, só restará o expurgo.

– Entendo! Tudo será usado como instrumentos colocados ao alcance do homem para seu desenvolvimento físico e mental. Abrir-se-ão portas nunca vistas antes.

– Isso mesmo, meu caro Ghandria. No entanto, também serão facultados os maiores horrores jamais vistos a qualquer ser até agora.

Ghandria olhou para Kylbran com certo espanto.

– Sim, infelizmente, ocorrerão guerras fratricidas provocadas pela ignomínia do homem. Não são determinações dos nossos superiores, mas teremos massacres espantosos em guerra mundial próxima a eclodir, que deixarão as mortandades do passado como pálido trabalho de amadores. Nestes terrores a virem, os últimos capelinos, os mais endurecidos, os mais renitentes de todos, os últimos alambaques, serão trucidados em campos de horror jamais sonhados pela mente doentia dos homens.

– Ainda existem capelinos renascidos entre nós?

– Sim, pouco mais de trezentos mil. São os últimos daquela espécie, mas hoje são candidatos ao mundo astral superior. Há mais de quinhentos anos, o último capelino abandonou o crime e a abominação dos caminhos tortuosos do vício, do ódio e da vingança. Muitos foram terrivelmente trucidados na Noite de São Bartolomeu. Outros foram torturados até a morte nas masmorras da Inquisição. Os poucos que sobram estão em busca de redenção por meio do sofrimento superlativo. Serão esmagados pelas rodas do destino que fizeram girar há milênios.

– E os demais homens?

– O Coordenador nos disse que será um expurgo maciço. Ele estima que um em cada duzentos seres será levado embora, num período de cento e cinquenta a duzentos anos. Estamos falando de mais de cem milhões de pessoas!

– É muito mais do dobro do número de capelinos que foram trazidos à Terra.

– Sim, mas, neste interregno, houve mais de oito bilhões de espíritos primitivos que foram trazidos para evoluir aqui, nos últimos dois mil anos. Agregados aos seis bilhões que existiam aqui na época de Yeshua, temos hoje perto de quatorze bilhões entre renascidos e os que estão no astral inferior e médio. Juntando todos que gravitam em torno do planeta Terra, temos mais de vinte e oito bilhões de almas, já incluídos o astral superior e parte do mundo mental.

– Eu estive estudando recentemente as religiões e todas falavam do dia do Juízo Final, quando Deus haverá de julgar os homens e separar os bons dos maus. Neste terrível dia, os homens bons ficarão no Olam Ha-bá – o mundo por vir –, tornando-se felizes no reino de Deus. Uns falam de um planeta que irá passar perto da órbita terrestre, destruindo o nosso orbe e, literalmente, aspirando os espíritos degredados. Até que ponto esses homens estão certos?

– Estas concepções foram geradas pela reminiscência capelina. As ideias de luas e planetas negros são frutos da mente excitada por excesso de fanatismo religioso, que é uma das piores formas de radicalismo. Os capelinos passaram pelo dia do Juízo Final quando o mundo em que estavam – as trevas e o astral inferior – foi destruído de forma pavorosa por artefatos espirituais desenvolvidos pelos trabalhadores de Ahtilantê e de Karion. Eles tinham, portanto, a noção bem desenvolvida do que seria aquele terrível dia. No entanto, não há um dia específico, já que o expurgo é um processo longo. Não se retira cem milhões de pessoas num único dia.

– Ouço falar que a Terra será assolada por cataclismos terríveis, por destruição em massa jamais vista, assim como por morte de mais de dois terços da humanidade em condições absolutamente terrificantes. Será que isto há de acontecer?

Jesus, o Divino Mestre | 321

– Em futuro breve, os homens hão de descobrir o poder fantástico escondido no átomo e, caso não encontrem o caminho da fraternidade e prefiram usar de extrema violência, pode realmente acontecer uma *débâcle* nuclear. No entanto, isto terá sido uma opção feita pelos homens. Já a destruição estarrecedora que muitos profetas do Apocalipse preconizaram não faz parte dos planos dos Maiores. Haverá, sim, destruições causadas por terremotos, maremotos, tufões e outras atividades telúricas, mas não em número maior do que já acontece e vem acontecendo há milhares de anos. A grande destruição será o aniquilamento do astral inferior, incluindo suas zonas mais densas, como as trevas e os grandes abismos, pois espíritos desta faixa vibratória não poderão habitar a Terra. Aceitaremos até mesmo os pecadores arrependidos, aqueles que têm sincera vontade de se aperfeiçoar e de se regenerar por meio de novas atitudes; contudo, os endurecidos, os encastelados em posições de ódio terão que recomeçar seu aprendizado em condições muito mais severas e aflitivas em planeta ainda primitivo, iniciando, eles, sua própria saga dos terrestres.

Kylbran olhou diretamente para os olhos de seu interlocutor e disse-lhe:

– Nós não queremos destruir a Terra, pois estamos envidando enormes esforços para levar o progresso material, novas invenções, novas formas de pensamento e uma emergência espiritual pessoal intensa. Não haveria lógica em destruirmos tudo isto, deixando um terço ou menos da humanidade profundamente traumatizada, o que nos obrigaria a tratamentos especializados por séculos para recuperarmos tanto suas mentes devastadas por um apocalipse, assim como a sociedade humana em total caos. Só o pensamento de um fato desta natureza nos repugna imensamente. O que queremos é o progresso e a vitória de cada um sobre suas imperfeições. Saiba que em Ahtilantê o grande vitorioso não foi Varuna que expurgou trinta a quarenta milhões de espíritos para a Terra, mas sim, principalmente, Saercha, o ministro espiritual responsável pela regeneração espiritual e

322 | A Saga dos Capelinos

cultural do planeta, que pôde recuperar um numero ainda maior de capelinos que permaneceram naquele paraíso.

– Varuna, então, realmente existiu?

– Sim, assim como todos os seus ajudantes.

– E onde estão agora?

– Eles estão no mundo angélico e fizeram parte da assembleia de espíritos angélicos do sistema solar que concluiu pela necessidade de um imenso expurgo aqui na Terra.

– E Jesus Cristo também esteve nesta egrégia assembleia?

– Sim, sem dúvida. Ele é um dos espíritos que administram a Terra. Há quase dois milênios faz parte da equipe de administradores planetários que nos orienta.

– Se bem entendi, Jesus de Nazareth era Orofiel, rebatizado como Mithra, responsável pelo êxodo dos hebreus e a criação da nação de Israel.

– Isso mesmo, meu caro Ghandria. Ele adquiriu as luzes plenas em vários níveis antes de vir à Terra. Ele alcançou a maioridade espiritual em Tarandat e, depois passou por várias existências físicas em outro planeta extremamente evoluído, até que foi transferido para a Terra como braço-direito de Metatron, seu pai espiritual, que sempre teve uma afinidade impressionante com ele. Aqui na Terra, ele se aprimorou com a prática de inúmeras missões, até que se candidatou para renascer entre o povo que ajudara a formar, para aprimorá-lo. A sua missão também era de ajudar os espíritos decaídos a superarem sua inferioridade, de tal forma que não fossem exilados para a Mesoamérica e outros lugares primitivos, pois a Terra estava recebendo ou estava para receber mais de dezesseis levas de espíritos de níveis inferiores que chegaram aqui em blocos de milhões de pessoas. Estes inúmeros agrupamentos de seres espirituais haviam passado pelas fases primitivas em seus próprios planetas e foram transferidos para uma escola de nível médio. A última leva chegou aqui há cerca de cem anos, num total de dois bilhões e duzentos milhões de espíritos que evoluíram num planeta de outra galáxia e que

Jesus, o Divino Mestre | 323

foram trazidos através do astral, dormindo profundo sono, para renascerem especialmente neste século.

Dando uma pequena pausa, Kylbran prosseguiu:

– Ao renascer como Yeshua ben Yozheph, ele não só deu a mensagem de amor, fraternidade, providência e justiça divinas, como também passou por uma iniciação extraordinária para ascender aos mundos angélicos, a sua morte na cruz, símbolo máximo de sacrifício pela humanidade.

– E Metatron? E Varuna? E Phannuil?

– Metraton faz parte da administração do nosso sistema solar, sendo um dos administradores solares. O mesmo aconteceu com Phannuil e Raphael. Mykael tornou-se um ser de grande luz, mas ainda está na Terra, pois sua missão é recuperar completamente todos os capelinos e ainda existem alguns em fase final de redenção, e ele os aguarda com amor e paciência. Quanto aos demais, Kabryel, Sandalphon, Uriel e vários outros também fazem parte do conselho administrador do orbe. Estão num plano evolutivo tão magnifico, que seria impossível descrevê-lo. Eles fazem parte dos altos conselhos espirituais terrestres e solares, mas a vida nesses planos se amplia de tal forma que eles podem vivenciar diversas experiências ao mesmo tempo.

– Será que Metatron realmente já convive com Deus?

– Todos nós convivemos com Deus, em maior ou menor grau, mas somente os administradores universais e os além desse plano têm a possibilidade de se amalgamarem com Deus, bebendo diretamente da fonte da felicidade absoluta. Portanto, Metatron está se aproximando da santa essência divina, mas ainda não está ungido com o Pai Amantíssimo. E antes que você me pergunte, nem está Jesus Cristo, pois, mesmo sendo um espírito de elevadíssima estirpe, nós não podemos esquecer que a Terra ainda é um planeta de regeneração e que temos ainda um imenso caminho até Deus.

Kylbran mudou de assunto e comentou que o expurgo haveria de exigir, por parte deles, um grande sacrifício. Todos teriam

324 | A Saga dos Capelinos

que abandonar a Terra, onde eles se desenvolveram, para ajudarem um outro mundo a se civilizar com o influxo, nem sempre benfazejo, dos irmãos degredados.

– Sim, claro, eu sei disso. Mas, se posso perguntar, mestre Kylbran, quem é o nosso coordenador, o escolhido, o eleito, o Messias do expurgo?

– Seu nome espiritual deve ficar desconhecido da grande maioria para não ser usado de forma inadequada. Só posso lhe dizer que, além de ter sido um dos apóstolos do próprio Jesus de Nazareth, ele renasceu mais uma vez, tendo sido um santo de elevadíssima veneração. Nada mais me é permitido falar do Coordenador do expurgo. Apenas que é um espírito de elevadíssima estirpe sideral.

– Naturalmente! Entendo sua posição. Mas será que teremos os mesmos processos que tanto perturbaram Ahtilantê, Karion e outros planetas?

– Por que terão que ser diferentes?

Não houve resposta por parte de Ghandria.

– Não somos todos muito parecidos em todos os quadrantes dos universos? Não evoluímos das fases mais primitivas até alcançarmos a fase da razão? Não abusamos todos desta magnífica faculdade – a razão – até que, depois de dezenas de existências, alcançamos as fases superiores? E acima delas não existem formas de vida ainda mais majestosas até alcançarmos a união com o Divino Pai, que também é nossa Divina Mãe?

– É verdade, o senhor tem razão.

– Se hoje começa uma fase difícil do nosso planeta, estamos, por outro lado, vislumbrando um mundo a vir – o Olam Ha-bá – absolutamente magnífico. Não será, entretanto, uma dádiva dos deuses, e sim uma conquista dos homens. Não será um ato religioso, mas um fato científico.

– Será um mundo de perfeições?

– Claro que não! O homem não é perfeito. Ele é perfectível e, como tal, balançará, como um pêndulo, entre os extremos até

JESUS, O DIVINO MESTRE | 325

alcançar um estágio cada vez mais perfeito. No entanto, sempre haverá novas conquistas, novas ideias, novos mundos a descobrir. Não será a monotonia. Pelo contrário, o futuro oferece perspectivas fabulosas para todos nós.

Kylbran sorriu, acompanhado de Ghandria.

– Mas, mestre Kylbran, voltando a Jesus Cristo. Tenho uma enorme dúvida em relação ao que aconteceu com o seu corpo físico. Será que eu poderia saber o que foi que aconteceu, naqueles dias, na longínqua Judeia?

– Claro, meu amigo Ghandria. Você já deve ouvido falar no fenômeno de desmaterialização.

Ghandria meneou positivamente a cabeça.

– Muito bem, os espíritos superiores resolveram que o corpo de Jesus não devia ficar exposto à execração dos membros do Sinédrio. Deste modo, eles enviaram um grupo de trabalhadores especializados que retiraram o espírito de Jesus, que adormecera logo após sua morte física, quando ainda estava em seu sepulcro. Assim que se processou o desenlace espiritual, os espíritos superiores, pelo poder mental de Metatron, energizaram o corpo físico, desmaterializando-o. Houve uma carga de energia maiúscula que fez tremer a terra naquele local, seguida de uma explosão luminosa, com a qual o corpo físico de Jesus desmaterializou-se e as partículas atômicas foram lançadas na atmosfera, sendo espalhadas por grande área.

– Mas, mestre, como eles fizeram isso?

– De modo tão fácil e corriqueiro como seria para um homem acender uma lâmpada ou ligar um aparelho eletrodoméstico. A ciência dos espíritos das fases angélicas ainda não está ao alcance dos homens, mas saiba que não houve nem milagre, nem magia. Apenas a utilização das sábias Leis divinas, pois, alterando o campo energético do corpo físico, elevando a vibração intrínseca deste campo, ele se transforma em material etérico extremamente sutil por alguns segundos, tempo suficiente para espalhá-lo pela atmosfera circunvizinha, quando então retorna ao estágio anterior. Deste

326 | A Saga dos Capelinos

modo, todas as partículas materiais do corpo de Jesus transformaram-se por alguns décimos de segundos e foram espalhadas pela atmosfera num ampla área, sendo reabsorvidas pela energia da Terra.

Ghandria meneava a cabeça em assentimento. Estava realmente emocionado em saber a verdade sobre o desaparecimento do corpo de Jesus. Mudando de assunto, perguntou:

– Mestre Kylbran, voltando aos capelinos. Devo presumir que sua saga de sofrimento e dor estará terminada? Não haverá mais capelinos remanescentes na Terra após as *débâcles* que estão para acontecer?

– Se encararmos os capelinos como uma corrente espiritual exilada de seu Éden, a história não terminará nunca, pois sempre teremos espíritos provenientes de Atlântida entre nós. Só não estarão mais sofrendo as agruras de um exílio, já que estarão perfeitamente entrosados com os terrestres, sendo impossível identificá-los. Temos, no entanto, que considerar os capelinos como um impulso cultural; portanto, neste ponto é que a saga dos capelinos se mescla com a história dos terrestres, tornando-se uma só e de importância capital. Devemos a estes degredados toda a nossa civilização, não só o princípio, na Suméria, como também várias influências culturais e religiosas posteriores. Observe que o cristianismo, o judaísmo, o islamismo, o hinduísmo, o budismo, o confucionismo, o xintoísmo e, até mesmo, as religiões africanas receberam uma maciça influência capelina. Afora isso, as grandes correntes filosóficas receberam uma imersão tão profunda de cultura capelina que seria impossível distinguir o que é material puramente terrestre da influência capelina, seja trazida pelos degredados, seja intuída pelos guias espirituais que vieram de bom grado de Capela. Nossa cultura está toda imbuída de influências capelinas e, por isso, continuaremos sempre a ser fruto deste imenso degredo.

– Sim, neste ponto é que a história da Terra continuará sempre a ser a *Saga dos Capelinos*.

A SAGA DOS CAPELINOS

Coleção A *Saga dos Capelinos* com 8 VOLUMES e em novo formato: 15,5x22,5 cm, nova diagramação visando mais conforto à leitura, novo acabamento gráfico com 2 cores na impressão do miolo.

COLEÇÃO COMPLETA
8 VOLUMES

*Em breve
A Saga dos Capelinos II*

HERESIS

Esta edição foi impressa, em setembro de 2015, pela YANGRAF GRÁFICA E EDITORA LTDA, São Paulo, SP, para a Editora Heresis, sendo tiradas três mil cópias, todas em formato fechado 155x225mm e com mancha de 115x135mm. Os papéis utilizados foram o Off-set 75g/m^2 para o miolo e o Cartão Supremo Triplex 300g/m^2 para a capa. O texto foi composto em Berkeley LT 12/14,4. A programação visual da capa foi elaborada por Andrei Polessi.